目　录

第一章 引　言

　　远古时期的人们只要掌握了自己的母语或者本地的方言,便足以应对生活与生存的必需。然而,随着人们视野的拓展和"地球村"的出现,一种语言或者方言已经不再能够满足社会生活的需要了。结果,出现了能够使用两种语言(或方言)来进行交流和沟通的人(bilinguals),甚至有一部分人还可以使用三种以上的语言(multilinguals)来完成全部或部分的交际任务!据估计,当今世界约有百分之六十以上的人使用着两种以上的语言——我国全民学英语便是一个例证。有学者认为,无论是从历史还是从现实的视角上看,双语或者多语都是人们使用语言的常态而不是例外。① 除了母语而外,懂得另外一种语言或许就意味着更好的工作、更高的薪水和接受优质教育的机会,使自己能够更为全面地融入母国的生活或者移居他国,拓展自己的文学、文化视野,表达自己的政治观点或者宗教信仰……语言影响着人们的职业生涯和未来生活乃至文化身份本身。

　　在使用两种甚至多种语言的人多于使用一种语言的人这样一个"全球化"的世界或者"地球村"里面,语言教育或者外语教学已经成为大多数世界公民或者地球村民日常生活中一个不可分割的部分。

第一节　研究背景

一、第二语言教学与对外(国际)汉语教学

　　人类语言教育或者外语教学的历史源远而流长。中国在 3000 多年前就已

---

　　① Richards,Jack C.Rodgers,Theodore S.*Approaches and Methods in Language Teaching*.Beijing:Foreign Language Teaching and Research Press,Cambridge University Press.2000:1.

经有了语言教学:《大戴礼记·保傅篇》就有"及太子少长……则入于小学,小学者,所学之宫也。……古者八岁而就外舍,学小艺焉。"这样的记载,作为教学内容的六类"小艺"中便包含"六书",也就是语言文字的学习。西方在古希腊、古罗马时期也有了以古典经典传授为主的语言教学,最早涉及语言教学的记载则是与欧洲早期教育家昆体良(Marcus Fabins Quitilian)有关。昆体良于公元前1世纪出生在西班牙,后来来到罗马教授希腊语。其外语教学往往分为四个步骤来进行,即:朗读一则伊索寓言→写下这则寓言故事→口述其中的一段→书写短文一篇。此后,西方的语言教育或者外语教学便开始了从古典的拉丁语到现代民族语言的对内与对外教学之漫长历程,期间所使用到的语言教学方法可谓是五花八门,有"语法翻译法"、"直接法"、"情景法"、"听说法"等"传统的"语言教学法,也有"全身反应法"、"沉默法"、"暗示法"、"社区语言学习法"、"沉浸法"、"整体教学法"、"交际法"、"任务型教学法"等现代的语言教学法。语言教学法所依据的语言理论随之经历了"结构观"、"功能观"、"互动观"几个明显的发展阶段。人们对语言的认识由内向外发生了巨大的转向,关注的焦点也从语言的内部结构转向社会语境和社会交往这个广阔的天地上来了。

悠久而漫长的人类语言教学,自始至终都伴随着一个挥之不去、去而复返的问题,那就是:我们的语言教学究竟要实现一个什么目标? 或者说,语言学习者通过学习和训练究竟应该并能够达到一个什么样的语言水平?

为了给这一根本性的问题寻找一个合理的答案,人们经历了一个由浅及深、从片面到综合的漫长认识过程:"传统"的语言教学法强调听、说、读、写四种言语技能的某几种或者全部;乔姆斯基等语言学家努力探索人内在遗传的"语言习得机制"和语言创造生成能力;现代语言教学各流派则更加看重将语法结构、社会语言、话语语篇和使用策略都囊括在内的综合语言运用能力。对于语言教学中目的语交际能力的培养,人们的认识也日益接近语言使用的本真面目。然而,理论上的语言交际能力和现实交流与沟通中的语言能力是否一致,第二语言教学过程中如何具体可行地培养学习者的语言交际能力,至今依然是一个正在进行和不断探索的课题。

汉语是世界上最为古老和高度发达的语言之一,汉语作为第二语言(外语)教学自然也是源远而流长。周边国家向中国派遣留学生,学习中国的语言文字,进而学习中国的文化和科学技术,早在公元纪年之初的东汉时期就已经开始了。

《后汉书·儒林列传》中便有匈奴人送其子女来到中原学习汉语的相关记载："建武五年，乃修起太学……中元元年，初建三雍。明帝即位，亲行其礼。天子始冠通天，衣日月……其后复为功臣子孙、四姓末属别立校舍，搜选高能以受其业，自期门羽林之士，悉令通孝经章句，匈奴亦遣子入学。济济乎，洋洋乎，盛于永平矣！"①到了隋唐时期，这种事业发展得更为兴盛。史料显示，东邻的日本和朝鲜与南面的越南都曾派遣大量的学生（所谓"遣唐使"或"遣隋使"）来中土学习汉语。仅是日本，在公元7世纪初至9世纪末约两个半世纪的时间里，就先后向唐朝派出了十几次的遣唐使团！②之后的宋、元、明、清各朝各代都有不少的外国留学生来到中国学习汉语或者汉文化。清末民初，由于列强入侵、内乱不断、国势衰退，儒家文化圈内的传统赴中留学来源国家（如日本）纷纷"脱亚入欧"，结果，把现代汉语作为第二语言（外语）进行教学和学习，在国际上简直可以说是寥若晨星。③据史料记载，燕京大学中文系曾于1946年开设"外国人学汉语"的课程，但其教学对象仅有十多个人，均为驻华美军将士的子女，使用的课本也是法国人编写的。将针对外国人的汉语教学作为一项专门的事业来做，那还是共和国建立之后的事情。

1950年7月，清华大学开办一个由33名东欧交换生组成的中国语文专修

---

① 参见（南朝·宋）范晔：《后汉书》卷七十九（上）之"儒林列传·第六十九"（上）。引文中的"建武"和"中元"皆为东汉光武帝的年号，其中，建武五年对应于公元29年，中元元年对应于公元56年。

② 关于隋唐时期来华学习的外国留学生，张西平主编的《世界汉语教育史》（商务印书馆2009年版）有如下记载：（1）"圣德太子重视发展与中国的关系，主张向中国学习。自隋文帝开皇二十年（600年）到隋炀帝大业十年（614年），先后共派出了5批遣隋使，有数名僧人随行来中国留学，史称'留学僧'。"（第213页）而"公元631年，日本派出了由留学生和学问僧组成的第一批遣唐使。截至838年，日本派出遣唐使共13次"（第214页）。（2）"……早在公元前后，朝鲜半岛各国就相继向中国派遣过大量留学生。据《新唐书》（中华书局1975年版）记载，仅贞观十三年（639年）高句丽、百济、新罗派往唐朝的国学留学的子弟就高达几千人。"（第187页）（3）"……在越南一千多年的北属时期里，汉文化从一种自发的、民间的传播转变为一种政府的、刻意的传播。秦汉、魏晋、隋唐各朝官员为了达到'同化'当地人的目的，积极建立学校、传授儒家经典，而大量移民到越南的中国内地人及被贬黜到越南的官员，也带来了汉文化的精粹，使汉文化渐渐深入到越南社会的各个方面……"（第256页）

③ 尽管如此，民国时期还存在着一支对外汉语教学的奇葩，即：1913年由基督教北京青年会正式成立的华北协和语言学校。该校在1925年改名为燕京大学华文学校，1928年又以哈佛-燕京学社的名义在美国麻省正式注册。"从创办到1925年，共有24个国家的学生在此学习，毕业学生有1621人，其中美国学生1140人，英国学生323人，158人为其他国别的学生。"（转引自张亚平：《世界汉语教育史》，商务印书馆2009年版，第90页）

班,由此开始了我国的对外汉语教学事业。60 多年的中国对外汉语教学,可以说是从无到有,历尽坎坷,呈现一种螺旋式的"三级跳"发展态势。前 30 年可谓"艰难起步":从 20 世纪 50 年代的初创,到 60 年代的巩固和停顿,再到 70 年代的恢复,没有哪一步不是充满曲折和艰辛,但筚路蓝褛的学界先辈们仍然完成了近万人次外国留学生的汉语教学任务,①其中还不乏后来成为汉学家和驻华使节之类的高端人才。随后的 20 年是"蓬勃发展"。首先是来华学习汉语汉文化的人数逐年攀升,2000 年在中国的外国留学生已经逼近 10 万。其次是对外汉语教学的学科地位得以确立,师资培养有了从大学本科到硕士、博士研究生的"一条龙"序列,学科理论探讨和教学试验改革也呈现出兴旺的景象。最为重要的是"国家汉办"(Hanban)和"世界汉语教学学会"(The International Society for Chinese Language Teaching)的成立、(外国人)"汉语水平考试"(HSK)的研制和开考与《中华人民共和国国家通用语言文字法》的通过和实施。② 对外汉语教学从此不仅有了生源和师资的基础保障,而且有了专门的指导机构、特定的培养方向和国家法律的依据。

进入 21 世纪,对外汉语教学又开始了走出国门"迈向世界"的新阶段。来华留学生人数持续猛增:2004 年达到 11 万,2007 年超过 20 万,2010 年则达到 24 万,2014 年接近 38 万。③ "对外汉语教学能力考试"开始面向全社会,"语言学及应用语言学"(对外汉语教学方向)学术学位和"汉语国际教育专业硕士学位"的设立,④不仅拓展了教学师资的来源,而且提升了从业人员的质量。"国家汉办"由"国家对外汉语教学领导小组(办公室)"更名为"国家汉语世界推广领

---

① 前 30 年来华留学生的具体数字为:1950—1960 年,2844 人次;1961—1965 年,4415 人次;1973—1978 年,约 1300 人次。加上 1979 年、1980 年两年的留学生,总数应该接近一万。

② 《中华人民共和国国家通用语言文字法》于 2000 年 10 月 31 日在第九届全国人民代表大会常务委员会第十八次会议上通过,其中的第二十条规定"对外汉语教学应当教授普通话和规范汉字"。

③ 据教育部网站消息(2015 年 3 月 18 日),2014 年共有来自 203 个国家与地区的 377054 名各类外国留学人员在 31 个省、自治区、直辖市的 775 所高等学校、科研院所和其他教学机构学习。其中韩国居首位,共有 62923 人。

④ 截至 2014 年,"汉语国际教育专业硕士学位"培养点已经超过 100 个,其中,第一批 23 个(2007 年),第二批 39 个(2009 年),第三批 20 个(2011 年,包括河南的安阳师范学院这一特殊培养点),第四批(2013 年)则更多,仅西安地区就有两个。取得学位和在校攻读专业硕士研究生人数已经超过一万。

导小组(办公室)"、以汉语为主题的高层次国际研讨会"世界汉语大会"在北京首次成功举行、"汉语桥"世纪宏伟工程和海外汉语教师志愿者项目的实施、孔子学院从 2004 年底在首尔开办第一家到现在上千家遍布全球①、以《国际汉语能力标准》为代表的三大国际汉语教育教学的"国家"(国际)标准相继制定、由五大中心构成的汉语学习网络平台——网络孔子学院——的上线与运行、国际汉语水平考试(包括 HSK 和 YCT)在开考 20 年后得到换代升级、第五届全球孔子学院大会暨学术研讨会在北京的成功举办……所有这些事件都在向世人昭示着一个历史性的转向:传统的对外汉语教学这个"瘸腿"的蹒跚幼童,正在成长为两条腿走路的"正常"成人。一个既包括对内的"对外汉语教学"又包括对外的"汉语国际教育"的大"国际"汉语教育新局面已经出现并且正在稳步发展。

国际(对外)汉语教学所依据的语言学理论和教学理念,就像是西方上千年语言教育的一个缩影一样,也经历了"结构"、"结构+功能"、"结构+功能+文化"三个比较明显的演化阶段。从事对外汉语教学的人们对其教学培养目标(即"汉语语言水平"或者"汉语交际能力")的认识,也从语法、词汇和语音(即语言知识)三者之和转到汉语词汇、语法知识和汉语书面理解与表达能力之和,再转向将书面的和口头的理解与表达能力都包含在内、又融入了功能意念和语用文化成分的综合汉语语言运用能力。然而,什么是国际汉语语言运用(交际)能力? 国际汉语语言交际能力都由怎样一些要素结构而成? 我们在培养海外学习者国际汉语语言交际能力各个层次的现状是什么样子? 在由"总体设计——教材编选——课堂教学——评估测试"构成的国际汉语教学过程之中如何培养和促成这种交际能力? 对于这样一些关乎国际(对外)汉语教学成败和兴衰的问题,我们基本上还一直处在仁者见仁、智者见智的"众声喧哗"认识层面上。

二、国际汉语语言交际能力的研究

国内对于语言能力和语言交际能力的研究,尤其是对国际汉语语言交际能力的研究,严格地说,只是从 20 世纪末才真正开始。在迄今为止的相关专著专

---

① 2012 年的数据为:海外的孔子学院 358 所,孔子课堂超过 500 个。截至 2014 年年底,二者的总数已经超过 1000 个。在数量得到保障的基础上,今后将更加注重质量,即强调内涵式发展。

论中所能够见到的论述,要么是对西方语言教育理论和第二语言习得理论相关方面的译介(主要来自英语教学界),要么是关于对外汉语教学过程中某种言语技能或者某一语言交际能力点的培养方法和技巧之探讨(主要来自对外汉语教学界)。对于对外(国际)汉语教学的最终目标——培养与促成学习者的汉语综合语言交际能力——之中的"汉语语言交际能力",我们一直缺乏足够的宏观与微观层面的研究和探索。当然,时而也会出现一些相关的讨论声音。例如,香港中文大学的吴伟平就一直认为,人们对"语言能力"的认识是一个渐进的过程,也就是从乔姆斯基"能否造出合乎语法句子"的语言能力到海姆斯"能否恰当地使用语言"的语言交际能力,再到社会语言学"能否在不同的语境中得体地使用语言"的综合语言交际能力。① 徐建华也于 1998 年提出"语言能力五层次说",认为人的"语言能力"由语言习得能力、语言实践能力、语言交际能力、语言创造能力和语言研究能力五个层次结构而成,每一个层次又都表现出各自的次级层次。② 但是,对于这样一个重要概念的内涵、外延及其结构成分,我们的认识显然还不够细致,也不够深入,更缺乏应有的实用性和可操作性。③ 将这种综合的汉语语言交际能力的培养和促成与对外汉(国际)语教学全过程中的教材选编(编写和选用)、课堂教学、测试评估有机地结合起来,这样的探索还并不多见。

国际(对外)汉语教学追求的目标是帮助广大的海内外汉语学习者获得汉语语言综合运用能力,这种能力的培养和促成可以分为两个层次和两个阶段来进行,即:汉语基本语言能力和汉语综合交际能力。基本语言能力主要由汉语语言文化基础知识(语音、字词、语法、功能、话题、语篇等)和汉语言语基本技能(如听、说、读、写等)复合结构而成,具备了这个层次的能力,学习者便可以基本上正确地使用汉语来进行一般的交流沟通活动。综合交际能力则是在进一步巩固和强化汉语基本语言能力的基础上,有机地融入汉语文化意识与语用规约、汉

---

① 吴伟平:《说话得体:来自社会语言学的启示》,陕西师大:语言学与华语教学工作坊,2006年,第 6 页。

② 于根元、夏中华、赵俐等:《语言能力及其分化——第二轮语言哲学对话》,北京广播学院出版社,2002 年,第 6—8 页。

③ 可喜的是,最近江苏师范大学创立的"江苏省语言能力协同创新中心"对此有较为深入的研究。据该中心主任杨亦鸣的介绍(2015 年 7 月 18 日在"语言文字管理干部能力提升培训班"上作"语言能力提升与《苏州共识》"的报告),"语言能力"包括三种:国家语言能力、社会语言能力和个体语言能力,其中的个体语言能力涵盖了人脑机能和听说读写译等方面。

语学习与交际策略等语言运用和跨文化交际因素而有机复合结构而成,具备了这个层次的能力,学习者便不仅可以正确无误地传情达意,而且能够恰当得体、适合特定语境地进行汉语的意义协商活动,实现预定的交际交流目标。60 多年的对外汉语教学实践,已经让我们在汉语言文化基础知识的学习和汉语言语技能的训练方面积累了相当成熟的经验,在汉语文化意识和语用规约的学习与培养上也有过一些有益的尝试和探索,然而,无论在汉语学习与交际策略的理论研究上,还是在教学过程中对汉语学习者进行针对性的策略训练或培训方面,我们还未能取得引人注目的成果。

语言的意义存在于语言的使用和动态的交际之中,而对语言使用与动态交际起着决定性作用的因素是语境(context)。对语言使用、动态交际和语境进行研究的学问叫作语用学。这是一门相当年轻的学问,却又是一门充满活力的学科。20 世纪 60、70 年代,英美的语言哲学家和语言学家(如 J. L. Austin、J. R. Searle、H. P. Grice 等)筚路蓝缕,开辟了"语用学"这块语言研究的"山林",以言语行为理论和会话含义理论为其两大理论支柱,将"语用"从一个概念发展成为语言学的一个分支学科。80 年代,列文森(C. C. Levinson)的《语用学》和里奇(G. Leech)的《语用学原理》先后出版,使语用学的学科地位和理论体系最终得以确立。从"废纸篓"摇身一变成为"显学"的语用学,其理论和观点传播到中国则是在 20 世纪的 70 年代末和 80 年代初。1979 年,许国璋首次将西方的语用学理论译介到国内。1988 年,何自然在《语用学概论》中,不仅对西方的语用学理论进行了系统的介绍,而且对汉语文化语用有了一定的结合。到了世纪之交,这种研究逐渐升温,出现了诸如熊学亮的《认知语用学》(1999)、索振羽的《语用学教程》(2000)、何兆熊的《新编语用学概要》(2000)、钱冠连的《汉语文化语用学》(2002)、姜望琪的《当代语用学》(2003)、何自然与陈新仁的《当代语用学》(2004)、刘伯奎的《中华文化与汉语语用》(2004)和冉永平的《认知语用学》(2006)等语用学专著和专论。钱冠连以汉语语言文化的实际为研究对象,构建出一个由"语境干涉"、"智力干涉"和"附着(于人的)符号束的参与"三大线索编织而成的"社会人文(言语)网络",并从真实、地道的汉语语言文化事实中抽象出"目的—意图"和"面相身势与话语和谐"等汉语语用原则与"假信息"、"适当冗余信息"和"容忍语用失误"等汉语语用策略。刘伯奎则以更加深入、更为细致的姿态对西方语用学理论与汉语语言实际相结合上进行了探索。其专著

《中华文化与汉语语用》从"汉民族文化与汉语语用特点"、"汉语文化语用的要素"和"汉语文化语用对策"等三个层面对汉语文化语用的特殊性进行了比较细致的研究与论述,并根据言语交际中人们的不同目的、意图之表现而总结出了4大类共12种的语用规则。特别值得一提的是由唐雪凝主持的山东省社会科学规划研究重点项目"对外汉语语用研究",该项目的研究成果《对外汉语语用的多维度研究》在国内首次提出了"对外汉语语用"的概念,认为"对外汉语语用是外国人与中国人之间以及外国人之间的汉语语用交际",这种交际包含三个基本要素:语用的主体(外国人或外国人与中国人)、语用的工具(汉语)和语用的环境(汉民族文化环境),具有三个方面的特点:语用主体的跨文化性、语用工具的汉语性、语用环境的汉民族性。① 可以说,我国的语用学研究已经逐渐从对西方理论的译介转向对汉语语用本身的探索创新上来了。然而,以语言使用和动态交际为研究对象的语用学始终未能与培养学习者使用汉语来进行交际活动的理论研究和教学实践很好地结合起来,尽管有少数的学者曾经付出一些努力,例如,吕必松(1992)曾提出"在语言教学中也要进行语用规则的教学"②,吕俞辉(2002)则断言,对外汉语教学其实就是语用能力培养的过程,陈作宏(2004)也呼吁,在汉语教学中合理地利用语用知识。

当代第二语言(外语)教学的一个显著特点是由单纯地重视"教"转向更多地强调"学",而在与学习者相关的诸多因素中,促进其语言学习和运用的策略与方法就成为人们越来越关注的研究对象。对第二语言学习策略的研究也是始于20世纪的70年代,率先进入这一研究领域的是北美的一些学者。1975年,美国的鲁宾(J.Rubin)在 *TESOL Quarterly* 上发表"善学语言者能教给我们什么?"一文,将善学语言者常用的学习策略总结成7条。同年,加拿大的斯泰恩(H.Stern)和以奈曼(N.Naiman)为首的研究小组也就"善学语言者"的话题分别在 *Canadian Modern Langauge Review* 与 *TESL Talk* 上发表专论。此后,第二语言学习策略的研究逐渐成为应用语言学研究的热点。不同的研究者对"策略"的理解和界定各不相同,例如,斯泰恩(1983)认为"策略最好用于泛指语言学习者采用方法(approach)的一般趋势或具体特点,技巧(techniques)用于描述可视行

---

① 唐雪凝:《对外汉语语用的多维度研究》,中国海洋大学出版社,2007年,第11页。
② 吕必松:《关于语法研究和语用研究的一些想法》,河南教育出版社,1994年,第203页。

为的具体形式",鲁宾(1987)认为"学习策略是有助于学习者自我建构的语言系统发展的策略,这些策略能直接影响语言的发展",奥克斯福德(R.Oxford,1989)则认为"语言学习策略是学习者为了使语言学习更加成功、更加自主、更加愉快而采取的行为或行动",但其中明显地存在着一种基本的共识,即:为有效的学习而采取的措施,也就是说,学习策略是"行动"而不是"想法",使用学习策略的目的是"提高学习效率"。我国学者对外语学习策略的研究始于80年代。1984年,黄小华在香港中文大学完成硕士论文《中国外语学习者在口语交际中使用的学习策略调查》,并于次年和导师联名在 Applied Linguistics 上发表论文《口语交际的学习策略》(Learning strategies for oral communication)。这是中国学者在国际杂志上发表的第一篇关于外语学习策略的研究论文。1990年,陈思箐在 Language Learning 上发表论文《中国外语学习者在中介语产出中的交际策略研究》("A study of communication strategies in interlanguage production by Chinese EFL learners")。吴一安等人则在 20 世纪 80 年代末开展了对中国英语专业本科生的全面调查工作,学习策略成为影响英语成绩的多种因素之一,调查的成果"中国英语本科素质报告"发表在 1993 年的《外语教学与研究》上。迄今为止,在外语学习策略研究上最有建树的是文秋芳。1990年,她以"学生可控因素与英语成绩之间的关系"为题,对近 400 名英语专业二年级学生的策略使用情况进行了问卷调查和个案分析。1997 年,她又以"英语专业学生学习观念和策略的变化"为题,使用问卷和访谈的形式进行了系列的定性和定量研究,并根据研究的结果发表了多篇论文,这些论文在 1996 年结集为《英语学习策略论》①。在中学生中间开展外语学习策略调查也在近几年陆续出现。汉语作为第二语言学习者策略的研究只是在近年来才开始。杨翼以 HSK(高等)成绩作为检验学习者学习效果的指标,对四年级留学生汉语学习策略与学习效果的关系进行了考察,发现了一些有意思的现象。吴勇毅通过大样本、小样本和个案分析,对外国人汉语学习策略的使用进行了四项定量和定性分析,也有一些很有价值的发现。丁安琪则于 2010 年出版专著《汉语作为第二语言学习者研究》,其中对汉语学习策略、学习观念、学习风格等都有具体的分析研究。② 不过,就对外(国际)汉

---

① 　文秋芳:《英语学习策略论》,上海:上海外语教育出版社,1996 年。
② 　参考两部专著:(1)丁安琪:《汉语作为第二语言学习者研究》,北京:世界图书出版公司,2010年。(2)丁安琪、吴思娜:《汉语作为第二语言学习者实证研究》,北京:世界图书出版公司,2011年。

语教学而言,无论是对语言学习策略和交际策略的理论研究,还是对语言学习和交际策略进行的训练教学(即"介入性"的实践研究),相关研究成果都尚显单薄与不足。

第二节 研究目标、内容和意义

汉语作为第二语言教学已经开始了由"内"向"外"的转变或者"内外并举"了。然而,我们对教学的培养目标——国际汉语语言交际能力——的结构成分还没有一个明确统一的认识,对海外汉语学习者汉语语言交际能力的实际状况,也缺乏足够的切合实际的了解和把握。在国际汉语教学的整个流程之中,如何对学习者的汉语基本语言能力和汉语综合交际能力进行针对性的培养和促成,我们至今还没有多少可以援引和借鉴的范例。

鉴于上述语境,本书拟以"国际汉语教学"(发生在海外的汉语作为第二语言的教学)为研究对象,以"国际汉语语言交际能力"为中心论题,以韩国和泰国的部分在校汉语学习者为具体案例,从三个方面来进行理论上的梳理与实践上的探索:

(1)国际汉语语言交际能力的内涵与外延是什么? 这种综合的交际能力是由怎样一些要素结构而成?

(2)国际(对外)汉语教学对这种能力培养的现状如何? 有怎样一些经验和教训可供我们吸取和借鉴?

(3)在国际(对外)汉语教学的整个过程中,如何培养这种交际能力? 如何对这种能力进行评估和验收?

与此相应,论述也分为三个部分。

第一部分,"国际汉语语言交际能力"论,所要解决的是第一个问题。从"能力"的概念到"语言能力",再到"第二语言交际能力",层层剖析,步步深入,最终建构出一个"国际汉语语言交际能力"结构模式。该模式为后面的讨论确立下框架和范围。

第二部分为"国际汉语语言交际能力调查"(一、二),所要解决的是第二个问题。通过语料分析和实地问卷,从"言语技能"、"文化语用"和"策略运用"三个方面来对国际汉语教学中的汉语语言交际能力培养现状进行摸底调查。"言语技能"调查针对的是韩国一所大学部分汉语专业学生的汉语书面表达能力,"文化语用"调查针对的是泰国三所大学部分汉语专业学生对汉语文化词语和汉语语用规范的掌握情况,"策略运用"则针对泰国四所大学部分汉语专业和汉语选修学生在汉语学习与汉语使用过程中的策略运用状况。调查与分析的目的是对海外汉语学习者的汉语基本语言能力和综合交际能力现状做一次初步的摸底,并找出一些国际汉语教学实践积累下来的经验和仍然存在的不足。摸底调查为第三部分的论述设置下背景和基点。

第三部分针对第三个问题,即:"国际汉语语言交际能力的培养"。语言交际能力的培养贯穿于语言教学过程的始终,这一过程包括"总体设计"、"教材编选"、"课堂教学"和"测试评估"四大阶段。国际汉语教学中的总体设计非一人之力所能完成,本书的探讨因此聚焦后三个阶段。首先,对国际汉语"教材编选"与国际汉语语言交际能力培养的关系问题进行讨论。在检讨与分析14种具有代表性的对外汉语教材之后,提出来"适合于特定教学环境"的国际汉语教材理念。接着,通过对课堂教学进行的理论梳理和案例实践,对在国际汉语课堂教学各个环节中如何渗透进能力培养因素的问题进行探讨。最后,从国际汉语教学中经常使用到的水平、成绩和诊断三类测试出发,对"学习者中心"、"交际性教学"和"汉语文化语用"的测试评估理念进行探索。此外,本书的第二部分也包含国际汉语书面表达能力的培养和汉语文化语用因素的渗透、汉语学习与交际策略的训练等相关内容。第三部分总的观点是,对国际汉语语言交际能力的培养,始终要贯穿四个基本的教学理念,即:"学习者中心"、"交际性语言教学"、"汉语语言本体"和"结构、功能、文化三结合"。

在"结语"里,我们将汉语作为第二语言教学分为"国内"的对外汉语教学和"海外"的国际汉语教学两大部分,并进而将国际汉语教学分为"四类区域"。国际汉语教学固然倡导"有教无类",面向全体海外汉语学习者,但"因地制宜"和"因材施教"必定是保证国际汉语教学成功的首要原则。基于此种认识,我们对本书的主要论点进行归纳总结,对今后的国际汉语教学工作提出四点建议,并对国际汉语(跨文化)交际活动作出一些反思。

由此可见,本研究具有三个方面的意义:

一、建构出一个具有逻辑性和可操作性的"国际汉语语言交际能力"结构模

式,该模式对国际汉语教学实践具有一定的启发和指导意义;

二、对国际汉语教学主阵地(即东亚与东南亚地区)中在校学生的汉语语言交际能力现状进行了汉语书面表达、汉语文化语用和汉语学习与交际策略运用的摸底调查,该调查对了解海外汉语学习者的汉语语言交际能力现状具有管窥的作用,对今后的国际汉语教学实践也具有可资参考的价值;

三、关于在国际汉语教学中如何培养与促成学习者汉语语言交际能力的设想和实践,包括汉语书面表达能力的双途径培养、汉语文化语用因素在课堂教学中的渗入、汉语学习策略和交际策略能力在课堂内外的培训实践以及在教材编选、课堂教学和测试评估的教学流程中实施综合汉语语言交际能力培养的策略方法,对目前的国际汉语教学研究与实践具有一定的参考和借鉴作用。

本研究是作者多年语言学专业理论学习与第二语言教学(先是针对中国学生的英语教学,后来是针对海外学习者的汉语教学)实践的结果。2008 年下半年,在南京大学的交流访学夯实了作者的专业理论基础。2009 年,参加并协助由国家汉办主办、北美汉语专家教师团队主持的北京"暑期 5P 培训班"赋予了作者国际汉语教学的启发和灵感。2010 至 2011 年度,作为国家汉办的公派教师远赴泰王国乌隆他尼皇家大学语言中心承担"交际汉语"(Chinese for Communication)和"职业英语"(English for Occupational Purposes)课程的教学工作并为其制订(2012 年 6 月开设)中文(华语)专业培养计划(the Chinese Program, UDRU),尤其让作者对国际汉语教育教学的实际有了更为真切的体认。事实上,文中的两项问卷调查都是在泰国任教期间完成的,而作为研究主体的教学案例绝大多数也都来自于当时的国际汉语教学实践。好的体会、好的经验与人分享,想必会成倍地增长,增长后的经验如若能够为汉语国际教育的宏伟大厦添上一块砖、一块瓦,那正是作者所期盼的并感到莫大快乐与慰藉的事情。

第二章 国际汉语语言交际能力

"能力"、"语言能力"、"语言交际能力"、"第二语言交际能力"和"国际汉语语言交际能力",是几个与第二语言教学紧密联系在一起的重要概念。对这些概念做一个理论上的梳理和界定,不仅有助于"国际汉语语言交际能力"的结构模式构建,而且会为全书的论述设定一个理论框架和实践语境。在"国际"之后不时捎带上"对外"两个字,也是迫不得已,因为当下的汉语作为第二语言教学已经进入"内""外"并举的全新阶段,但60余年的对外汉语教学实践又是我们前进的基石和讨论的前提。本书聚焦于发生在海外的"国际"汉语教学,但脱离不了国内"对外"汉语教学的影响和制约。

本章的讨论分三阶段展开。首先,对"能力"、"语言能力"、"第二语言(外语)交际能力"三个概念进行理论回溯,以便梳理出一种基本的共识。然后,以这一共识为切入点,对数种在汉语国际教育中产生过影响的语言教育标准和语言教学大纲进行相关的分析,以便获取一种对"国际汉语语言交际能力"的普遍理解。最后,在基本共识和普遍理解的基础上,勾画出一种简单明了的"国际汉语语言交际能力"结构模式图。

第一节 能力、语言能力与第二语言交际能力

一、能　　力

对"能力"的探究主要是靠以认识人的心理现象为己任的心理学来进行的。人作为个体所具有的心理现象叫做个体心理,而构成个体心理的三大要素(认

知、动机与情绪、能力与人格)之中就包括了"能力"。心理学对"能力"(ability)的界定是:一种心理特征,一种顺利实现某种活动或任务的心理条件。[①] 能力的形成与发展以知识(包括"是什么"的陈述性知识和"怎么做"的程序性知识)与技能(包括操作技能和心智技能)的获得与增长为基础,也就是说,一个人的能力是随其知识和技能的积累而发展的。反过来,能力的大小高低又会对知识、技能的掌握与增长产生影响。能力强的人可以较为轻易地获得知识和技能,而能力弱的人要想获得同样的知识和技能就必须付出更多、更大的努力。

"能力"的英语对等词主要有四个:ability,competence,aptitude 和 capacity。从《科林斯合作英汉双解词典》(*Collins COBUILD English-Chinese Dictionary*,2002)等权威英语词典对四个词的界定与解释上看,ability 已涵盖 competence 与 capacity 的内涵,主要指对某项任务或活动的现有成就水平,人们已经学会的知识和技能就代表了其"能力"状况,而 aptitude 所指的能力只是一种"潜能",还不属于一种现实的技能水平。[②]

基于上述认识,我们可以得出这样的一个基本结论:所谓的"能力"(ability)就是顺利实现某种活动或者完成某种任务的心理条件,这种心理条件以先天的

---

① 彭聃龄:《普通心理学》,北京:北京师范大学出版社,2004 年,第 404 页。叶奕乾、祝蓓里主编的《心理学》(华东师范大学出版社 1988 年版)给出的定义是:"能力是直接影响活动的效率,使活动顺利完成的个性心理特征"(第 282 页)。《中国大百科全书》(心理学卷)对"能力"的界定:"作为掌握和运用知识技能的条件并决定成功效率的一种个性心理特征"(第 225 页)。三种定义都强调:(1)能力是个性心理特征;(2)能力与活动的顺利完成相关。

② *Collins COBUILD English-Chinese Dictionary* (2002)对四个词的界定为:(1)Your ability to do something is the quality or skill that you have which makes it possible for you to do it.(2)Competence is the ability to do something well and effectively.(3)Someone's aptitude for a particular job or skill is their ability to learn it quickly and easily and to do it well.(4)Your capacity for something is your ability to do it, or the amount of it that you are able to do。*Oxford Intermediate Learner's English-Chinese Dictionary* (2001)的解释分别为:(1)the mental or physical power or skill that makes it possible to do something;(2)the fact of having the ability or skill that is needed for something;(3)natural ability or skill;(4)ability to perform or produce。*Longman Modern English Dictionary* (1976)的解释分别为:(1)skill or power in sufficient quantity,'the ability to see a job through';(2)sufficient ability //modest income,enough to live on;(3)a natural ability,bent,'musical aptitude' //ability to learn easily and quickly,'an aptitude for languages';(4)the ability to contain or accommodate //mental ability。*The Advanced Learner's Dictionary of Current English* (1970)的解释则分别为:(1)capacity or power(to perform acts,physical or mental);(2)being competent;ability;(3)natural ability to acquire knowledge or skill;(4)ability to hold,contain,get hold of,learn(things,qualities,ideas,etc.)。可见四个词都包含有 ability 的意思,不过 aptitude 强调的是一种"潜在的"能力。

遗传素质为基础,又在后天的学习、生活和社会实践中得以形成和发展。它一方面以知识、技能的掌握为前提和基础,另一方面又是掌握知识、技能之后所产生的结果。能力和知识、技能互相转换,互相促进并共同提高。

二、语言能力与交际能力

现代语言学家对"语言能力"一直比较关注,其关注又往往和语言的"运用"纠结在一起。"能力"表现在语言上,指的是对语言系统(语法规则、词汇等语言单位及其组织方式)的潜在和内隐的知识。"运用"则是对实际的语言产出(说和写)与对语言事件的理解(听和读),是能力的外化或表现,也就是通过实际观察可以发现的语言行为。早在 20 世纪初,索绪尔(Ferdinand de Saussure)就提出了"语言"(langue)和"言语"(parole)的两分说,他认为:"语言以所有积淀下来的印象形式存在于每一个社会成员的大脑之中……而言语是一种个人的任性的发音行为。"①20 世纪 60 年代,乔姆斯基(Noam Chomsky)又把语言分为"能力"(competence)和"运用"(performance)两个部分。"能力"是与生俱来的一种对语言规则体系内隐的认识,是说话者所知道的也是语言学家应当关注的东西;"运用"即语言的实际运用,如说和写,是说话者随时所从事的也是语言学家不应当理会的东西。乔氏认为:"这门严肃的学科(语言学)主要关注的是某个同质的言语社区中理想的说话者—听话者,他熟悉社区的语言,在将其语言知识应用于实际中不受诸如记忆局限、分心、注意力与兴趣转移、偏误(随意的或典型的)等与语法不相关的条件的影响。"②来自本族语使用者口头和书面的样本并不构成语言学家进行研究的数据,因为这些样本里面包含有运用中出现的偏误(所以不可信)。他后来甚至郑重声明:语言能力指的就是说话者头脑里已经内化了的语法规则,正是这些规则为说话者理解语言关系提供了某种基础。可以看出,乔氏的"语言能力"是一种高度抽象化的认知能力,其侧重点在于学习者内化的语法装置体系(即 LAD 或 UG),语言的实际运用和表现并不在其考虑和关注范围之内。

---

① Saussure, Ferdinand de, 1916. *Cours de linguistique généale.* (*Course in General Linguistics*). Translated by Wade Baskin. New York: McGraw-Hill Book Company, 1959:34.

② Chomsky, Noam, *Aspects of the Theory of Syntax.* Cambridge, Mass.: MIT Press, 1965:3.

出于对乔姆斯基"能力"定义的不满,美国社会语言学家海姆斯(Dell Hymes)也在 60 年代提出了"交际能力"(communicative competence)这一概念。海氏认为,乔姆斯基用来描述三四岁儿童语法能力迅猛发展这一现象时所使用的术语——"受规则制约的创造力"(rule-governed creativity)——并不能充分解释语言的社会功能规则。他认为,"这样一种模式所暗含的意思就是,言语的唯一用途就是命名,似乎组织语言从来就不是为了表达哀伤、快乐、央求、劝告、警句、痛骂……不是用于各种各样形式的说服、指令、表情和象征性游戏似的。一种语言模式必须设计成一种面向交际行为和社会生活的东西。"①于是,他把语言理论与一种更为宽泛的交际和文化理论联系起来,使用"交际能力"来指称使我们能够在特定的语境之中传达、解释信息并具有相互协商意义的那一部分能力。显然,这已不是乔氏在早期著作中所描述的那种人自身内在的遗传机制,而是一种动态的、人际间的主动建构,建构的基础只能是对意义协商过程中两个以上参与者的外显语言运用的考察和研究。人不仅能按母语的语言习惯说(或写)出合乎语法的正确句子,而且能在特定的文化氛围和情景之中使用适合、得体的语言形式。英国的韩礼德(M.A.K.Halliday)则干脆抛开乔姆斯基对"语言能力"的定义,而将关注的焦点放在社会语境中的语言与语言功能在言语中的实现上。对韩氏来说,语言学应当注重对言语行为的描述,因为只有在使用过程之中,语言的所有功能、所有意义成分才能同时发挥作用。他相信,对于社会学语境中的语言研究来说,根本没有必要把对语言的理想化知识与语言的现实性使用区分开来,因为"把语言研究与语言使用于其中的情景(情景类型,即是把语言作为'文本'来进行研究)联系起来,是一种理论探索,对于语言学家来说,这种探索跟那种把语言结构和人脑结构联系起来的心理学研究一样有趣和重要。"②海姆斯与韩礼德用各自不同的方式对乔姆斯基的"能力/运用"区分进行了加工和改造,他们通过添加上社会得体性或者社会语境的维度而影响了"语言能力"的内涵。

20 世纪 70 年代,对交际能力的进一步研究把"语言能力"和"交际能力"区别开来,以凸显"关于语言形式的知识"与"使人们能够进行功能性和互动性交

---

① Hymes,D.1972."*One communicative competence*".in Pride and Holmes,eds.,1972:278.

② Halliday,M.A.K.1970."*Language structure and language function*".in Lyons,ed.,1970:145.

际活动的知识"之间的差异。卡敏斯(James Cummins,1979,1980)将"认知/学业的语言水平"(cognitive/academic language proficiency,CALP)与"基本人际交际技能"(basic interpersonal communicative skills,BICS)区分开来。前者是学习者所操控或者反映在人际语境之外的语言表层特征的水平维度,也就是学习者在课堂与考试之中经常使用的聚焦于形式的那部分能力;后者则是儿童为成功地在日常人际交流中发挥作用而习得的那种交际能力。卡敏斯后来又将 CALP和 BICS 分别改换为"去语境"(context - reduced)和"含语境"(context - embedded)。课堂内所使用的语言大多是"去语境"的,而与人面对面进行的真实语言交际是"含语境"的。① 因为涉及语言使用于其中的"语境","交际能力"的概念就具有了更大的现实性和可操作性。

语言学家对"语言能力"的认识,于是走过了一个从"关于语言本身的知识"到"运用语言进行实际交际的能力"的过程,也就是从乔姆斯基"能否造出合乎语法的语句"的语言能力,到海姆斯"能否合适恰当地使用语言"的交际能力,再到"能否在不同的语境之中得体地运用语言"的综合语言交际能力的演化过程。"语境"因素的进入使"语言能力"的内涵得到了进一步的拓宽和深化。结果,"语言(交际)能力"不仅涵盖了人内在的语言能力与外显的语言知识,而且涵盖了实际的、动态的语言运用和人际交流的能力部分。

三、第二语言交际能力

应用语言学(外语教学)界从 20 世纪 70 年代起开始对外语学习者的"过渡能力"即中介语(interlanguage)系统产生了浓厚的兴趣。早期的中介语理论研究者(如 Selinker,Corder,Nemser 等人)所谓的语言能力与乔姆斯基提出的"语言能力"概念有一些相似,基本上都属于一种"单一(同质)的语言能力"(homogenerous competence)。二者的主要区别是:前者针对第二语言学习者后天的、不完整的语言能力;后者则聚焦母语使用者先天的、完整的内在语言能力。

---

① 参考 Brown,H.Douglas.*Principles of Language Learning and Teaching*.Beijing:Foreign Language Teaching and Research Press,2002:227.

1980 年,卡奈尔(Michael Canale)与斯维恩(Merrill Swain)严格区分了"隐性的系统知识"与"这种知识和技能在限制性的心理和环境条件(如记忆和直觉的约束、疲劳、紧张等)下的实现"①,并且提出交际能力是"由基本语法原则、语言在社会环境中执行交际功能的知识、话语依据语篇原则与交际功能相结合的知识三者组合起来的总和"。② 根据这一定义,语言"交际能力"中包含 3 种成分:语法能力、社会语言能力和策略能力。3 年后,卡奈尔又将能力成分扩充为 4 种:语法能力、话语能力、社会语言能力和策略能力。"语法能力"是"对于词汇项目和词法、句法、句子语法语义与音系规则的知识"(knowledge of lexical items and of morphology, syntax, sentence-grammar semantics, and phonology),与掌握该语言的语符相联系,即海姆斯所谓的"语言能力"。"话语能力"是将句子连接在话语(简单的口头对话或者书面的长篇大论)序列中并从中形成意义整体的能力,如"衔接"(cohesion)、"贯连"(coherence)和"布局"(layout)等,这在很多方面是对语法能力的补充。语法能力强调句子层面上的构成法则,话语能力关注句与句之间的关系,二者反映出来的都只是语言系统本身的使用状况。"社会语言能力"是对语言与话语的社会文化规则方面知识的掌握,这种能力"要求对语言使用于其间的社会语境(参与者角色、共享信息和互动功能等)有所理解,因为只有在这种充分的语境之中我们才能对某个话语的得体性做出判断"。"策略能力"是一个复杂的概念,其中的策略被卡奈尔与斯维恩描述为:"因为语言运用变数或者语言能力不足而造成交际失败,用来弥补这种交际失败而使用的言语、非言语的交际策略",又被塞维格农(Sandra Savignon,1983:40)界定为"由于弥补规则、知识欠缺或者诸如疲劳、分心、未注意等语言应用中的受限因素而使用的策略","策略能力"因此就是隐藏在我们通过"释义、迂回、重复、犹

---

① Canale, M. *"From communicative competence to communicative language pedagogy"*. In Richards and Schimidt, eds., 1983:5.原文为:underlying systems knowledge 和 the realization of such knowledge and skill under limiting psychological and environmental conditions, such as memoryand perceptual constraints, fatigue, nervousness.

② . VERHOEVEN, LUDO. Sociolinguistics and Education//COULMAS, FLORIAN. *The Handbook of Sociolinguistics*. Beijing:Foreign Language Teaching and Research Press, Blackwell Publishers Ltd., 2001:390.原文为:a synthesis of basic grammatical principles, knowledge of how language is used in social settings to perform communicative functions, and knowledge of how utterances and communicative functions can be combined according to the principles of discourse.

豫、回避、猜测以及语域、语体转换"①来作出修补和补救,应对知识欠缺,维系交际进行的那种能力之中的能力。所有的交际策略都可以说是源自于一个人的策略能力,而策略能力伴随着一个人的终身(尤其是在语言学习之初),因为人不可能了解语言(包括母语)的全部。社会语言能力与策略能力更多地与交际的功能方面相联系,所以构成一个人交际能力中的构成要素,它们甚至在人习得语法能力之前就已经存在。语法、话语、社会语言、策略四种能力成分相互作用、相互影响,共同建构出一个人的语言交际能力。

另外一些学者对"交际能力"做了更为细致的分析和研究。拉尔森—弗里曼(Diane Larsen-Freeman)在 1982 年指出,"为了形成话语并将话语得体地应用于语境中,我们就必须在最低限度上利用我们对于语言规则、功能或言语行为、命题内容、互动样式与策略能力的知识。"②由此主张将二语习得(SLA)对交际能力的研究划定为五个领域,即:语言形式、语用/功能能力、命题内容(意义)、互动模式(如会话规则等)和策略能力。③ 话语(discourse)和副语言(paralanguage)也被他纳入到语言规则范围里。巴奇曼与帕尔玛(Lyle Bachmann & Adrian Palmer)也于同一年提出了"交际语言水平"(communicative language proficiency)的概念,将一个人的语言水平归结为语言能力(词法、句法)、语用能力(词汇、衔接、组织)和社会语言能力(语域、地道性、非字面语言)三大要素,各要素之间相互影响、相互作用④。塞里格(H.W.Seliger)与肖哈米(Elana Shohamy)认为,"语言(交际)能力"由"用语言进行交际的能力"、"使用合适的语域和言语行为"和"了解合适语境中的会话策略"三大成分构成。⑤

---

① 四种定义均源自 Canale, Michael and Swain, Merrill. Theoretical bases of communicative approaches to second language teaching and testing . *Applied Linguistics* 1980(1):1-47.另见 Brown, H.Douglas. *Principles of Language Learning and Teaching*. Beijing: Foreign Language Teaching and Research Press, 2002:227-228.

② Larsen-Freeman, Diane, "*The 'what' of second language acquisition*". In Hines and Rutherford, eds., New York, 1982:109.原文为:"In order to fashion our utterance and use it appropriately within a context," she writes, "we must minimally make use of our knowledge of linguistic rules, functions or speech acts, propositional content, interactional patterns, and strategic competence."

③ Larsen-Freeman, Diane, H. Long, Michael. *An Introduction to Second Language Acquisition Research*. Beijing: Foreign Language Teaching and Research Press, 2000:39.

④ Bachmann, L., and A.Palmer. *The construct validation of some components of communicative proficiency*. TESOL Quarterly 1982 (16/4):449-464.

⑤ Herbert W.Seliger, Elana Shohamy. *Second Language Research Methods*. 上海:上海外语教育出版社,1999 年,第 193 页。

塞维格农（Sandra Savignon）认同四要素说，认为理解交际能力的关键是其"互动性"："（四种）成分始终相互作用，（它们）在交际中并不是由一个成分走向另一个成分，就像项链上的一串珍珠那样"①，一定的社会语言和策略能力是衡量学习者交际能力的重要指标。费尔奇、哈斯特拉普和菲利普森（Faerch, Haastrup and Phillipson）则于 1984 年提出了七要素说，认为人的语言交际能力包括：音系/文字、语法、词汇、语用、话语、交际策略和流利性（phonology/orthography, grammar, lexis, pragmatics, discourse, communication strategies, and fluency）等七大成分。②

在所有的研究中，巴奇曼的观点最为周全和细致。巴奇曼与帕尔玛在 1985 年就提出一个语言能力框架，该框架由两大上层能力类型（组织能力和语用能力）和四个次级能力类型（语法、话语、言外和社会语言能力）结构而成。两年后，巴奇曼在对旧框架作出修订的基础上，提出了一个更为完备的"交际语言水平"框架结构图。从图中可以看出，学习者的交际语言水平由三个板块构成："语言能力"（language competence）、"策略能力"（strategic competence）和"心理运动技能"（psychomotor skills，即产出与接收的技能）。"语言能力"又分为组织能力（organizational competence，包括语法、语篇能力）和语用能力（pragmatic competence，包括言外行为、社会语言能力）。1990 年，巴奇曼使用下面的示意图对其"语言（交际）能力"的组织结构进行了详细、直观的解说：

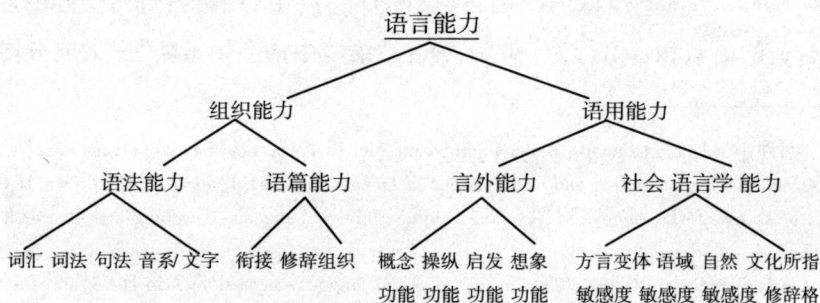

图 1　巴奇曼的"语言能力"结构图

---

　　①　Savignon, S. Communicative Competence：Theory and Classroom Practice. Reading, Mass.：Addison-Wesley, 1983：15.

　　②　Faerch, C.K.Haastrup, and R.Phillipson.1984.*Learner Language and Language Learning*.Copenhagen：Gyldenals Sprobibliotek, 1984：21.

语法能力和(代替卡奈尔等所谓"话语能力"的)语篇能力构成"组织能力",即约束我们使用语言形式(包括句子和语篇)的所有规则和系统。卡奈尔和斯维恩的"社会语言能力"被分解成两个方面的"语用能力"(pragmatic competence):语言的功能方面("言外能力",illocutionary competence,即发送与接收意图、意义的能力)与社会语言学方面(应对诸如礼貌、正式程度、隐喻、语域和语言与文化结合方面的能力)。①

为了适应通行的思路和说法,巴奇曼又将策略能力(对措辞造句和意义协商作出最后抉择的"执行"功能)单独列出来,作为交际语言能力中的一个完全独立的因素。策略能力与其他成分的关系在下列图示中得以显现:②

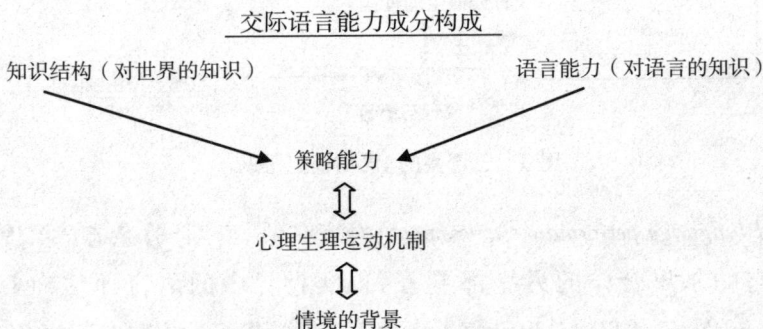

图2 巴奇曼的"交际语言能力"结构图

"交际语言水平"(能力)内部各要素之间存在着一种积极、互动的关系,为此,巴奇曼专门设计了一个语用模型图,即图3。

策略能力在这里体现为三个过程:对情景进行估计,通过重现语言能力中的相关项目来形成交际计划,通过心理生理运动来执行交际计划。

世纪之交,巴奇曼开始对"交际语言水平"(能力)的测评进行深入研究。1996年,与帕尔玛合著的《实践中的语言测试》(*Language Testing in Practice*)正式出版。2002年,专论"对基于任务的语言行为表现评估的一些反思"(*Some reflections on*

---

① H.D.Brown.*Principles of Language Learning and Teaching*.Beijing:Foreign Language Teaching and Research Press,2002:229.

② H.D.Brown.*Principles of Language Learning and Teaching*.Beijing:Foreign Language Teaching and Research Press,229-230。并参见李泉:《对外汉语教学理论研究》,北京:商务印书馆,2006年,第71页。

目 的

（理解或发出有特定功能、方式和内容的言语）

语言能力

对情景的估计 → 计划过程 ← （组织能力、语用能力、

（从语言能力中找出有关项目）第一语言、中介语、第二语言）

计 划

（由有关项目构成，其实现
应使交际目的得以完成）

执 行

（神经或生理过程）

言 语 ← 心理生理机制

（表达或理解语言）

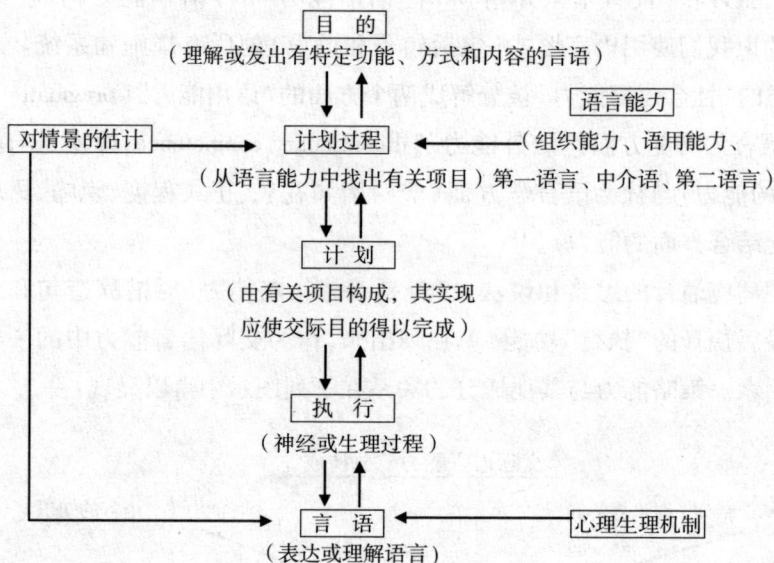

图 3 巴奇曼的"语用模型"图①

task-based language performance assessment）发表在《语言测试》杂志（第 19 卷第 3 期）上。与帕尔玛合作的另一部专著《现实世界中的语言评估》（*Language Assessment in the Real World*）也已由牛津大学出版社发行。这些专著、专论对其交际语言水平测评理论的核心理念——"基于实际交际情境（即真实世界）和交际任务的语言评估"——做了精微的论述和说明。全球的第二语言水平测试无不受到这一理念的影响：强调对考生英语实际运用能力进行考评的美国新托福（TOEFL）考试已于 2006 年推出，而凸显对考生综合汉语交际能力进行测评的中国新汉语水平考试（包括新 HSK 和新 YCT）也于 2010 年开始在全球正式实施。

布朗（H. Douglas Brown）在 20 世纪末曾将指导第二语言教学的基本原则归结为三大类：认知类（"自动化"、"意义学习"、"奖励期待"、"内在动机激发"和"策略投入"）、情感类（"语言自我"、"自信心"、"冒险精神"和"语言文化相联系"）和语言类（"母语影响"、"中介语"和"交际能力"）。② 其中的"语言交际能

---

① 李泉：《对外汉语教学理论研究》，北京：商务印书馆，2006 年，第 73 页。

② Brown，H. D. *Teaching by Principles*：*An Interactive Approach to Language Pedagogy*. Beijing：Foreign Language Teaching and Research Press，2001：6—10. 下面的一段引文（作者自译）即源自该书的第 29 页。

力"原则又被细化为四种成分:"组织能力"(语法和语篇)、"语用能力"(功能和社会语言学)、"策略能力"(学习的和交际策略)与"心理运动技能"(包括发出语音的技能)。布朗认为:

> 既然语言交际能力是语言课堂中的目标,那么教学就需要面向这种能力的所有组成成分:组织能力、语用能力、策略能力和心理运动技能。实现教学目标的最佳方法是给予语言使用(而不仅是语言的用法)、流利程度(而不仅是准确程度)、真实的语言和语境与学生的最终需求以适当的关注,学生的最终需求是将课堂上学到的东西应用到真实世界中尚未演练过的语境之中。

第二语言教学因此要特别注意以下五点:1)语法解释和语法练习是学习的一个组成部分,应该得到关注,但不能因此而忽略其他成分;2)语言具有一些微妙复杂的语用因素,语用规则需要在教学中加以处理;3)强调对语言功能和社会语言学因素的教学,但不能因此而忘记心理运动技能(即发音)成分,因为仅是语调就携带着大量的语用信息;4)确保学生有机会习得使用目的语的流利性,而不必时时在意那些小错误,偏误可以另行处理;5)使用的技巧或者方法力争做到真实,使用的语言应该是学生在现实世界中可能遇到的语言。

"第二语言(外语)能力",因此就包括三个板块(组织能力、语用能力、策略能力)和六个层面(语法能力、语篇能力、言外能力、社会语言能力、策略能力以及心理生理运动技能),其中的策略能力可被视作是一种与交际语言能力密切合作却又独立发挥作用的能力成分。

这种认识比较集中地表现在欧洲理事会文化合作教育委员会为欧盟编制的《欧洲语言共同参考框架:学习、教学、评估》(CEFR)之中。该《框架》全面介绍了外语学习者为使用外语实现交际所必须学习的内容,细数了外语学习者为具备有效的言语行为所必须掌握的知识点和能力点,将"语言交际能力"划分为语言能力、社会语言能力、语用能力等几个组成部分,每一部分由一定的知识、能力和技能成分构成。"语言能力"包括所有的语音、词汇、句法以及语言系统中其他应知应会的知识与技能,属于一种纯语言能力。"社会语言能力"即把握语言使用中社会文化因素的能力,涉及潜移默化地影响着不同文化背景者之间语言交际的那些社会规约。"语用能力"是根据互动式交际进程和语境,功能化地使用语言的能力,包括对说话语篇、语法结构和语义连贯的把握与对文本题材体裁的识别等①。策略能力被视作是语言学习和使用过程中所运用到的东西,即语言学习策略和语言交际策略,使用策略的目的是提高语言学习的效率、促成语言交际的顺畅进行。

第二节 国际(对外)汉语语言交际能力

一、前五十年的认识

中国的对外汉语教学肇始于 1950 年,然而一直到 20 世纪 80 年代,学界所关注的一直只是具体的教学实践工作,理论上的探讨并未得到重视也缺少真正的成果。开头十年的对外汉语教学,教学内容基本上都是以词汇和语法为中心,在语法之中又是以句法为主,教学过程强调"讲练并重",重视听说读写言语技能的训练。显然,对外汉语的"语言能力"被视作是关于汉语的"语言知识"和汉语听、说、读、写"言语技能"之结合。60 年代,学界提出"实践性原则"和"相对直接法",70 年代,一些学校又开展了一些诸如"分技能和课型进行教学"的教改尝试,但人们对培养目标的认识基本上一直停留在"双基"的层面上。

真正把对外汉语教学当作专门的学科,并从学科建设的高度来对其进行理论研究,那还是 20 世纪 80 年代以后的事情。针对对外汉语教学的宏观性研究、针对教学本体的多角度研究、针对教学原则、教学方法和教学技巧的具体研究愈来愈深入,相应的教学改革实验也陆续展开。与之相呼应,人们对语言教学"交际性原则"的认识也越来越深刻,对语言要素、言语技能、言语交际技能与文化背景知识的相关性有了真切的体会和认识。学界不失时机地提出结构、情境和功能相结合的对外汉语教学原则,出现了刘珣编写的《实用汉语课本》和邱质朴编写的《说什么和怎么说?》这样一些吸收了国外流行一时的功能法特色又在国

---

① 欧洲理事会文化合作教育委员会:《欧洲语言共同参考框架:学习、教学、评估》,刘骏、傅荣主译,北京:外语教学与研究出版社,2008 年,第 13—14 页。

内产生了较大影响的对外汉语教材。人们对功能、交际和文化的认识逐步深入，"结构+功能+文化"三结合的教学理念也逐渐渗透到对外汉语教学的理论研究与教学实践的各个层面之中。

这种体认在对外汉语教学界诸位前辈那里得到了比较集中的体现。吕必松在其《汉语和汉语作为第二语言教学》一书中专辟一章来对"语言学习"进行论述。他提出将"语言能力"和"语言交际能力"区分开来，因为"语言能力指的是一个人掌握语言知识、语用知识和相关文化知识的能力"，是一种"内在的能力"，而"语言交际能力指的是一个人用语言进行交际的能力"，是一种"外在的能力"或者"语言能力的外化"。语言交际能力由口头交际能力和书面交际能力构成，两种能力的获得都以言语技能和言语交际技能的掌握为基础和前提。言语技能是"听、说、读、写的技能，说、听用于口头交际，写、读用于书面交际"，它以言语要素为基础但二者并不是一回事，因为言语要素可以传授而感知，言语技能却必须经过操练才能习得；言语交际技能指的是"用言语进行交际的技能"，它以言语技能为基础，并同时接受语言规律和语用规律的约束，以保证语言使用的正确性和得体性，因此要想获得言语交际技能就必须在掌握言语技能的同时学会语用规则的使用。吕先生的结论是："一个人的语言能力属于语言范畴，由语言知识、语用知识和有关的文化知识构成；一个人的语言交际能力属于言语范畴，由言语要素、言语技能、言语交际技能、语用规则以及有关的文化知识构成。"①这种认识是深刻的，但也留有缺憾：其一，考虑到了语言要素、语用规则和文化因素，但语言学习和语言使用的策略因素并未进入其视野；其二，认为文化因素就融入在语言要素和语用规则之中，但语用和文化的具体内涵（如汉语特有的语用规则和文化内涵）并没有得到相应的阐述。

其他学者也做过一些有益的探索。盛炎在1990年出版的《语言教学原理》一书中提出"语言交际能力四分说"（语言学能力、社会语言能力、话语能力和交际策略能力）。范开泰于1992年提出将汉语交际能力分为汉语语言系统能力（即汉语使用的"合语法性"与"可接受性"）、汉语得体表达能力（即汉语使用的"得体性"）和汉语文化适应能力（即汉语使用合乎中国人的社会文化心理习惯）

---

① 吕必松：《汉语和汉语作为第二语言教学》，北京：北京大学出版社，2007年，第60—61页。

三个方面。① 王培光在其 1995 年出版的《语言能力与中文教学》中提出,听、说、读、写、译方面的语言运用能力只是一种"狭义的"语言能力,"广义的"语言能力应把语感(即借以判断语言恰当与否的能力)等能力包括进来。束定芳和庄智象在 1996 年提出,一个人的交际能力是其运用语言和非语言手段来达到某种交际目的的能力,这种能力包括语言知识、认知能力、文化知识、文体知识和其他知识(副语言知识、情感因素等)。② 张德鑫在 1997 年第 4 期的《语言文字应用》上著文提出,一个人的语言交际能力可以分解为四个方面,即:(1)懂得哪些句子是合乎语法的;(2)懂得哪些句子是可以被人接受的;(3)懂得哪些话语是恰当得体的;(4)懂得哪些话语是人们常用的。徐建华甚至站在更为宏观的高度上提出了"语言能力层次说",认为"语言能力"由(先天遗传、与生俱来的)语言习得能力、(进行思维和交际的)语言实践能力、(选择恰当表达以求最佳交际效果的)语言交际能力、(增加新质以使表达更加鲜活或便捷的)语言创造能力和(发现语言规律并为语言发展与创新作出贡献的)语言研究能力这五个层次构成,每一个层次又都表现出各自的层次性。③ 陈宏在 1996 年、1997 年和 1999 年分别发表三篇论文,对国外的第二语言能力结构研究成果作了引进和分析,并以HSK 考试为基点,通过回归分析对第二语言学习者和汉语作为母语的使用者在汉语能力结构上的差异进行了检验④。

二、21 世纪的认识

更深入的认识出现在 21 世纪。首先是国内外语(英语)教学界的影响。对外汉语教学界的教学理念和国内外语(英语)教学界一样,都经历了由"结构"到"结构+功能"再到"结构+功能+文化"的过程。2003 年,教育部颁布《普通高中英语课程标准(实验)》,将中学英语教学的总体目标描述为:"……形成有效的

---

① 范开泰:《论汉语交际能力的培养》,《世界汉语教学》1992 年第 1 期。

② 束定芳、庄智象:《现代外语教学——理论、实践与方法》,上海外语教育出版社,1996 年,第 26 页。

③ 王培光、张德鑫、徐建华的论点均摘自于于根元、夏中华、赵俐等:《语言能力及其分化——第二轮语言哲学对话》,北京广播学院出版社,2002 年,第 34—64、6—8 页。

④ 陈宏的三篇论文均发表于相应年份的《语言教学与研究》和《世界汉语教学》上。

英语学习策略;培养学生的综合语言运用能力",而这种"能力的形成是建立在语言技能、语言知识、情感态度、学习策略和文化意识等素养整合发展的基础上。语言技能和语言知识是综合语言运用能力的基础。情感态度是影响学生学习和发展的重要因素。学习策略是提高学习效率、发展自主学习能力的先决条件。文化意识则是得体运用语言的保障"。① 2004 年,教育部颁布旨在将大学英语教学和中学英语教学更为顺畅地衔接起来的《大学英语课程教学要求(教学大纲)》,规定:"大学英语是以英语语言知识与应用技能、学习策略和跨文化交际为主要内容,以外语教学理论为指导,集多种教学模式和教学手段为一体的教学体系。""(其)教学目的是培养学生的英语综合应用能力,特别是听说能力,使他们在今后工作和社会交往中能用英语有效地进行口头和书面的信息交流,同时增强其自主学习能力,提高综合文化素养,以适应我国社会发展和国际交流的需要。"②大学英语的教学目标被分解成为三个阶段:一般要求、较高要求和更高要求,每一个阶段都在六个能力层次(听力理解、口语表达、阅读理解、书面表达、英汉互译和词汇量)上做了具体的规定和说明。

其次是前面所提到的《欧洲语言共同参考框架:学习、教学、评估》(CEFR)。这是一个关于语言学习、教学及评估的整体指导方针与行动纲领,是对几十年来欧洲语言教学理论与实践的系统总结。该框架提出了"面向行动"的外语教学新理念,即:"语言使用,包括语言学习是作为个体的人,或者作为社会人完成的行动。在此过程中,他们发展了自己的综合能力,尤其是运用语言进行交际的能力。他们会根据各种不同的环境和条件,运用所掌握的各种能力,包括随遇而安的能力和选择完成任务所需的最恰当策略的能力,去实施语言活动,处理(输入和输出)具体领域的文本。对话方这类语言活动的监督有助于加强或是改善语言使用者和学习者的能力。""作为学习和交际主体的学习者,他的个人综合能力主要包括其已经拥有的**知识**、**技能**、**精神境界**,以及**学习能力**等。""**语言交际能力**可包含**语言能力**、**社会语言能力**和**语用能力**等几个组成成分。"③此外,加

---

① 中华人民共和国教育部:《普通高中英语课程标准(实验)》,北京:人民教育出版社,2003 年,第6—7 页。

② 教育部高等教育司:《大学英语课程教学要求(教学大纲)(试行)》,北京:清华大学出版社,2004 年,第4 页。

③ 欧洲理事会文化合作教育委员会:《欧洲语言共同参考框架:学习、教学、评估》,刘俊、傅荣主译,外语教学与研究出版社,2008 年,第9、11、13 页。

拿大编制的《加拿大语言标准》(*Canadian Language Benchmarks*,*CLB*)、美国颁布的《外语学习目标:为 21 世纪做准备》(*Standards for Foreign Language Learning:Preparing for the 21ˢᵗ Century*)与《21 世纪外语学习目标》(*Standards for Foreign Language Learning in the 21ˢᵗ Century*),即 5 个 C(Communication"交际"、Comparison"比较"、Culture"文化"、Connection"贯连"和 Community"社会(实践)"),以及美国外语教学学会颁布的《水平指南》(Proficiency Guidelines),也对学界全面深入地理解"国际(对外)汉语语言交际能力"产生了较大的影响和启示。

2003 年,"汉语桥工程"开始实施,2004 年 11 月,首家孔子学院成功开办,2005 年 7 月,首届"世界汉语大会"在京举行,2006 年 3 月,"国家汉办"更名,2007 年底,23 所高校设立"汉语国际教育专业硕士"学位培养点,2009 年底,网络孔子学院正式上线,2010 年,新汉语水平考试正式实施……汉语作为第二语言教学开始由国内"对外"的汉语教学逐渐转向全球的汉语"国际"推广,从而步入"汉语国际教育"的大发展阶段。新的形势加上强劲的推力,直接促成了国际汉语教育三大标准在 2007 和 2008 年的问世和实施。

第一个是《国际汉语能力标准》。该标准面向"汉语作为外语的学习者,对其运用汉语知识和技能进行交际的能力,从不同侧面提供了五个级别的描述,是衡量汉语学习者语言能力的重要依据",并把"国际汉语能力"分解为两块:口头交际能力(包括口头理解能力和口头表达能力)和书面交际能力(包括书面理解能力和书面表达能力)。四种能力被细化为五个级别,各个级别都有详细的说明,包括"语言能力描述"和"任务举例"①。显然,该标准将国际汉语学习的目标锁定为"运用汉语……进行交际的能力",但关注的焦点是汉语语言知识和技能(即"双基"),仍然属于一种基本的汉语语言能力;文化语用能力和策略能力,并没有得到应有的显现。

这种缺憾在第二个标准《国际汉语教学通用课程大纲》里得到了一定程度的补救。该大纲声称,它"是对汉语作为第二语言课程目标与内容的梳理和描述,旨在为汉语教学机构和教师在教学计划制定、学习者语言能力评测和教材编写等方面提供参考依据和参考标准",并以"课程目标结构关系图"的形式对(国

---

① 国家汉语国际推广领导小组办公室:《国际汉语能力标准》,外语教学与研究出版社,2007 年,第 1—23 页。

际汉语)"语言综合运用能力"做了界定,即由"语言知识"、"语言技能"、"文化意识"、"策略"四部分构成。每个部分也都在五个级别上进行了详细的描述①。策略能力和文化意识得到了凸显和阐释,策略被细化为情感、学习、交际、资源、跨学科五个方面,文化意识也被细化为文化知识、文化理解、跨文化意识、国际视野四个侧面。当然,遗憾还是存在的,例如,社会语用能力和汉语交际的得体性没有得到强调。虽然在"语言知识"里面已经包含了功能、话题和语篇的内容,"附录"之中也有"汉语教学话题"和"中国文化题材及文化任务"等建议表或举例表,但这些内容还不能完全等同于社会语用能力。

第三个是《国际汉语教师标准》。该标准是一个"对从事国际汉语教学工作的教师应具备的知识、能力和素质的全面描述",分为"语言基本知识与技能"(汉语的和外语的)、"文化与交际"、"第二语言习得与学习策略"、"教学方法"、"教师综合素质"等五个模块和十大标准。其中的标准 4.7 要求:"教师应了解语用学知识,并将有关知识应用到培养学生交际能力的教学实践中",具体表现为七个基本概念范畴(如语用和语用能力、会话结构、言语行为理论等)和五种基本能力,而第一种便是"在语言教学过程中注重培养学生的语用能力"。标准5.7 则要求"教师能理解学习策略在第二语言学习过程中的重要性",具体表现为八个基本概念范畴(如语言学习策略、认知策略与元认知策略、社交策略与情感策略等)和五种基本能力,而第四种就是"能了解和分析学生的学习方法和学习策略,并就其学习方法和学习策略提出改进的建议"。② 教师在教学过程中,引导学习者逐渐获得汉语语用方面的能力并运用适合的学习方法和学习策略来提高学习效率,这倒不失为一个具有一定实际操作性的思路,也算是对前两个标准(大纲)不足之处的补偿吧。③

旨在对国际汉语教学进行指导的三个国家级(亦即国际)标准(或大纲),在对教师、学习者和课程内容的能力构成因素方面可以说是各有侧重、各有特点。

---

① 国家汉语国际推广领导小组办公室:《国际汉语教学通用课程大纲》,外语教学与研究出版社,2008 年,第 II—III 页。

② 国家汉语国际推广领导小组办公室:《国际汉语教师标准》,外语教学与研究出版社,2007年,第 28、36 页。

③ 该标准或许是过于理想化而操作性不够强,所以孔子学院总部又在 2012 年颁布了新的《国际汉语教师标准》。新的标准仅只包括五个方面,即:汉语教学基础;汉语教学法;教学组织与课堂管理;中华文化与跨文化交际;职业道德与专业发展。文化语用和策略在其中仍然有所体现。

三个标准综合在一起,我国对外(国际)汉语教学界对国际"汉语语言交际能力"的新认识和新理解也就昭然若揭了。

三、国际汉语语言交际能力结构模式

如此研究语境使得学界对语言交际能力这一概念的认识日渐清晰和明确。1999 年,陈宏以 HSK 为样本对语言能力测验结构效度进行了考察,并呼吁:应在综合考虑语言能力、语言能力的内部层次和内部结构关系、语言能力和语言行为关系的基础上,构建一个可供操作和量化的语言能力结构和结构关系的理论模型[①]。2001 年,鹿士义对词汇习得与第二语言能力的关系问题进行了实验研究,得出良好的词汇习得有益于整个二语习得的结论[②]。2005 年,赵金铭断言,"语言交际能力是一种复杂的知识和技能体系",体现为"能否把可能的、可行的和得体的行为结合起来,并在实际中得到运用",而语言交际能力的培养应当遵循语法、交际、文化、综合等四项基本原则。[③] 2007 年,刘颂浩则直接提出来一个"交际语言能力框架",认为该能力由五个部分结构而成:背景能力、语言能力、语用能力、策略能力、流畅能力。[④] 五种能力分别用来保证言语交际活动的知识性、准确性、得体性、灵活性和流利性。"框架"基于国外的观点,但因为简明易懂,且与汉语本体有一定的结合,所以具有一定的可操作性。

心理学、语言学与应用语言学的研究使我们对"能力"、"语言(交际)能力"、"第二语言(外语)能力"和"国际(对外)汉语语言交际能力"有了逐步深入的认识。"能力"是顺利实现某种活动或者完成某种任务的心理条件,这种心理条件以先天的遗传素质为基础,在后天的学习、生活和社会实践中得以形成和发展。人的"语言能力"并不主要指他所掌握的"关于语言本身的知识",而是他运用语言来进行实际交流和沟通的能力,这种"语言(交际)能力"不仅涵盖人内在的语言能力与外显的语言知识,而且涵盖实际的、动态的语言运用和人际交流的

---

① 陈宏:《语言能力测验的结构效度检验》,《世界汉语教学》1999 年第 1 期。
② 鹿士义:《词汇习得与第二语言能力研究》,《世界汉语教学》2001 年第 3 期。
③ 赵金铭:《对外汉语教学概论》,商务印书馆,2005 年,第 144—147 页。
④ 刘颂浩:《第二语言习得——对外汉语教学视角》,世界图书出版公司,2007 年,第 28—29 页有图示说明。

能力部分,也就是塞维格农所谓的"功能语言水平,即数人之间进行的意义表达、诠释和协商活动(的水平)"。①"第二语言(外语)能力"则应包括三大板块(即组织能力、语用能力、策略能力)和六个层面(语法能力、语篇能力、言外能力、社会语言能力、策略能力以及心理生理运动技能),其中的策略能力可以作为一种与语言交际能力协同发挥作用的特殊能力成分。

　　"国际(对外)汉语语言交际能力"的内涵与外延,由此也就呼之欲出了。现在,我们完全可以清理出这样的一个基本思路:"(将国内针对来华留学生的对外汉语教学与海外进行的汉语作为第二语言(外语)教学整合起来的)汉语国际教育的总体目标是,使海内外汉语学习者在学习汉语语言文化知识与获得汉语言语技能的同时,进一步强化汉语学习目的,培养自主学习与合作学习的能力,形成有效的汉语学习和交际策略,最终具备汉语语言综合运用能力。"②汉语语言综合运用能力(即"国际汉语语言交际能力")主要由四大能力成分构成,即:(1)汉语语言知识(包括汉语拼音、汉字、词语、语法、功能、话题和语篇等知识);(2)汉语言语技能(完成接受、产出、互动和中介型汉语语言活动的技巧和能力,如听、说、读、写、译等);(3)汉语文化语用能力(包括中国文化知识、中国文化理解、跨文化意识、汉语语用规则的掌握和使用);(4)汉语策略能力(主要包括学习者在汉语学习与运用过程中所使用的那些能够促进学习和完成交际任务的技巧和方法)。构成一个人"国际汉语语言交际能力"的四大要素之间,存在着错综复杂的互动互促关系,如下图所示:

　　国际汉语语言交际能力通过下面的过程而逐渐获得:一个(主要通过遗传获得的)生理、心理相对健全的外国成年人(也可能包括相当一部分未成年的中、小学生)在一定的环境中,带着一定的情感和态度,运用一定的学习策略来学习汉语语言文化知识,掌握包括进行口头和书面的理解与表达的汉语言语技能,调动其已有(通过母语习得与社会生活实践而掌握)的世界知识,逐步形成

---

　　① Sadra Savignon 在 1983 年给"语言交际能力"所作出的界定是目前最有影响、为学界广泛接受的定义,原文如下:*functional language proficiency; the expression, interpretation, and negotiation of meaning involving interaction between two or more persons belonging to the same(or different)speech community(communities),or between one person and a written or oral text.*美国的外语学习目标(5C)即特别强调交际。

　　② 参见国家汉语国际推广领导小组办公室:《国际汉语教学通用课程大纲》,北京:外语教学与研究出版社,2008 年,第 II 页"总目标"。

汉语综合交际能力

（汉语语言交际活动）　　　（交际策略）

汉语文化语用能力　　　　汉语基本语言能力　　　　汉语策略能力

（交际文化）

（世界知识）　　　　　　（情感/态度）

（知识文化）　汉语语言知识　　　汉语言语技能　　（学习策略）

（生理心理运动机制）

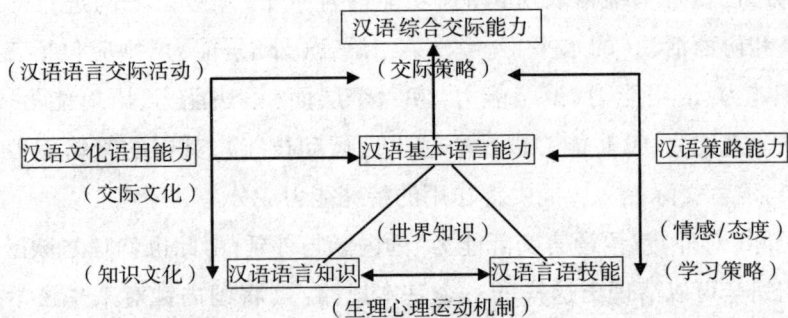

图4　"（国际）汉语语言交际能力"结构图

其汉语基本语言能力;这种基本的汉语语言能力在学习者所习得的汉语语用规则的指引下,在其所能够掌控的汉语交际策略的调节下,通过大量模拟和真实的汉语语言交际活动,逐渐转化成为一种汉语综合交际能力。

掌握一定量的汉语语言文化知识与汉语言语技能,调动自己已有的关于社会和世界的知识经验,学习者便有可能获得和具备一种基本的汉语语言能力。这种语言能力是准确地使用汉语的前提和基础,但未必能够保证汉语交际的适当性和得体性(appropriateness)。汉语文化语用能力于是开始发挥作用,因为它能够使学习者的汉语语言交际活动与具体的汉语文化语境相契合,促成交际各方之间的意义表达、诠释和协商活动。汉语策略能力(在汉语学习与汉语交际过程中使用有效方法以促进学习、完成交际的那种能力)因素贯穿汉语学习和交际活动的始终,既可使学习更加快捷有效,又能够促进交际活动的顺畅进行,从而确保交际目标和交际意图的实现。在基本的语言能力之中有机融入汉语文化语用能力成分和汉语交际策略能力因素,便可能逐渐形成更高层次的综合汉语交际能力。基本汉语语言能力是国际汉语教学的基本要求和底线,是国际汉语教学"普及"阶段的根本任务;综合汉语交际能力是国际汉语教学的高级目标和理想,也是国际汉语教学"提高"阶段的最高追求。学习是人的活动,就必然伴随着人的情感态度,于是在汉语言文化的学习过程中,还有一个激发与保持学习者动机和兴趣、发挥并强化其意志力的问题。我们不是常说"热爱(兴趣)就是最好的老师"和"有志者事竟成"吗?

"国际汉语语言交际能力",是国际(对外)汉语教学的培养目标,而实现这一目标的前提是"交际性语言教学"理念在国际(对外)汉语教学实践过程中切实体现和认真践行。"交际性语言教学"的精髓是语言交际活动中的意义表达、诠释和协商。意义表达就是说话人对自己想法、意义或请求的表达。意义诠释即听话人在说话人表达之时为理解其内容和意向而作出的推理及诠释。听话人对说话人所表达的内容和意向,有时完全理解而有时并不完全理解,在不是完全理解之时就需要进一步通过意义协商的过程,向说话人提出问题,说话人则针对问题进行说明、澄清、解释和补充细节,以便让听话人准确无误地理解其真实意图。真实的语言交际活动是这样,课堂内外的语言教学活动也当如此。从事语言教学的教师都知道"冰冻三尺,非一日之寒"与"台上一分钟,台下十年功"的道理,"国际汉语语言交际能力"的培养和获得自然也不是一蹴而就的事情。换句话说,国际汉语语言交际能力本身具有结构上的层次性,国际汉语语言交际能力的培养和获得也一定表现出渐进性的特征来。

层次性是说,汉语语言要素的知识学习与汉语言语技能的获得是基础层面的能力,也是国际(对外)汉语教学需要花大力气、下大功夫去探讨的课题;在获得这种基本的汉语语言能力基础之上,进一步学习并掌握汉语文化语用规则和汉语学习与交际策略,再通过大量的汉语语言交际实践活动而逐渐获得那种能适应不同语境的高层次综合语言交际能力。渐进性是说,汉语学习者通过学习、训练和交际实践而获得的汉语语言交际能力是从其母语(第一语言)出发而逐渐朝向目的语(汉语)趋近的一种动态的、过渡性的语言能力,有的学习者(如初学者)更多地靠近自己的母语,少数的佼佼者会更多地靠近目的语(汉语),而大部分的学习者则是处在母语和汉语之间的半道上,甚至永远都可能达不到地地道道的汉语运用水平。但是,由于跨文化交际中特有的宽容和理解,这种"过渡"能力完全可以促成某种程度的意义协商和交流沟通活动。当然,国际汉语教学的最高培养目标还是那种使用汉语来进行自然、地道交际的综合语言交际能力。

"国际(对外)汉语语言交际能力"构成的层次性与培养获得的渐进性特点,给国际汉语教学提出了特殊的要求,即:国际(对外)汉语教师第一要眼光向前,时刻牢记最高的培养目标,第二则须脚踏实地,一步一个脚印,通过一个个知识点和技能点的教学,一条条语用规则和策略方法的掌握,帮助并促成学习者逐步完成由汉语语言文化知识到汉语言语技能的转化,从而习得基本的汉语语言能力,并(可能的话)进而协助和促成那种由基本的汉语语言能力到综合的汉语交际能力的二次转化。培养基本汉语语言能力是"普及",掌握综合汉语交际能力是"提高",国际汉语教学必须以"提高"为追求目标,但时时、处处又不得不从"普及"开始做起。没有根基的空中楼阁是不存在的。

接下来的两章将以海外汉语学习者的"国际汉语语言交际能力"现状为主题,以韩国和泰国的部分汉语学习者为案例,从"书面表达能力"、"文化语用能力"和"策略使用能力"三个方面进行一些与国际汉语教学相关的调查和分析。希望这种努力能够让我们对海外汉语学习者的实际语言能力状况、能力现状与理想的语言水平之间存在的差距有一个大致的了解,从而为国际汉语语言交际能力培养的讨论建构一个基点,为今后的汉语国际教育与对外汉语教学提供一个较为切实可信的参照系。

第三章　国际汉语语言交际能力现状调查(一)

——韩国学生汉语书面表达能力状况

国际汉语教学旨在培养或获得汉语语言交际能力。一个生理、心理相对健全的外国成年人(可能有部分中小学生)在一定的环境中,带着一定的情感和态度,运用一定的学习策略来学习汉语语言文化知识,掌握包括进行口头和书面的理解与表达的汉语言语技能,调动其已有的世界知识和人生经验,逐步形成其汉语的基本语言能力;这种基本的语言能力在学习者所习得的汉语语用规则的指引下,在其所能够掌控的汉语交际策略的调节下,通过大量模拟的和真实的汉语语言交际活动,逐渐转化成为一种综合的汉语交际能力。

那么,新阶段国际汉语教学对于汉语基本语言能力和汉语综合交际能力培养的现状究竟怎样?日益增长的海外汉语学习者使用汉语进行实际交流和沟通的能力又是如何?带着这些问题,我们进行了三项实地调查。第一项调查的对象是韩国一所大学的中文系学生,目的是想通过对他们近 200 份汉语作文原始语料的分析来初步摸清国际汉语教学对象现有的书面表达能力状况,并进而对其已有的汉语基本语言能力有所了解。该调查构成本章的主要内容。后两项研究则是针对泰国四所大学部分汉语学习者的调查问卷,目的是想通过他们对所提问题的回答或者选择来了解国际汉语教学对象的汉语文化语用能力和汉语策略使用能力的基本情况,并进而对其汉语综合交际能力状况有所探知。这两项调查构成第四章的主要内容。

汉语知识的教学是我们的强项,汉语言语技能的训练,我们也积累了经验,也就是说,我们在汉语基本语言能力的培养方面已经有了不少可资借鉴的东西。对这一能力层次的调查因此只聚焦于四大言语技能中最难习得的汉语"书面表达能力"。在汉语综合交际能力的培养方面,无论是汉语文化语用规则的习得,还是汉语策略使用能力的训练，我们都缺乏系统、成熟的经验，也没有多少现成的范例可供参考和学习。对这一能力层次的调查因此集中在"文化语用"和"策略使用"两个方面。

第一节 对 194 份韩国学生作文语料的分析

2009 年 9 月至 2010 年 8 月，笔者的同事与好友孙尚勇博士在韩国国立庆尚大学校担任专职汉语教师，主要承担该校人文大学中语中文学科（汉语言专业）的汉语言文化课程教学。教学对象为两个由该校 2006、2007、2008 级中文专业学生组成的综合教学班，总共 59 位学生，其中的 25 位曾作为交换生到中国学过一年的汉语，所以大多具有比较强的汉语基本语言能力，在口头理解和表达方面尤其表现突出。甚至还有两位选修中文的中国留学生：来自鞍山的庞茗喆和丹东的韩秀娇（朝鲜族）。

受笔者之托，孙老师收集了在庆尚大学校任教期间学生所写出的汉语作文（原稿和抄件）共 194 份。作文涵盖了 10 个主题，即：（1）自我介绍（42 份）；（2）我的爱好（12 份）；（3）我对课程的要求和希望（59 份）；（4）我喜欢的一位老师（6 份）；（5）如何适应新环境（5 份）；（6）阿凡提故事续编（13 份）；（7）志愿者的经历和感想（3 份）；（8）给朋友的一封书信（33 份）；（9）中韩（酒）文化比较（18 份）；（10）时事或文学短评（3 份）。涉及的文类包括了说明、叙述、论说和应用文（书信）。篇幅长短不尽相同，最短的不足 50 字，最长的却超过了 600 字，平均长度为 224 字。以下的分析都是基于这些原始的作文语料。

书面汉语基本上呈现一种"字→词→句→段→篇"的层级组合，汉语书面表达能力也就相应地包含了汉字书写、词语使用、句子结构和组段成篇几个方面。因此，我们对韩国学生作文语料的分析也从汉字掌握情况、词语使用情况、句法掌握情况和语篇组织情况这四个方面来进行。

一、汉字掌握情况

从韩国学生手写的原始作文稿上看，他们对汉字书写的掌握是相当不错的，这大概与韩、中同属"汉字文化圈"这一事实相关。但是,就像中国的小学生一样,韩国学生在汉字书写上也出现了相当多的偏误。其偏误主要包括三类:空缺或画图;自创错字;替代或别字。

1. 空缺或画图(5例)

对不会写也极可能不会读的汉字,韩国学生的处理方法有两种:其一,留出空白;其二,画简笔画。相比之下,画图更具创造性,但并不多见。例如:

(1)空缺(4例)

＊我们一起学汉语和韩语。□有(富有?/慷慨)地帮助我会(使我能够)适应中国生活。(姜昭罗)

＊我毕业以后,我想去法国。巴□(Paris)(巴黎)很喜欢。(孙智基)

＊爸爸的工作是□(公司职员?),妈妈呢,没有特别的。(李秉勋)

＊我的家在□(地名?),最近走读学校。(朴耿卵)

(2)图画(1例)

＊要是前辈想给后辈倒杯酒,那就后辈得把膝面着地(跪着的图画)或者站着(站着接酒的图画)等倒完杯酒,还有把酒杯用两手端着。(具珉秀)

2. 自创错字(6例)

笔画和偏旁是汉字的基本构成成分,这与拼音文字大不相同。笔画多了或者少了,会出现错字;偏旁或者部件的位置错了也会出现错字。我们在韩国学生的作文中间发现了6例这样的自创错字。例如:

＊(我常)看电月文(脑)读报纸。(李可盈)

＊(我)现在比以前听得竖心旁+重(懂)。(朴俊慧)

＊这个学月其(期)的时候,感谢给我们多多指教。(李珊那)

＊这课对我比较难,老币+两竖(师)的话有点儿听不懂。(缺名)

＊每次上课的时候,我学了言字旁+干(许)多的汉语。(缺名)

＊我愿立字头+心字底(意)A+!(李佳媛)

3. 替代或别字(55例)

对会读但不会写的汉字,韩国学生的处理方法也有两种:其一,用英语或者拼音来替代;其二,用同(近)音字或者形式接近的别字来替代。例如:

(1)英语或拼音(6例)。

＊我家在Jinju(地名)。(姜恩暎)

*我喜欢看中国和日本的 TV(电视节目)。(朴俊慧)

*海(每)天晚上又上课 EZ(容易),又学习一点汉语。(李珊那)

*我毕业以后,我想去法国。Paris(巴黎)很喜欢。(孙智基)

*我的爱好是 programming(编程)。所以我喜欢看中国 TV(电视节目)。(李学城)

(2)同音词或别字(49 例)。典型的 43 例为:

*我总是拿不定主义(主意)。(姜贤珠)

*只要看一边(遍),就可以缓解压力。(姜贤珠)

*一至(一直)听了 MP3 的收音机。(金哈娜)

*我特别喜欢趟(躺)着看(书)。(李佳媛)

*闲着没事我就趟(躺)着听音乐。(郑珉行)

*我想得 B+,老师幸(辛)苦了。(李学城)

*但是,在床上看书的时候我感觉到(倒)很舒服。(李佳媛)

*我的古(故)乡是晋州。一直注(住)在晋州。(孙智基)

*我是饿(俄)文(系)的学生。(朴根)

*2004 年我成公(功)了电气电子系。(郭星戀)

*前辈们参加一个足球对(队)。(姜锡奈)

*我的父母主(住)在仁川。所以我主(住)在姨妈的家。(卢主愿)

*为了我的未来,我海(每)天努力学习。(李佳媛)

*我叫郑银英,我是三年纪(级)中文系的学生。(郑银英)

*我从去年 8 月分(份)到今年 7 月末去了中国留学。(姜贤珠)

*我觉得泰国采(菜)特别好吃。(金仁禹)

*我的专业是国纪(际)贸易。(金庚来)

*他很渴向(,想)喝水。(具珉秀)

*在全部的方面,我没有自心(信)感,什么都不感兴趣。(郑恩智)

*但我失足,所(以)率(摔)伤了腿。(李学城)

*我们看奥运会体育场,长成(城)。(金哈娜)

*我生病时,带去我医园(院)。(金哈娜)

*我以后想跟你谈一谈有意思的话提(题)。(姜贤珠)

*只是等着老师的鼓历(励)。(丁星帝)

＊韩国人喜欢喝酒，一周喝一次一（以）上的酒。（李乾雨）

＊中国是立试（式）生活……韩国是坐试（式）生活。（李炫政）

＊刚过 20 岁的小孩儿只能想包（保）护自己。（丁星帝）

＊大概当时我不习贯（惯）中国的饮食文化。（郑恩智）

＊大概半年以候（后），我变了有点儿懒虫。（李秉勋）

＊我这一学期的情况跟一般同学不一羊（样）。（柳广宣）

＊我希望得到好成绩，只是等着老师的鼓历（励）。（丁星帝）

＊我觉得我的太（态）度和作文作业值得 A+。（李佳媛）

＊我作为志原（愿）者参加了残疾人羽毛球比赛。（郑恩智）

＊两年前我在中国齐（济）南留学了。（姜智娟）

＊可是当二十岁的时候我不知道亥（该）喝多少酒。（李帅熙）

＊好久不贝（见）了。你最近怎么样？（朴俊慧）

＊那时你帮助我学习汉吾（语）。（许由林）

＊我想尚（向）贵系一个学生表示衷心的感谢。（金佳英）

＊我是一名庆向（尚）大学计算机教育系三年级的学生。（李学城）

＊我又可怕又害羞，还（不）过我需要老师……（李乾雨）

＊我要 A+ 的成绩，因为海（该）上课时我都来了。（金哈娜）

＊以前……况且韩国的教学方式是不枳（积）极的。（孙荣曦）

＊因为我知道自（咱）们一起准备找工作的时候你很紧张和担心。（姜昭罗）

在所发现的 66 例汉字偏误之中，第一类"空缺或画图"有 5 例，占总数的 7.6%；第二类的"自创错字"有 6 例，占总数的 9.1%；而第三类的"替代或别字"则有 55 例，在偏误总数中所占的比例高达 83.3%。可见，使用发音相同或相近、书写形式相近的别字来替代不会写的本字，是韩国学生（抑或汉字圈内的汉语学习者？）最常见的汉字书写偏误类型。这种情况加上自创汉字，从另一个侧面似乎也表明了韩国学生不错的汉字功底。

二、词语使用情况

原始的作文语料显示，对韩国学生所掌握的汉语词汇量，我们还真不敢小看。他们学习的专业是中语中文（汉语），而且过半数的人有过到中国的留学经历,这应该是一个主要原因。尽管如此,他们在词语使用上面也出现了不少的偏颇和失误。其偏误包括三大类:字词混用;词语误用;生造词语。

1. 字词混用(10 例)

古汉语多使用单音节词语,而现代汉语更多地使用双音节词语。与中国同属"汉字文化圈"的韩国可能对古汉语的单音节词语情有独钟,于是在韩国学生的汉语作文中时常见到用单音节词(字)替代双音节词语的现象。虽然我们也能够猜出大致的意思,但终究不符合现代汉语的表达习惯。例如:

* 再去长春的<u>时</u>(时候),一起去滑雪,怎么样?(李美英)

* 那天是我回韩国的<u>日</u>(日子)。(具保延)

* <u>先</u>(首先)我<u>自</u>(自己)靠近对方打(搭)话。(成元周)

* 我想韩国和中国肯定有<u>差</u>(差异/差别)。(河晓露)

* 中学生、高中生喝酒时,两国都<u>觉</u>(觉得)他们是不良学生。(李露娜)

* 我觉得他们为<u>乐</u>(快乐)喝酒。(郑恩智)

* 不选择的话有时一边吃饭一边嗅烟香,<u>自</u>(自然)受不了。(郑贵爱)

* 一轮是必须,二轮是选择,一般最后<u>轮</u>(一轮)是去歌厅。(郑贵爱)

* (在)我<u>难</u>(艰难)的时<u>年</u>(岁月),(你对我)很有帮助。(吴旻盈)

* 但是<u>教</u>(教书)的时候她待人热忱。(金庚来)

2. 词语误用(60 例)

对一些汉语词语的意义和词性掌握得不够确切或者不够充分,于是出现本该使用 A 结果用了 B 的词语误用现象,从而妨碍了意义的准确表达。韩国学生的词语误用,大致可以分为三种情况:近义词混用;词类误用;词义不当。

(1)近义词混用(28 例)。典型的 20 例为:

* 我<u>不能</u>(不会)汉语。但是,我<u>就</u>(删去"就")很努力。(金民主)

* 我<u>不</u>(没)去过中国。(金薛吾)

* 下雨的时候我的<u>气氛</u>(心情)不好。(孙智基)

* 我有一个弟弟,比我<u>少</u>(小)一岁。(李秉勋)

* 所以想<u>经验</u>(体验)中国文化。(张佳英)

* 可是我<u>来</u>(回)韩国后,好久没说汉语。(朴嘉寅)

* 其中杭州的<u>风气</u>(风景)真漂亮。(金庚来)

* 我妈妈准备饭食的时候,时常<u>使</u>(让)我帮她的忙。(郑恩智)

*电影给我没有<u>经验</u>(经历)过的人生,很有帮助。(郑珉行)

*我又<u>可怕</u>(害怕)又害羞。(李乾雨)

*我们没有非难别人的<u>权限</u>(权利)。(郑恩智)

*在中国的最后一天,我很<u>感动</u>(感受)了中国人的厚意。(具保延)

*我<u>牵了牵</u>(拽着/拖着)旅行袋,可是很辛苦了。(具保延)

*我回国以后很久没有<u>信息</u>([她的]消息)。(李英美)

*然后我<u>老是</u>(一直/总是)努力保持笑脸。(成元周)

*韩国人只看书,什么都<u>没</u>(不)说出来。(李佳媛)

*<u>优先</u>(首先),我来过大部分课。(李珊那)

*我<u>看见</u>(发现)听力最难,这冬假我想学习听力多大。(柳智惠)

*我觉得我的进步越来越<u>好</u>(大),因为我在宿舍学习汉语。(李可盈)

*对中国的饮酒风俗我不太<u>理解</u>(了解),因为在中国留学的时候,体验真正的中国饮酒风俗的机会就没有了。(具珉秀)

(2)词类误用(18例)。典型的10例为:

*我想学习这节(门)课<u>很热情</u>(的热情很高)。(李珊那)

*我生日是1月1日。我<u>很好</u>(喜欢)我的生日。(吴旻盈)

*大概半年以候(后),我<u>变了</u>有点儿<u>懒虫</u>(成了个小懒虫)。(李秉勋)

*休学时,我<u>不能力</u>(没有能力/不能够)学习。(金哈娜)

*看完电视以后,人们可以感受到乐趣,<u>高兴</u>(喜悦)。(姜贤珠)

*如果你们和我的<u>感兴趣</u>(兴趣)有些共同点的话,就一起享受我们的爱好吧。(姜贤珠)

*我<u>一部分</u>(部分地)同意这个意见。(具保延)

*我每天<u>记忆</u>(记着/念着)您的恩惠。(姜贤珠)

*这次经验会<u>好作用</u>(有助于)我的汉语学习。(柳智惠)

*上课的时候,老师说的内容我比较听得懂,但是不能<u>说回答</u>(回答问题)。(李英美)

(3)词义不当(14例)。典型的8例为:

*我家里<u>是</u>(有)四口人。(崔知恩)

*我今年<u>到</u>(满)二十二岁。(金秀智)

*从这儿到我家很远,坐汽车花<u>五点钟</u>(五个钟头)。(李娜俐)

*甚至我回国以后<u>关于</u>(把)汉语都忘记了。(姜贤珠)

*其实我爸爸是体育老师,所以我现在这样是<u>不可避免</u>(自然而然)的。(姜贤珠)

*我终于<u>放开</u>(解放)了,跟妈妈一起回家了。(具保延)

*甚至于有的地方以酒店街<u>很有名</u>(而著名)。(郑恩智)

*我读书的时间没有<u>决定</u>(固定)。有空儿就看。(李学城)

3. 自创词语(48 例)

写作者想表达某一个意思,但在自己的词汇表上找不到相应的词语,于是就根据自己所掌握的汉字新创出现代汉语中并不使用的词语(有的是韩式词语)。从其中的一些自创词语里,我们倒也感觉到作者相当的汉字构词意识和创造力。典型的 30 例为:

*我不太好语<u>中语</u>([喜欢说]汉语)。(朴善肃)

*我的<u>家口</u>(家人)是爸爸,妈妈,弟弟和我。(金民主)

*爸爸是很<u>恕道</u>(理解)我的事。(金圆英)

*我希望上这门课要(能够)提高我<u>文语</u>(语文)水平。(金圆英)

*那时跟他们互相教<u>自国</u>(各自国家)的语言。(朴嘉寅)

*去年,去了中国<u>放行</u>(旅行)。(吴尚我)

*我的妈妈和爸爸做个<u>休事业</u>(退休)。(林美珍)

*我喜欢<u>放行</u>(旅行)。去中国的时候,我旅行很多的地方。(金庚来)

*我常常听<u>女人歌手</u>(女歌手)的歌曲。(张佳英)

*一读书就<u>坐夜</u>(熬夜)看书。(李学城)

*<u>青年们</u>(年轻人)喜欢玩电脑,电脑游戏。(金佳英)

*星期六下课以后在<u>教屋</u>(教室)一起做饭一起吃……(郑贵爱)

*她去的地方不是大城市,而是<u>小数</u>(少数)民族的自治区。(郑贵爱)

*她有为学生的(对学生有)<u>忍耐</u>(耐心)。(全亨畯)

*打扮之后看自己的样子比<u>素面</u>(没有化妆)更好看。(郑恩智)

*我(会)时常<u>应援</u>(支持)你! 加油! (姜昭罗)

*我<u>祈愿</u>(希望/祝愿)你也找(到)好的工作。(李美英)

*而且<u>医院费</u>(医药费)都是他出的。(李佳媛)

*我感到<u>极别</u>(极大/特别)的幸福。(姜贤珠)

＊四年前,您当我的<u>班导</u>(班主任/辅导员)。(朴耿卵)

＊他是<u>乐天主义者</u>(乐天派/乐观主义者)。(孙思齐)

＊自己有<u>自信感</u>(自信心)的话就好了。(刘守真)

＊如果<u>弱酒</u>(不胜酒力)的话,先得求对方的谅解。(全珉廷)

＊跟对方一起喝酒的时候,面对他的眼睛,一起<u>接触嘴</u>,一起<u>揭嘴</u>(酒杯和嘴唇的接触与离开都是同时的)。(全珉廷)

＊……我都喜欢<u>各异</u>(各不相同)的酒文化。(郑恩智)

＊因为<u>工作人</u>(上班族)的压力大了。别的人基本想象不到。(李乾雨)

＊今后我们大学毕业,即使不<u>多遇</u>(见面不多),你不忘我。(吴旻盈)

＊我(艰)难的<u>时年</u>(日子),(你对我)很有帮助。(吴旻盈)

＊因为我<u>起困</u>(起床)晚所以我没去学校很多次。(李娜俐)

＊<u>初课</u>(初次上课)的时候,我多多听不懂了。(朴俊慧)

在总共 118 例词语使用偏误之中,第一类"字词混用"有 10 例,占 8.5%;第二类"词语误用"有 60 例,占 50.8%;第三类的"自创词语"有 48 例,占 40.7%。可以看出,韩国学生(抑或汉字圈内的汉语学习者?)在汉语词汇的掌握上存在着"软肋"。他们在词语使用方面经常出现的偏误类型为"使用不当"和"自创词语"。有一些"生造"的词语,如"电邮片"、"祈愿"、"逊谢"、"初课"、"素面"和"自觉"(用作动词)等,倒也包含了一些创意成分,说不定在什么时候还会堂而皇之地进入标准的现代汉语之中呢。

三、句法掌握情况

韩国学生写作基本上是"我手写我心":在口语中怎么说,在书面表达中就怎么写。他们对汉语句法、句式的掌握相对较好,但在这些方面出现的偏误也较多。韩国学生在句法、句式上表现的偏误,大致可以分为五大类:语序不当;句子成分问题;搭配失误;虚词使用不当和词不达意。

1. 语序不当(37 例)

词语按照一定的顺序排列成为语句,而语句是语言交际所使用的主要形式。不同的语言中,词语排列的顺序或者规律或多或少地会有区别。汉、韩语之间的这种差异往往造成韩国学生在汉语表达中的语序偏误。其语序偏误表现为三类:动宾位置不当;状语位置失误;其他语序问题。

(1)动宾语序(8 例)

汉语中,动词宾语一般位于动词之后,表现出 SVO 的结构形式,而在韩语和日语中,宾语在动词之前,动词基本上都在句末,表现出 SOV 的结构形式。受其母语影响,韩国学生在汉语表达中常常会将宾语前置。例如:

  *但我会努力<u>中语學習</u>(学习中文)。(朴善肃)

  *我是插班生还<u>有没</u>(没有)去过中国,我不会说话和<u>作文写</u>(写作文)。(郑瑜离)

  *我<u>汉语学</u>(学汉语)已经两年了。(金庚来)

  *其中我<u>魔幻小说最喜欢</u>(最喜欢魔幻小说)。(李学城)

  *你能<u>成绩决定</u>(决定成绩),太感谢你了。(朴根)

  *上课的时候我有时<u>别的做</u>(做别的[事情]),对不起老师。(缺名)

  *我还<u>中国人说得汉语听不懂了</u>(听不懂中国人说的汉语)。(朴俊慧)

  *我<u>一个人去看电影</u>也很喜欢(喜欢一个人去看电影)。(孙智基)

(2)状语位置(26 例)

在汉语中,状语一般在谓语之前,补语在谓语之后,但在韩语和印欧语系语言中,状语(尤其是表示时间和地点的状语)往往出现在谓语之后或者句末。受其母语影响,韩国学生也会在汉语表达中将状语置于谓语之后或者句末。典型的 17 例为:

  *我要<u>学习汉语很努力</u>(很努力地学习汉语)。(朴银河)

  *我的专业是社会学,<u>特别我喜欢</u>(我特别喜欢)人权课。(姜昭罗)

  *我<u>开始学汉语从三年第二学期</u>(从三年级的第二学期开始学汉语),所以我的汉语水平不高。(姜昭罗)

  *我是<u>现在</u>(现在是)庆尚大学中文系三年级的学生。(张佳英)

  *我想(今后)<u>挣钱去中国</u>(去中国挣钱)。(张佳英)

  *我<u>去过北京二年前</u>(两年前去过北京)。(李学城)

  *还有让他<u>睡在家门口觉</u>(在家门口睡觉)。(全小琳)

  *她不给他<u>做饭三天</u>(三天不给他做饭)。(全小琳)

  *我<u>一直没化妆今天</u>(今天一直没化妆),你怎么知道我的脸? (李帅熙)

  *又到了菊花盛开的季节,(希望)我们<u>再见一次面在中国</u>(在中国再见一

次面)。(崔知恩)

＊<u>一点儿听得懂了</u>([只能]听得懂一点儿)。(朴俊慧)

＊我给选手们饭盒,能<u>看更靠近</u>(更靠近地看)他们。(郑恩智)

＊我是<u>交换学生跟山东大学</u>(恐应为"山东大学的交换生")。(姜昭罗)

＊我认真参加课,我<u>不来上课只一天</u>(只有一天没来上课)。(姜昭罗)

＊我四年级的学生,但是我开始学习汉语<u>三年级的第二学期</u>(从三年级的第二学期才开始学习汉语)。(姜昭罗)

＊所以我有点低<u>比别的四年级的学生</u>(比……学生要低一点)。(姜昭罗)

＊写的内容<u>比较难对我</u>(对我比较难),但是我学了好(多)中国的散文和诗!(姜昭罗)

(3)其他语序问题(3例)

除了动宾语序和状语位置偏误而外,韩国学生还表现另外两种语序偏误:①定中词组中中心词多个修饰语的排列顺序;②补语与谓语的位置错误(表趋向或结果的补语放在了谓语之前)。两种归为一类,是因为只发现了以下三例:

＊<u>在中国的我的生活</u>(我在中国生活期间),(在)中国老师们的帮助下,我就(慢慢)习惯了一切的事情。(全亨晙)

＊……而且她有<u>为学生的忍耐心</u>(对学生有耐心)。(全亨晙)

＊他的妻子说:"每次<u>出去门</u>(出门去)时候……"(徐景敏)

在总共 37 例的语序偏误中,"动宾语序"占了 21.6%,"状语位置"占了 70.3%,"其他"仅占 8%。可以看出,韩国学生在语序方面的失误主要集中在前两类,尤其是"将状语置于句末"的偏误。这应该属于母语负迁移的结果吧。

2. 句子成分问题(42 例)

汉语的句子成分不仅位置有定,而且相互之间有结构和语义上的约定俗成。韩国学生由于对这种规约掌握得不够充分,就出现了句子成分不当的病句。他们在这方面的偏误表现为两类:成分缺失;成分多余或重复。

(1)句子成分缺失(25 例)。典型的 20 例为:

＊运动中(缺主语"我")最喜欢的是网球(和)韩国的足球。(李秉勋)

＊我的爱好(缺动词"是")听音乐和看电视。(朴根)

＊我是(缺数量词组"一个")有点优柔寡断的人。(姜贤珠)

＊我有一个弟弟,他现在(缺动词"是")大学的学生。(李秉勋)

*我(缺动词"住")在学生的宿舍。(朴俊慧)

*周末,我在家看电视,最近广播的一个(缺名词"节目")是很有意思(的)。(姜锡奈)

*又(而且),(缺主语"我")去前面读作业,看电脑,读报纸。(李可盈)

*可有的时(候),我有机会(缺动词"学习")中文。(郭星慜)

*(缺主语"我"和介词"对")中国的历史也有兴趣。所以我常常上中国的网。虽然看不懂的字太多。(具保延)

*我每天学习汉语,不过(缺动词"学得")不太好。(吴圆英)

*听说在中国(已经)开始(缺动词"上")课。(朴俊慧)

*(在我艰)难的时年,(缺主语"你"和介词词组"对我")很有帮助,经常谢谢(我得好好谢谢你)!(吴旻盈)

*每天相待病人,病人的出院是让我很高兴(缺宾语"的事情")。(张家英)

*这么长的时间内,我一次也没(缺介词词组"跟你")联系了。(郑瑜离)

*刚开始(缺中心词"的时候"),大学的生活很有意思。(金民主)

*你从不犹豫(缺介词词组"向我")靠近。(吴旻盈)

*我们(缺能愿动词"要")遏制核战斗。(孙思齐)

*我给选手们饭盒,能看更靠近他们(能够更靠近地看他们)。(缺主语"他们")脸和衣服被汗水打湿了,看起来很累,但是,表情很明朗。(郑恩智)

*但是学汉语是很有意思(缺中心词"的事情")。(姜昭罗)

*现在消除战争威胁在明年打开祖国统一的新的突破口。(孙思齐)

——本句缺少很多成分,结果造成语义不清。建议改为:"现在是消除战争威胁的时候了,我们希望在明年能够出现祖国统一的新的突破口。"

(2)成分多余(重复)(17例)。典型的11例为:

*我叫郭星慜,是("是"多余,当删去)25岁。(郭星慜)

*我是("是"多余,当删去或改为"今年")二年级。(金薛吾)

*妈妈是("是"多余,当删去)很亲切,姐姐聪明。(金圆英)

*听说那地方的物价是("是"多余,当删去)很贵!(姜昭罗)

*你最近怎么样?你的家人都是("是"多余,当删去)好吗?(卢主愿)

*爸爸是("是"多余,当删去)很想道我的事,妈妈是("是"多余,当删去)

很亲切,姐姐(很)聪明。(吴圆英)

*以前我们俩不认识<u>的关系</u>("的关系"多余,当删去),还有很麻烦的事情,可是你怎么能帮助我?(郑银英)

*突然她眼泪汪汪,<u>流了泪</u>("流了泪"语义重复,当删去)。(李仁慧)

*现在两国之间正在进行政治交流。但我觉得<u>现在</u>状况是<u>时艰</u>("时"与前语义重复,可改为"进展十分艰难")。(孙思齐)

*不过应该(在)相对主义的观点下,了解<u>他们</u>(根据文意,似可改为"其他"或者"异质")文化。(李炫政)

*但是,中国人觉得喝到<u>喝醉前</u>(语义重复,可改为"没有醉倒时")最好,韩国人觉得适当地醉起更大的劲儿。(朴英美)

在42例的句子成分偏误中,第一类"成分缺失"有25例,占59.5%,第二类"成分多余(重复)"有17例,占40.5%。其中,动词"是"的多余较为普遍,这或许是受到了"主系表"句子结构的影响。在语句上出现这样的偏误,根子是否在"我手写我心"呢?毕竟口语中能更多地容忍"冗余"的东西。

3. 搭配不当(48例)

汉语句子中的各个成分之间还必须在结构和语义上相互兼容,一旦相互之间不兼容或者其中一个缺失或多余,也会出现使用偏误。韩国学生在句子成分搭配方面的偏误可以分为三类:主谓搭配不当;动宾搭配不当;偏正搭配不当。

(1)主谓搭配不当(10例)。典型的8例为:

*越来越忘了汉语,我很<u>可惜</u>("可惜"的应是事情,人应该"感到可惜"。可改为"真是一件可惜的事情"或"我感到真可惜")。(李美英)

*那<u>是</u>很有意思(加入"的事情",以便与"是"搭配)。(张佳英)

*因为有了它,我的生活很<u>高兴</u>(与主语"生活"不能搭配,可改为"幸福"或"充满乐趣")。(郑恩智)

*听收音机以后,我的运动<u>时间很有意思</u>(主谓语义不搭配,可改为"我在运动时感到很有意思")。(李佳媛)

*身体虽然有点疲劳,可是心情很<u>开心了</u>(主谓语义不搭配,可改为"很愉快的")!(郑思智)

*宿舍生活也就<u>舒展开来</u>(与主语不搭配,可改为"活泼起来")。(成元周)

*其程度现在越来越厉害,缺点也越来越多(地)发生("发生"与"缺点"不搭配,可改为"表现出来")。(郑恩智)

*日本歌曲的体裁是很多样(可改为"多种多样的")。(张佳英)

(2)动宾搭配不当(30例)。典型的21例为:

*现在我的最好朋友没有(在)这儿,可是我会见面(词性不对,可改为"见到"或"与……见面")新朋友。(卢主愿)

*我以前去过印度,可是还在没有(改为"还没有去")过中国。(郭星懿)

*我的家在济州岛,最近走读学校(删去"学校")。(朴耿卵)

*我的性格很开朗,可是有点不细心。所以我妈妈经常唠叨(改为"批评"或"跟我唠叨")我。(具保延)

*老师记住我的名字。我接了感动(可改为"受到了感动")。(李珊那)

*去中国的时候,我旅行(可改为"到……旅行过")很多的地方。(金庚来)

*很多人畏难(可改为"害怕")读书,但如果找有意思的书,(就会)入迷(可改为"感受到")书的魅力。(李学城)

*除了上课以外,都在家里过(改为"打发"或"消磨")时间。(李炫政)

*或者下课以后做大扫除(改为"跟……做大扫除")自己的班。(郑贵爱)

*她喜欢中国,放假时旅行中国(可改为"在中国旅行")。(郑贵爱)

*我觉得这样的老师对学生好的影响大。尤其对我影响喜欢中国(可改为"对我喜欢中国产生了影响")。(郑贵爱)

*我觉得大部分的人们,特别女人一般不会完全满意(可改为"对……不完全满意")自己的外貌。(刘守真)

*我想表示感谢(改为"对……表示感谢")你们的抬爱。(金哈娜)

*那时,我收了无限的感动(改为"非常地感动")。(郑瑜离)

*我觉得他很可怜,他永远活(加入"得像个")五岁的孩子。(具保延)

*给残疾人选手发扬踔厉(加油),助威他们(给他们助威)。(郑恩智)

*我们都变环境(改为"在环境发生变化")的时候紧张起来了。(刘守真)

*中国也增加抽烟的女性(改为"抽烟的女性也在增加")吗?(李帅熙)

*可我不喜欢喝酒,因此常常犹豫(可改为"无法决定")去参加酒席与否。(全珉廷)

＊一般的韩国人<u>看不上眼</u>(可改为"看不起"或"对……的人看不上眼")在酒席逊谢一杯酒的人。(金珉廷)

＊我一定<u>倒酒</u>(改为"在……倒上酒")对方的杯子里。(郑珉行)

(3)偏正搭配不当(8例)。例(部分)如:

＊我<u>高中生</u>(可改为"上高中")的时候(,)我应该住在宿舍。(成元周)

＊但是我要中文学习<u>用功</u>(可改为"用功地学习中文")!(金恩慧)

＊我是<u>中文系的</u>学生二年级(可改为"中文系二年级的学生")。(吴圆英)

＊您给我<u>充满</u>(可改为"完全")的自心感,让我学习得很积极。(郑恩智)

＊那时候你<u>好多帮助我</u>(可改为"给了我好多的帮助")。(朴嘉寅)

＊我<u>得病新种感冒两次</u>(可改为"得了两次新种感冒")。(李娜俐)

在总共48例的句子成分搭配不当的偏误中,第一类"主谓搭配不当"有10例,占20.8%;第二类"动宾搭配不当"有30例,占62.5%;第三类"偏正搭配不当"有8例,占16.7%。看来,句子成分搭配不当的问题主要出现在主要成分,即主、谓、宾的上面。这或许与韩语、汉语在搭配习惯上的差异有关。

4. 虚词使用问题(21例)

汉语中的词语根据其句法特点分为实词和虚词两大类。汉语虚词包括介词、连词、助词和语气词四种,主要功用是表示语法意义。汉语虚词不能独立成句,不能单独做句法成分,也不能重叠使用。汉语虚词是一个相对封闭的词类,数量有限,但使用频率极高,而且用法复杂,海外汉语学习者因此在虚词的使用方面会出现很多的偏误现象。从韩国学生的汉语作文上看,他们在这方面的偏误可以分为两类:漏用或多余(本该使用虚词却没有使用或者不该使用的却使用了);误用(本该用A结果却用成了B)。

(1)漏用或多余(15例)

＊我自己(加入"会")努力学习("的")。("也")请您多多帮助。(柳智慧)

＊运动中(我)最喜欢的是网球(加入"和")韩国的足球。(李秉勋)

＊我在普州出生以后(加入"到")现在也(改为"都")住这儿。(郭星慜)

＊我(加入"的")爱好是看书和看电视。(崔知恩)

＊现在(我)每星期六在大运场(加入"跟")(好)多的朋友一起踢足球。(郭星慜)

＊……所以打算(加入"在")<u>12月中</u>(删去"中")去中国。(郭星慜)

*现在不仅(加入"在")宿舍听收音机。(金哈娜)

*我发现了(删去"了")我已经迷上了做菜!不知不觉,它具有的什么魅力抓住(加入"了")我。(郑恩智)

*从小到大我喜欢待(加入"在")一个地方玩儿。(李炫政)

*健康上(加入"从……讲",)这样的爱好真不好。(李佳媛)

*……她经常计划跟班(加入"上的")学生做活动。(郑贵爱)

*因为大人觉得(加入"在")这样的情况下,学生可以学习喝酒时的礼节。(李露娜)

*可是我不表露我(加入"在……上的")这个事情感情。(具保延)

*我去过(删去"过")中国的时(候),努力学习汉语。(李英美)

*我跟同学们去了(删去"了")中国留学的时候……(姜锡奈)

(2)虚词误用(6例)

*……而且她有为学生的(可改为"对学生有")忍耐心。(全亨晙)

*我学得汉语是一多年,说得(改为"的")汉语不太好。(金俊慧)

*我简单的(改为"地")介绍(加入"了")我的爱好。(姜贤珠)

*中国人说得(改为"的")汉语(你)听得懂吗?(朴俊慧)

*我把作文交了(改为"得")很晚,我有时逃课,但来上课了。(姜智娟)

*我是庆尚大学中文系三年级的学生,我想给(改为"向")你表示感谢。(郑银英)

韩国学生在虚词使用上的偏误,我们总共发现了21例,其中"漏用或多余"的有15例,占71.4%。"误用"的也不少,尤其是结构助词"的"、"地"、"得"的误用。或许是因为"回避策略"的作用,这种偏误例子并没有我们预期的那么多。但虚词的正确使用无疑是海外汉语学习者的一大难点。

5.词不达意(28例)

因为词汇掌握不足,或者特定句式(汉语表达式)的积累不够,作者想表达的意思不能够清楚地表达出来,于是出现词不达意、表意不清(甚至"留白")的汉语使用偏误。因为不好细分,所以暂且笼统地归为一类。典型的20例为:

*我是学中文6个月的(我学中文已经六个月了)。(金民主)

*现在我可以学习什么的事,我觉得我肯定未来当一个重要的人(现在我可以学习任何东西,我觉得我将来肯定会成为一个大人物)。(郑珉行)

＊本来我的名字是韩国名字,没有汉字。所以为了留学去中国,老师□□□(给我取了个汉语名字)。(金哈娜)

＊晋州叫教育的城市,文化的城市。因为晋州有很多学校和学生,而且有历史遗产,所以这叫□□□(所以我们这样说)。(许由林)

＊我想写、说、读很都流利。这是一定要努力学习吧(这一定要经过努力学习才能够取得的吧)!(李美英)

＊我喜欢看中国 TV。虽然我差不多叫不重,但看有得事(虽然我差不多都叫不出名字,但要看还是有的是)。(李学城)

＊我去年去天津,天津是(删去"是")留学生很多。我常常去他们的房间,好玩儿,好学习,明年我要去天津…我每天想一想咱们(……我每天都在想我们在一起的日子)。(金仁禹)

＊我喜欢动物……感到温暖,这是我的意愿(和动物在一起,让我感到温暖。我希望跟动物在一起)。(姜贤贞)

＊老师。对不起。我是中文科三年级的学生。可是我不去中国和我的汉语水平不高。但是汉语很难(……可是我没有去过中国,我的汉语水平也不高。可是,汉语真的是很难)。(姜恩暻)

＊因为有她,我才可以学下汉语去(我才能够把汉语学下来)。(李乾雨)

＊不但阿凡提的妻子都吃自己做的饭,而且她不给他做饭三天(阿凡提的妻子不但把自己做的饭吃光,而且三天不给他做饭)。(全小琳)

＊今天我失望极了,没想到你看不出你的妻子(你妻子的好)来。(韩秀娇)

＊我去巴基斯坦来韩国一年了。我一间收到你的三个电邮片(我从巴基斯坦回韩国已经一年了,在这期间,我收到了你的三个电子邮件)。(卢主愿)

＊以后我们见的那时我有待你的汉语水平,学习努力(我希望以后再见面的时候你的汉语水平有提高,努力学习吧)!(成元周)

＊我想起你说的在给予我的情况下要全心全意这句话(我想起你说过,对于我这种情况,必须牢记这句话)。(鲁学善)

＊我高中生的时候我应该住在宿舍(上高中的时候,我本应该住在[集体]宿舍)。(成元周)

＊还有那时候自己说的方法是进行亲切友好的(另外,自己说话的方式要亲切友好)。(刘守真)

*然后我觉得不好意思,我躲全聚会(遇到聚会就躲)。(李帅熙)

*我不知道中国的酒文化,因为我不喜欢喝酒,所以有点儿写(……所以能写出来的也就只有一点儿)。(全珉廷)

*韩国的酒杯很空,对方就跟随。此外,扭去杯喝酒。可是,在中国服务员听或者自己直接听(到底想说什么? 不好确定)。(金孝英)

"词不达意"或者"表达不清"这一类偏误的确定,可能带有一定的主观性色彩,其中的一些或许应该算作句法或者词语使用的偏误。在此单独列出,目的是要凸显成人汉语学习者成熟的思维思想能力与汉语表达能力之间的"鸿沟"。交际性策略的使用(如绕个弯子来表达,即 paraphrase)或许是一个出路。

句法(语法结构)上的偏误,我们总共发现了 177 例。其中,"语序不当"37例,占 20.9%,"句子成分问题"42 例,占 23.7%,"搭配不当"48 例,占 27.1%,"虚词使用问题"22 例,占 12.4%,"词不达意"28 例,占 15.8%。五类偏误的分布相当均匀,但语序、搭配和句子成分上的偏误比例明显更高。无论是从偏误总数还是从各类偏误的分布状况上看,句法(语法结构)都是韩国学生书面表达的另一个"拦路虎"。当然,汉语句法往往是和汉语字词纠结在一起的,有一些偏误到底是句法结构的还是词语使用的问题,还不大好说清楚,也许两种因素都存在。

四、语篇组织情况

将字词、句子、句群、段落等言语单位按照一定的语义结构规律组合起来,我们便得到一个结构和意义的统一体,也就是"语篇"(discourse)。所谓作文,其实就是使用目的语进行组句成篇而表情达意的工作,而组句成篇必须讲究整个语篇的结构布局、意义贯连和前后衔接。从韩国学生的作文语料之中,我们发现,无论是在整篇的结构布局和意义贯连,还是在上下文与前后句的衔接上面,他们都表现一些不足和失误。韩国学生在语篇方面的偏误可以分成三类:标点断句;分段与成篇;连贯与衔接。

1. 标点断句(6 例)

古汉语是没有标点符号的,所以断句和停顿的"句读"能力历来是文人墨客的看家本领之一。现代汉语有了标点符号,但准确地使用它们还得依靠直觉的

"语感"和自觉的语法知识。因此，在汉语教学中培养学习者的节奏韵律感和"句读"能力就是一件十分重要的任务——同一个语篇因为停顿和断句的不同而导致理解差异甚至误解，这样的事例不在少数。语料显示：韩国学生在引用、感叹和疑问的标点上出错很少，问题主要出现在陈述句尾的句号以及句内的停顿（顿号、逗号使用）上面。句号使用的偏误表现为两种情况：（1）过度泛化，随处使用；（2）书写错误，即用圆点来替代圆圈（在前面列举的偏误例子中，我们对此都是按照"原文如此"来处理的）。顿号几乎没有用到，句内普遍使用了逗号。作文语料中的标点偏误，不便一一列举出来，这里仅提取出其中的6例。前5例是句内标点问题，最后1例是整个语篇的标点与结构问题。通过这些例子，我们可以对韩国学生的标点偏误有一个粗略的认识。

＊我是中文系，(去掉"，")二年级的学生。（金恩慧）

＊我喜欢看电视。(改为"，")尤其是电视剧，(改为"、")娱乐之类的节目。（姜贤珠）

＊我喜欢感受文化，(改为"、"或者"和")生活上的差异。（姜贤珠）

＊我会得到生活上的经验，(改为"和")背景知识。（姜贤珠）

＊查历史资料也很喜欢。看书也可以，上网也可以。(我对)中国的历史也有兴趣。(改为"，")所以我常常上中国的网。(改为"，")虽然看不懂的字太多。（具保延）

　　＊你好。

　　我姓崔叫知恩。

　　我是中文系二年级的学生。

　　我今年是二十一岁了。

　　我住在马山。

　　我家里是四口人

　　爸爸、妈妈、哥哥和我

　　我爸爸是公司职员

　　我妈妈是主妇

　　我哥哥是大学生。

　　我爱好是看书和看电视

所以我戴眼镜。(崔知恩)

——一句排成一行,有些句子连末尾也没有标点——句群组织、段落布局与组篇结构都明显缺乏。依据我们对作者意图的猜想,或许可以修改为:

你好!

我姓崔名知恩,是中文系二年级的学生,今年二十一岁。我住在马山。

我家有四口人:爸爸、妈妈、哥哥和我。爸爸是公司职员,妈妈是家庭主妇,哥哥是大学生。

我的爱好是看书和看电视,所以早早就戴上了眼镜。

2. 分段与成篇(1例)

使用单独的词语,将词语组合成句子,可以让我们较为成功地进行口头交际,但在书面表达过程中,则必须发挥组句成段、组段成篇的那种本事。从韩国学生的作文中,我们发现,他(她)们在成段和成篇方面都是存在着缺憾的——超过三分之一的学生作文基本上都是"一句一行、一句一段"的组织结构。这一点,我们从上面列举的最后一个例子中可以清楚地看到。下面再举出一个例证:

如何适应新环境

新环境适应的方法是跟别人

或者同学们多多聊天儿。

聊天以后比较了解别人的情况。

所以感觉很舒服。

还有那时候自己说的方法是进行亲切友好的

我们都变环境的时候紧张起来了

所以说话的时候不要紧张。

我觉得每天上课的时候最好的

方法是声音大一点,多多说,多多听

多多读。

自己有自信感的话就好了。(刘守真)

——一句一行,没有分段,句末有时也没有标点,开头一律不留空格——完全是信口式的"聊天"! 或许我们可以将其稍事修改为:

适应新环境的方法是跟别人或者同学多多聊天儿。聊天以后,我们更多地了解了别人的情况,所以感觉很舒服。

还有就是那个时候自己说话要亲切友好。在环境发生变化的时候,我们会紧张起来,而说话的时候不要紧张。我觉得每天上课的时候最好的方法就是声音大一点,多多说,多多听,多多读。自己有自信心就好。

3. 连贯与衔接(32 例)

语篇不仅与句子和句群组织、分段和结构布局紧密相关,而且还应该在意义表述中上下有关联,在语言结构上前后有粘连,也就是在整体和局部都表现一种连贯性和衔接性。衔接体现在语篇的显性层面,与连接词语的使用相关,可以说是语篇的有形组织网络;连贯存在于语篇的隐形层面,与整体意义的逻辑联系相关,可以说是语篇的无形组织网络。衔接通过语法、词汇和篇章的手段(如指代、替代、省略和连接词语、语义场关系等手段的使用)来表达语篇各个组成部分之间的显性关系;连贯是词语、小句、句群在概念和逻辑上合理、恰当地浑然一体的整体意义特征,主要体现在语篇的深层结构和逻辑关联上面。衔接与连贯相互协作而编织起完整的语篇:衔接手段的得当运用,有助于语篇的整体连贯;语篇连贯的实现,取决于信息传达的逻辑布局和衔接手段的有效运用。

从韩国学生的作文语料中,我们可以发现他们在语篇的整体逻辑贯连和局部结构衔接的手段使用方面都存在一些问题。由于连贯和衔接呈现"你中有我、我中有你"的亲密关系,我们在此对他们在这两个方面所表现的语篇偏误暂不作细致的区分,而只是笼统地归为一类。典型的 22 例为:

*我的家有 4 口人,我父母,弟弟是高中生。(朴善肃)

—我家有四口人:我父母、弟弟和我。弟弟是高中生。

*又(改为"此外"),我喜欢读书,特别__(一个字符的空白,似可改为"是")读随笔。(金恩慧)

*很多人畏难(害怕)读书,但如果找有意思的书,(加入连接词语"就会")入迷(感受到)书的魅力。(李学城)

*……我的爱好(加入"就")介绍到这儿!(金哈娜)

*只是男的主人公很帅,我不能忘记。从此以后,我<u>都看到</u>了他演的电影(改为"<u>凡是</u>他演的电影我<u>都看</u>")。(李炫政)

*她说的妖精指的是妖怪,阿凡提说的妖精<u>反而指的</u>(改为"指的却")是妖女。(韩秀娇)

*假如我是他的妻子,(<u>我就会</u>)没有反应,而且有意表现伤心。(郑贵爱)

*在网上购物是(删去"是")很有意思。<u>还有</u>(,而且)很方便。(张家英)

*那时候,我不知道他是谁,<u>才知道他是你们的系</u>(改为"<u>后来才知道她是你们系的学生</u>"),所以写信再次表示我的深深的谢意。(李英美)

*没想到她的小孩儿<u>连在沙发上穿着鞋儿玩</u>(改为"<u>连在沙发上玩儿都穿着鞋</u>")。(李炫政)

*那时候,刚过 20 岁的小孩儿只能想包(保)护自己<u>而</u>(加入连词"和")自己所带的想法。(丁星帝)

*韩国<u>无论</u>(删去"无论")男士都很爱喝酒,韩国人(删去"韩国人")心情好<u>也是去</u>(删去"是去")喝酒,心情不好也是喝酒。(徐景敏)

*最近青年们喜欢……我也一样,一有空就开电脑或电视。<u>还有</u>喜欢听音乐,特别是情歌。(金佳英)

—最近,年轻人喜欢……我也一样……另外,我还喜欢听音乐……

*我又可怕又害羞,<u>还过</u>我需要老师,无可奈何给她发短信,定了见面的时间。(李乾雨)

—我又怕又羞,<u>不过</u>我需要老师,<u>所以</u>不得不给她发了短信……

*但是我听说过,<u>为大学生的身份</u>,如果他很喜欢就<u>还有</u>很能喝酒的话;别人认为,他是个坏学生。(具珉秀)

—但是我听说,如果一个大学生很喜欢喝酒而且还能喝酒的话,别人就会认为他是个坏学生。

*最近我准备 HSK 考试。法语的能力考试也准备,所以很忙。但我是四年级的学生吗,更努力学习。(孙智基)

—最近,我在准备 HSK 考试,<u>还在</u>准备法语的能力考试,<u>所以</u>很忙。<u>但</u>我是四年级的学生,<u>就得</u>更加努力地学习嘛。

*我好好儿准备的话,还有运气找我的话,我相信我一定会成功!(郑恩智)

—如果我好好儿准备,<u>又</u>有好运气找我,我相信我一定会成功!

*明年我成四年级,所以我很着急,<u>而</u>更决心努力学习。(具保延)

—明年我上四年级,我很着急,<u>所以</u>我决心要更加努力地学习。

*我的爱好是看电影。最近忙得没有时间去看电影。(鲁学善)

—我的爱好是看电影,<u>但是</u>最近忙得(简直)没有时间去看电影。

*第二个爱好是看杂志。<u>对</u>很有关心因为我希望在杂志公司工作。(金哈娜)

—……我对杂志很关注,因为我希望(以后)在杂志社工作。

*没有去过中国,我读过两年书。从来我没有自信感。(柳智惠)

—我读过两年(汉语)书,还没有去过中国,<u>所以</u>,我从来没有自信心。

*我的进步是春背诵完的。我很高兴。把这么好的诗我都知道了所以谢谢你!(金恩惠)

—我完全把《春》背诵下来了,<u>这</u>是我的进步。能了解和背诵这么好的诗,我感到很高兴。<u>为此</u>,我要谢谢你。

在所发现的 32 例连贯与衔接偏误中,有的属于单句之中连接词语的问题,稍加改正就可以说得过去,有的则是信息组合与思路的问题,必须对内容重新组合才能够使之符合汉语表达的习惯。学习一种外语其实也是学习使用这种语言来进行思维,而要适应另外的一种思维方式,恐怕不是一朝一夕的事情。

在语篇层面,我们发现了 32 例发生在句子和句群内部的"连贯与衔接"偏误,我们又举出了 6 个"标点断句"的例证和 1 个"分段成篇"的例证。后面的两类偏误其实还有很多,大多数学生的作文中都有此类问题,列举出来的仅仅是几个代表而已。但仅从这些代表之中,我们就可以看出,韩国学生在"句子—句群—段落—文章"(语篇的各个层面)上都存在着缺陷和不足。看来,要想真正具有流利而顺畅的汉语书面表达能力,他们还得付出更多的努力。

第二节　对韩国学生书面表达能力的评估和分析

一、对汉语书面表达能力的评定

《国际汉语能力标准》将学习者的国际汉语能力分解为"口头交际能力"和

"书面交际能力"两个大类,每类里面又都包含"理解"和"表达"两个小类,也就是说,基本的国际汉语语言能力分为"口头理解能力"、"口头表达能力"、"书面理解能力"和"书面表达能力"四种,基本上对应于我们常说的听、说、读、写的言语技能。将这些能力要素(或技能)和具体的语言交际活动结合起来,我们就会看到一幅异彩纷呈的图景:既有单向的接受性的语言活动(听和读)和产出性的语言活动(说和写),也有双向的互动性的语言活动(对话和书信往来等),还有中介性的语言活动(语言翻译,包括口译和笔译)。我们认为,海外汉语学习者如欲基本顺畅地完成接受性与产出性的汉语语言活动,就必须具备一定的汉语听、说、读、写的基本技能,而这些技能构成他们基本的汉语语言能力。在对这种能力的培养过程中,我们通常强调听、说、读,而对写缺乏足够的重视。事实上,能否使用汉语来进行准确、通畅和达意的书面意义表达活动,往往成为海外汉语使用者基本汉语语言能力的一种重要表现和衡量指标,而且可以在某种程度上有助于提高其口头意义表达能力。通过对海外汉语学习者汉语作文语料所进行的细致分析和归类,我们完全可以获得一些关于他们汉语运用水平的信息,并进而推知其基本的汉语语言能力现状。

对于汉语作文能力或者"汉语书面表达能力",《国际汉语能力标准》作了五个级别的划分,一、二级相当于初级水平,三、四级相当于中级水平,五级相当于高级水平。每一个级别都包括两类指标:"能力描述"和"任务举例"。各级的具体指标如下。

一级

● 能书写社交场合的简单用语,如贺卡上的问候语、信封上的地址等,书写基本正确。

● 能抄写、记录时间、姓名、数字或价钱。

● 能用简单的字词填写与个人信息最相关的表格。

任务举例:填写姓名;抄写地址;填写时间;填写职业。

二级

● 能用简单的语汇或句子表达感谢、道歉、祝贺、告别等。

● 能记录、填写或抄写与自己、家庭或生活密切相关的基本信息。

● 能简短回答与个人生活密切相关的简单问题。

任务举例:抄写商品名称;填写贺卡;写购物清单;写留言条。

三级

- 能就一般社交场合熟悉的话题书写简短的信息。

- 能记录、抄写或填写事实性或说明性信息。

- 能简单叙述与个人、家庭有关的或其他非常熟悉的事件、故事、计划等。

任务举例:写贺卡;写感谢信;填写简单申请表格;写个人情况介绍。

四级

- 能就日常生活、学习或社交中的常见话题按一定格式书写一定长度的文字,恰当地传递或表达信息。

- 能记下听到或读到的重要信息,能根据简短的口头报告或参考资料作简单笔记。

- 能对个人经历或熟悉的话题、材料进行描述、说明或叙述,语句基本通顺,表达基本清楚。

任务举例:作小型会议记录;写文本摘要或概要;叙述一个故事;描述一幅图片。

五级

- 能撰写一般场合或一定工作规范内的应用文或普通工作文件,格式正确,语言表达清楚、通顺。

- 能对听到或读到的材料进行总结,有条理地写出说明、摘要或简要报告。

- 能撰写一般性文章,就具体或一般性抽象话题进行描述、阐释或说明,用词恰当,表达通顺。能正确反映客观情况,表达自己的观点。

任务举例:写读书感想;写说明文;写详细工作报告;描述一件事。①

以此为衡量的尺度,我们就可以把韩国庆尚大学校 59 位学生的"书面表达能力"定位于"三级"和"五级"(中、高级)水平之间。其中的十多位应该达到了"五级"(高级)水平,因为他们的写作既有个人情况介绍和熟悉事件叙述,又有书信、感想和评论的书写;既有具体的描述、阐释和说明,又有抽象的论说;而且他们在书面汉语的运用上基本达到了"用词恰当,表达通顺"并"能正确反映客观情况,表达自己的观点"的要求。另有十多位应该处在"三级"(中级)或者稍

---

① 国家汉语国际推广领导小组办公室:《国际汉语能力标准》,北京:外语教学与研究出版社,2007 年,第 19—23 页。

差的水平上,因为他们的写作尽管也包括了上述那些项目,但其表达不够准确细致而且在书面汉语的运用上表现较多的偏误,其中的不少偏误还是字词句基础层面的问题。超过半数的学生应该处在二者之间,即"四级"(过渡级)的能力水平上,也就是说,他们的写作无论从表达内容的丰富程度上还是从汉语运用的准确水平上都表现了一种介于中高级之间的特征。

二、韩国学生汉语作文列举

从下面9篇韩国学生的汉语作文中,我们或许可以感受到海外"高级"或者"准高级"汉语学习者的书面表达能力状况。作文语料既然涵盖了9个主题,每个主题中也就选出一个样本。9个样本都尽量保持原样(包括标点和格式),个别的地方做了改动,改动的内容标在括弧里面。

(1)<u>自我介绍</u>(姜贤珠)

我从现在介绍自己。我叫姜贤珠。我是中文系的三年级的学生。我从去年8月分(份)到今年7月末去了中国留学。我在青岛学了一年的汉语。可是我的汉语水平肯定不如老师想像(象)的那么高。因为我在那里每天吃喝玩乐。那时候我不是太认真的学生而是草草做事的学生。所以我未免有点儿不好意思。甚至我回国以后关于(把)汉语都忘记了。我要从现在开始努力学习中文。还有(另外还)想得汉语水平考试证书。我应该拼命地努力学习。(、)用功。我觉得时间还来得及。虽然我在大学已经当(是)3年级的学生,但是只要我继续努力的话,不可能的事就没有吧。我相信这节课和老师会帮助我好好儿学汉语。

我接着介绍我家吧。上文的内容不是自我介绍,而是我的愿望。我差一点儿忘了我的题目。哈哈。我家有四口人。我的父母都是老师。所以我也要当中文老师。我的父母表面装得和睦相处,其实我看不一定。可是对我来说,世界上我的家最有意思,最美好。我喜欢看电视,尤其是看电视剧。我爱跟别人交流。如果我有机会的话,我想交很多异国朋友。谢谢老师。请多多关照!

(437字)

(2)<u>我的爱好</u>(李佳媛)

我的爱好是看书、听收音机、(和)旅游。

第一个爱好是看书。我特别喜欢趄(躺)着看。从小的时候(起,我就)一直这样看书。其实,我还没习惯在桌子上看书。健康上(从健康上讲,)这样的爱好真不好。但是,在床上看书的时候我感觉到(倒)很舒服。

听收音机是第二个爱好。2个月前,我开始了减肥,每天下午8点转了(要转)10圈。那时候,我只(是)散步(所以)感到无聊。所以我需要改变我的运动方法。我想一想以后找到这个问题的方法(我想,得找个方法来解决这个问题)。解决方法是听收音机。听收音机以后,我的运动时间很有意思(就充满乐趣了)。

第三个爱好是旅游。我本来(其实很)喜欢新的(东西)。比如说新衣服、新歌、新朋友什么的。所以我喜欢去以前没去过的地方。旅游帮助我看新世界,学别地方的文化。特别喜欢的旅行地是中国。在中国的时候,一到放假就出去旅游。我去过辽宁省的很多城市、(,如)北京、青岛、上海和周庄。我感觉其中最漂亮的城市是周庄。周庄是上海附近的一个水乡。有机会的话,我想再次访问那个地方。明年1月,我打算去哈尔滨。为了去旅行,每个学期我(都)得努力攒钱。

(450字)

(3)我对课程的要求和希望(柳智惠)

(我希望得到)B

老师,对不起。我在(删去"在")常常睡懒觉。

我的汉语实力还不足得完全的听懂了。

你的解释我一半不懂,所以我只坐下像客人。

这次经验会好作用我的汉语学习。

没有去过中国,我读过两年书。从来我没有自信感。

我看见(感到)这冬假我想学习听力多大。老师,谢谢!

(117字)

(4)我喜爱的一位老师(李乾雨)

前年,那一天,我见了她——个子1米7左右,长了纤细柔软的直发,眼睛特别漂亮和那个女孩子——我碰见了。

那时,就是我刚到中国的时,汉语连一句话也不认识(懂)。所以我要找一位补(辅)导老师。一起来中国的一个姐姐正好把一个中国人给我介绍了。我又可(删去"可")怕又害羞,还(改为"不")过我需要老师,无可奈何给她发短信,定了见面的时间。前面说过的那一天是和她第一次见面的,她的性格,态度,发音,什么的(加入"都")给我留下了深深的印象。

我和她一起学了差不多半年,在她的帮助下才可以(改为"能够")打口语和语法的基础。她也教给我许多的中国文化。

因为有她,我才可以学下汉语去。

她就是我喜欢的一位老师。

(304 字)

(5)阿凡提故事续写(具保延)

我一部分同意这个意见。当然外貌是非常重要的。可是我觉得比外貌更重要的就是自己的个性。如果长得很丑,这就有问题,必要管理。这也是一种的自我管理啊。可是长得平凡的话,这没问题。

最近十分流行整容。我讨厌这种世态。听说长得漂亮的人更加整容。我绝对不理解这件事。

个性就是自己的特点。个性会吸引别人。我觉得个性就是自己而已的魅力。时间过去,人老了,好看的外貌一定会渐渐消失了。那有什么意义?

(189 字)

(6)一封书信(金恩惠)

亲爱的任婧:

你好!

好久没给你写信了。真对不起。

最近过得怎么样?你还在用功读书吧?你父母都好吗?请代我向他们问好。

前几天是我的生日。我想起在中国的时候,那天,你为我做中国菜,味道真不错。所以现在我很努力学习,这样在放假时候就能再去中国吃到你做的中国菜了。

对了,下星期二就是你的生日,先祝你生日快乐。

那么今天就写到这儿吧,我以后再给你写信。

祝全家幸福

金恩惠
2009 年 9 月 23 日

(182 字)

（7）志愿者活动经历和感想（郑恩智）

上个周，星期天，我作为志原（愿）者参加了残疾人羽毛球比赛。

当志原（愿）者，我的任务是帮助比赛进行，整理赛场，还有最重要的就是给残疾人选手发扬蹄厉，助威他们。

我第一次参加跟残疾人有关的活动，所以不知道做什么。特别，这比赛是全国规模的比赛，选手们很多，观众也很多，又志原（愿）者很多，赛场很拥挤。

开始比赛，我给选手他们需要的东西，比如水，毛巾等等。第一次看见他们，我自己不能适应，不知不觉地有着怜悯的心，我怜悯地看着他们，甚至于，想(:)"他们身体不适，比赛中会受伤，为什么那么积极？"我很奇怪。虽然残疾人比赛，但是，他们的热情比一般选手更厉害。赛场里他们的热情高涨起来.

上午比赛完之后，到午餐时间，我给选手们饭盒，能看更靠近他们。脸和衣服被汗水打湿了，看起来很累，但是，表情很明朗。我认为他们胜，所以很高兴。我说："你们团队胜了，所以这么高兴，对不对？"一个选手说，(:)"不是，对我们来说，胜败不太那么重要，我们只是更感谢现在的时间。"我问，(:)"这说什么意思？"他回答，(:)"只是能动，能那（拿）羽毛球拍子，能打球，我很感谢天帝。"我才了解他说的意思。怪不得，选手们的表情无论胜还是败，都很愉快。

开始比赛以前，普通人们中，他们不是一般人，但是这样的感觉越来越消失了。跟他们在一起，我一点儿也不别扭，很舒心。

比赛日程完之后，大家都很开心。选手们热爱体育运动，观众们也热爱比赛，我那样志原（愿）者，也会热爱比赛，还有会认识了志原（愿）活动的真正含义。身体虽然有点疲劳，可是心情很开心了！

（623字）

（8）如何适应新环境（李英美）

适应新环境的最好的方法是交朋友。

交朋友时互帮互学。还有需要多吃地道的菜，那就形成了生活习惯。

我去中国时，努力学习汉语。因为交朋友，所以交一个汉族女朋友。那会儿我很快适应了中国生活。突然想她。我回国以后很久没有信息。

现在我没有中国朋友，不说汉语所以想不起日常会话。

越来越忘了汉语，我很可惜。

上课的时候,老师说的内容我比较听得懂,但是不能说回答。

因为想不起好的话。

我一定要努力学习!在这学期中请您多多关照。

(213 字)

(9)<u>中韩酒文化比较</u>(徐景敏)

韩国无论男士都很爱喝酒,韩国人心情好也是去喝酒,心情不好也是喝酒,就像不可以没有包(泡)菜一样,酒也是韩国人生活中不可缺少的。韩国人,尤其是男性,特别喜爱晚上下班后,与朋友把酒谈心,而韩国人的传统饮酒风俗非常有趣。

首先,韩国人一起喝酒时,不能自己给自己倒酒,而必须别人为你倒酒,当然你也得为对方斟酒。韩国人的解释是自己给自己倒酒,喝了有害健康。但这只是一种说法,而实际上却是通过相互斟酒来表示友谊和尊重。

其次,年轻人和长辈在一起喝酒时,要得先敬长辈,长辈先喝,后辈端起来酒杯,转过脸去喝,以表示对长辈的尊敬。为别人斟酒,一定要用右手拿瓶,因为在韩国人看来,用左手斟酒意味着看不起对方。

最后,韩国人的敬酒也是特别的。向别人敬酒时,首先将自己杯中的酒喝光,然后把空杯送给对方,对方接过杯后,再为递杯者斟满酒。有时在酒席上,韩国的主人拿着自己的酒杯,绕着桌子向客人敬酒,此时如不接受主人的敬酒,是不礼貌的行为,因此,即使不会喝酒,也要在征得主人的谅解之后做一做喝酒的样子。

(430 字)

从这些内容表达基本清楚、语言运用基本准确的学生作文样本中,我们看到了他们在汉语学习上所取得的进步,感受到了国际汉语教学成功的喜悦,但同时也看到了存在的不足。喜悦的感受中于是夹杂着些许的忧虑。

三、对书面表达偏误的总体分析

在194份韩国学生的作文样本之中,由于"我对课程的要求和希望"(59份)普遍比较短小(从20多字到60多字不等),而且以意义传达为主要目的,所以我们从中"挑出"来的语用失误也就比较少。然而,即便我们以如此宽容的心态来对待所有的样本,我们也从中发现了多达 400 例的偏误。这些偏误分布篇章的各个层面,我们在此将其归结为四个方面:汉字偏误;词语使用偏误;句法(语法)偏误;语篇偏误。四类偏误的总体分布情况,如下表:

表 1　韩国学生在书面表达上的偏误分布

偏误类型	汉字偏误	词语使用偏误	句法(语法)偏误	语篇偏误
例证数目	66	118	177	39
所占比例	16.5%	29.5%	44.25%	9.75%

显然,使用偏误主要出现在词语和句法上,语篇层面问题不少,所列出的只有 39 例,但更细致的分析会发现,大部分学生都存在语篇使用偏误问题。

在所发现的 66 例汉字偏误之中,有 5 例"空缺或画图"(占 7.6%)、6 例"自造错字"(占 9.1%)和 55 例"替代或别字"(占 83.3%)。使用发音相同或相近、书写形式相近的汉字来替代本不会写的本字,于是成为韩国学生最为普遍的汉字书写偏误类型。汉字的认读、理解和书写无疑是广大海外汉语学习者进入汉语大天地的一道很难跨越的"门槛"。

在所发现的 118 例词语使用偏误之中,"字词混用"的有 10 例(占 8.5%),"词语误用"的有 60 例(占 50.8%),"自创词语"的有 48 例(占 40.7%)。韩国学生在词语使用方面普遍出现的偏误类型为"使用不当"(误用)和"自创词语"。可以看出,利用已经掌握的汉字和母语表达习惯来"创造新词",对汉语词语"生吞活剥"地片面理解和使用,在海外汉语学习者中间相当普遍。

在所发现的 177 例句法(语法)偏误中,"语序不当"的有 37 例(占 20.9%),"句子成分问题"的有 42 例(占 23.7%),"搭配不当"的有 48 例(占 27.1%),"虚词使用问题"的有 22 例(占 12.4%),"词不达意"的有 28 例(占 15.8%)。各类偏误在分布上比较均匀,但前三类的比例更高,说明韩国学生在汉语句法(语法)运用的各个层面都存在着一些问题,但突出地表现在句子结构、搭配和语序三个方面。汉语句法往往和汉语字词纠结在一起,有一些偏误到底是句法结构的问题还是词语使用的问题,还可以进一步地讨论,但无论是从偏误的总数还是从偏误的分布上看,句法(语法)这一只"拦路虎"都是无处不在的。

对于母语不属于表意文字和孤立语言的汉语学习者来说,汉语句法(语法)规则和习惯的掌握,恐怕一直会是其一大难点,因而也是国际汉语教学的一大重点。

书面表达是以语篇的形式来进行交流和沟通的。能够较好地使用汉语词语和汉语句子,并不能保证学习者准确、得当地组织语篇。组句成段、组段成篇总是和标点断句、句群段落组合这样的谋篇布局能力紧密相连,又与同一语篇中各个语句在结构衔接和逻辑贯连方面的语言思维能力纠结在一起。在韩国学生的作文样本中,我们在总体布局和语句结构衔接、逻辑意义贯连等方面都发现了不少的问题。我们的分析发现,中级(及以下)水平的韩国学生在标点和分段方面表现了明显的不足。这在我们前面所举出的 7 个例证就可以清楚地看出来。分析还发现,韩国学生在语篇层面普遍表现的偏误是在语句结构的衔接和逻辑意义的贯连上面。在所发现的 32 例这类偏误之中,有的属于单句之中连接词语使用的问题,稍作修正也就可以接受了;但有的是属于多重信息组合的问题,只有对信息加以重组和调适才能使其表达符合汉语的习惯。信息组合与人的思维组织能力相关,而改善、提高这种能力并非一件易事。

为什么会出现这样的偏误呢? 我们认为,偏误的产生可以归结为三大原因:(1)汉语本身的特殊性;(2)母语的负迁移(或干扰作用);(3)学习者本身的认知失误。汉语是一种世界上并不多见的以表意见长的语言体系,汉字的认读和书写对很多人来说都不是一件容易的事情。汉语词语之间没有分隔的标识,汉语句法也缺乏显性的形态和词尾变化,组织语句的主要依据和手段是意义的配合和语序的变化,这也不是母语属于拼音文字的学习者很快就可以适应的语言习惯。学习者从小就已经习惯使用的母语在词语、句子和语篇的组合上无时无刻不在制约着他们的第二语言表达,而语言表达又无处不留下他们对同一世界进行认知的不同方式之烙印和痕迹。对广大的海外汉语学习者来说,使用汉语来进行书面表达,其实就是要学会适应一种完全不同于自己母语的思维习惯和书写习惯,这种适应绝不会是一蹴而就,而应该是长期学习、不断积累和逐步训练的结果。国际汉语教学的一个重要任务就是帮助他们逐步地完成这种适应并最终养成使用汉语表情达意的习惯。

第三节　对培养与提高学习者汉语书面表达能力的思考

一、书面表达与汉语书面表达的特点

写作,实际上就是使用书面语言的形式来进行自我表达(self-expression)。与同为语言自我表达的说(口语)相比,写作属于一种更为复杂的语言输出形式。可以说,在听、说、读、写四种言语技能之中,写作也许就是最难掌握的那一种。赫奇(Tricia Hedge,1997)对此曾有这样的评论:"与说话相比,有效的写作有一系列的要求,如:观点和信息的拓展,高水平的组织结构,高标准的准确度,以确保表达没有模糊不清之处;运用复杂的语法句型以突出和强调重点;认真选择词汇、语法、句式,以求创造出一个适合于主题与读者的风格。"①写作过程以多种脑力和体力资源为基础,不仅需要有一个创作媒介(如书写或打字)、使用惯例(如字体字号、标点符号),而且需要全文的谋篇布局,是一个几乎包罗万象的过程。②

可以说,写作或者书面表达具有三个显著的特点:第一,写作者应同时具备多种素质和能力,如思维能力、想象能力、表达能力和语言运用能力等;第二,与口头表达的说相比,作为书面表达的写对语言运用的要求更高——更加准确、清晰和简明,而且因为有修改的时间和余地,所以也追求行文与表达的完整性和严密性;第三,写出来的"成品"和结果易于保留,阅读也不受时间限制而可以反复揣摩,所以要求在语言运用和结构组织方面更加精细和严谨,在措辞造句和格式体例方面更加得体和规范。

现代语言学和心理语言学研究表明,人类的语言交际包含了两个层面:表层结构与深层结构。表层结构即语言的外在表现形式,包括语音、文字、句法等。

---

① 罗青松:《对外汉语写作教学研究》,北京:中国社会科学出版社,2002年,第2—3页。

② Timothy B.Jay,*The Psychology of Languange*.Beijing:Peking University Press,2004:232-233.杰伊在本书中(第233—235页)还介绍了一个写作过程的模型图——弗拉沃与海伊思模型(Flower and Hayes Model),其要点:写作是一个解决问题的过程,这一过程由三大要素构成:任务环境、长时记忆成分和工作记忆成分(a task environment,a long-term memory component,and a working memory component)。

深层结构则是语言所蕴含的意义,一般由命题构成。命题是对一个或者几个概念的断言,通常包括一个谓语(表现为动词、形容词、介词等)和一个或者几个中项(表现为不同格的名词或者代词)。命题只表征意义,而意义表征需要媒介,语言便是一种重要的媒介或工具。也就是说,处于深层结构中的命题借助语言,将其表征的意义在表层结构之中彰显。不同的语言在表层结构上可能是千差万别,但在深层结构上大同小异。即便是在同一种语言里,同样的深层结构也可以转换成不同的表层结构。在所有的人类语言之中,句子(或者话语)是表情达意和传递信息的主要结构形式。词语结构成为句子,句子结构成为语篇,构成语篇的各个句子之间一定存在意义上的关联,其通常表现就是,后一个句子或者重复前一个句子的部分内容,或者使用回指的方式来表明前后句子的联系。关联的实质,就是两棵命题树之间产生某种意义连接,其结果是一棵更大命题树的出现。这有点类似于人脑中神经元与神经系统之间的关系:貌似孤立的神经元之间因为产生了"突触",结果分散的神经细胞连联成为一个完整的神经系统,从而进行和完成特定的动作或任务。语言符号是一个接一个排列起来呈现在我们面前的,而命题树中的语义连接是通过层层叠叠的搭架构建而成的。使用语言来把命题表达出来,实际上就是将多维、立体的命题树(网)转换成为平面、线性的语言符号流。在转换的过程中,势必出现一个问题:在众多的语义关系中,究竟应该哪个在前? 哪个在后? 相继出现的语义关系又通过什么方式来实现连接和贯通? 在同一个语篇之内,还会出现另一个问题:语段与语段之间如何实现结构和意义的贯连? 构成语篇的语段应该怎样安排和布局才成为一个结构意义互相交融的统一体? 语篇也当属于语言的表层结构,处于意识深层的同一棵大命题树自然也可以被转换成为各不相同的语篇形式。

心理语言学研究还发现,所谓的深层结构其实还不是最深的语言心理结构,而只是一个中间的"过渡性"层次,因为在它的下面还有一个更深的层次,即:"思想的起点"或者"话语动机"。由话语动机产生语义初迹(trace),再由语义初迹转换到深层结构,这是话语形成心理过程的第一个阶段。经过这个阶段之后,处于深层结构中的命题树再逐渐转换成语言的表层结构形式,亦即完成话语形成心理过程的第二个阶段。语言表达,无论是书面的还是口头的,都表现这样的一种心理过程。语言表达能力(包括语法修辞方面)方面的问题,往往出现在这一过程的第二个阶段,对外汉语教学中对听、说、读、写技能的训练,也主要发生在这个阶段:说与写(语言表达)的训练是从深层意义向汉语的表层形式的转化,听和读(语言理解)的训练是从汉语的表层形式向深层意义的返还。在语言心理过程的第一个阶段,一般不存在什么语言间的差异,但有着人类个体之间的区别。从同一个思想起点或者话语动机出发,不同的个体会敷衍出来不同的命题树和深层结构。造成如此差异的变数往往涉及个体的人生经验、理论积累、文化修养、知识水平以及智力才能等因素。①

基于这些研究和发现,我们可以勾画出下面的一个语言使用心理过程图:

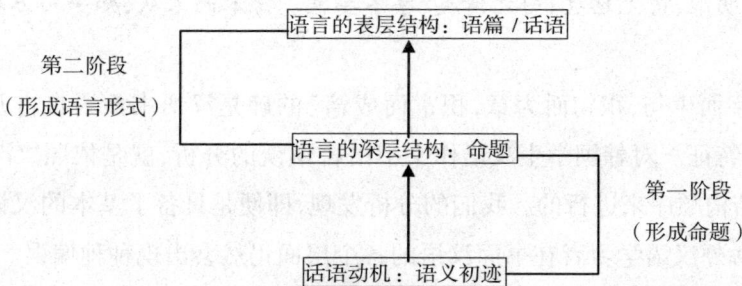

第二阶段
(形成语言形式)

语言的表层结构:语篇／话语

语言的深层结构:命题

第一阶段
(形成命题)

话语动机:语义初迹

图5 "语言使用心理过程"图②

在由话语动机产生语义初迹再到深层结构而"形成命题"的第一个阶段里,国际汉语教学或许不可能作出大的努力,但是,在由深层结构的命题向表层结构的"语篇或者话语"转换的第二个阶段,国际汉语教学则必须且应该大有作为。国际汉语教学中进行的书面表达能力训练,其实就是帮助学习者完成一种转换:从已有的深层意义命题转换到正在学习和掌握的表层汉语语篇,也就是从其已经完全适应了的母语书面表达习惯向其并不熟悉的汉语书面表达习惯过渡和靠拢。可以想象,在这样一个新的语言习惯养成过程之中,教学双方都要付出多么大的辛劳和努力!

---

① 彭聃龄在其《普通心理学》一书(北京:北京师范大学出版社,2004年,第321页)中介绍了五种关于语言产生过程的模型,其中的安德森模型和勒韦模型与本书引用的论点相关。安德森模型包括三个阶段:(1)构造阶段(根据目的确定要表达的思想);(2)转化阶段(运用句法规则将思想转换成语言的形式);(3)执行阶段(将语言形式的信息说出或写出)。勒韦模型也包括三个阶段:(1)概念化阶段(对所要表达的概念产生前词汇的信息);(2)公式化阶段(把前词汇的信息影射到语言形式表征中);(3)发音阶段(把语音通过发音器官发出)。

② 此图示是根据《对外汉语阅读与写作教学研究》(李晓琪著,北京:商务印书馆,2006年)一书中第231—235页的相关论述绘制而成。

与世界上其他语言的书面语结构方式相比,书面汉语的结构组织形式自有其独特之处。早在一千多年以前,刘勰在《文心雕龙·章句第三十四》中就对此有十分精到的论述:

> 夫设情有宅,置言有位;宅情曰章,位言曰句。故章者,明也;句者,局也。局言者,联字以分疆;明情者,总义以包体。区畛相异,而衢路交通矣。夫人之立言,因字而生句,积句而为章,积章而成篇。篇之彪炳,章无疵也;章之明靡,句无玷也;句之清英,字不妄也。振本而末从,知一而万毕矣。

"因字而生句,积句而为章,积章而成篇"的确是汉语书面语自古及今所表现的重要特征。对韩国学生汉语作文中语言偏误的分析,就是依照"字、词、句、篇"①的结构顺序来进行的。我们的分析发现,即便是具备了基本的汉语书面表达能力,海外汉语学习者在书面汉语的各个层面仍然会出现种种偏误。因此,培养与提高其汉语书面表达能力,应当从字、词再到句、篇来循序渐进地进行。

二、海外汉语学习者书面表达能力的培养

循序渐进地培养海外汉语学习者的汉语书面表达能力,可以采取"两手抓"而"两手都要硬"的思路,即同时开设综合汉语课和专项汉语写作课。在综合课中学习汉语基础知识,进行基本汉语书写技能的训练;在专项写作课中进行系统的汉语书面表达实践活动和汉语写作任务教学。

语言综合课的开设旨在通过对目的语语言各要素知识的扎实学习和目的语言语技能各项的综合训练,帮助并促进学习者使用目的语来进行口头的、书面的理解与表达能力。语言知识的学习与掌握是言语技能训练与获得的基础和前提,而言语技能的习得反过来又会推动和加速语言知识的掌握。在汉语书面表达能力的获得与汉语书面语言知识的掌握之间,也有着这样一种互动、互促关系。因此,在国际汉语综合语言课中,汉语知识的学习和汉语书写习惯、写作技

---

① 字与词在古代汉语中基本一致,但在现代汉语中,除少数的单语素(音节)词而外,大部分的词都是由两个以上的语素(音节)组合而成的。本书根据国际汉语教学的实际将字、词分开处理。

能的训练就应当几乎同步来进行,因为只有首先识记和书写一定量的汉字、词语和汉语语句,然后才有可能将思想用汉语字词和语句表达出来。海外汉语学习者以成人为主,他们在认知力、想象力和思维力上都已经成熟,所缺乏的只是将自己认知和思维的结果表达出来的汉语书面语言形式。针对他们的汉语综合课教学也就需要在"听说领先"的前提下让"读写跟上",因为汉语的口语和书面语之间既不相同又有关联,汉语书面表达能力的进步往往能够促进汉语口语能力的提升。此外,汉字和汉语语法一直就是海外汉语学习者的两只"拦路猛虎",很多潜在的学习者因此而"叶公好龙",望而却步。如果我们不在入门的阶段就设法去帮助他们消除这些路障,我们又怎能指望他们在汉语学习的道路上一直前行呢?

　　汉字的长处不在于表音而在于表意,无论是象形、指事,还是会意、形声,都有表意的成分在里面。在零起点的汉语学习语境下,我们完全可以利用汉字的表意性和形象性来帮助学习者理解和识别汉字,例如最简单的"一"、"二"、"三"和最基础的"人"、"口"、"手"等汉字,我们都可以利用其指事和象形的结构来使学习者对它们的学习更加便捷一点。由中国商业出版社出版的《汉字的奇迹——汉字的逻辑与智慧》系列丛书(6 册)①和系列电视片《汉字五千年》给我们的汉字教学提供了有益的参考和启发。丛书第一册《88 基础字》对于汉字启蒙尤其具有很好的参考价值。该书根据字形、字义、文化和实用的原则按照"自然"、"人"、"生活"的义类挑选出来 88 个最为基础的汉字。三个义类的代表字分别为"日"、"人"、"田"。"日"(自然)类下面包括了"日、月(最易辨认的天体),山、川、风、雨(最常见的自然现象),水、木、火、金、土(最基本的物质形态),东、南、西、北、中、上、下(常用的时空位序)"总共 18 个汉字。"人"类下面包括了"人(统称),口、目、自、耳、牙、手、爪、足、心(人体器官),立、言(人之特征),女、卩(jié)(性别②),氏、父、母、子、儿(社会关系)"总共 19 个汉字。"田"(生活)类下面包括了"田、井、厂、穴、门、食、肉(生存条件),衣、革、丝、皿、豆、勺(生

---

　　①　陈瑞祥:《汉字的奇迹——汉字的逻辑与智慧》,北京:中国商业出版社,2007 年。
　　②　陈瑞祥谓"女指女性,卩指男性,字形代表两性不同的坐姿"(第 4 页)。但《汉语大词典》对"卩"字的解释为"亦作'卩'。'节'的古字。古代出使等用作凭证之物。《说文·卩部》:'卩,瑞信也'"(第 424 页)。《辞源》对"卩"字的解释为"卩,今作節"。而"節"(节)意为"竹節。也泛指植物枝干交接的部位"。或者"骨节相衔接之处"。(第 2358 页)显然,陈对"卩"字的解释有误。

活用品），工、丁（劳动用具），车、舟（交通工具），刀、弋、弓（狩猎工具）示、卜、且、亚（精神崇拜），一、二、三、四、五、六、七、八、九、十（计数），乂、竹（植物），羊、牛、豕、犬、马、兔、鱼、虫、鸟、乙、羽、非、象、虎、豸（动物）"总共 51 个汉字。对每一个汉字，都有"古文字与本义"、"简化字与基础义"的分析解说和"书写顺序"、"字形演变"、"图片图画"的演示说明。在这 88 个汉字之中，有一些字（如"自"、"卩"、"氏"、"豕"、"豸"等）的本义已经消失，从而不再是现代汉语中的基本词汇了，但其基本思路和解说方式对国际汉语教学中的汉字学习还是极具启发意义的。作者在泰国进行"交际汉语"的教学过程中，就曾多次利用其中的解说和图片来帮助学习者理解和认知汉字，体验和认识汉字中隐含的中国文化因素。生动形象的呈现形式与富于意义的认知方式，无疑有利于减少和克服学生对汉字的畏难情绪。

　　基础的汉字不仅单独成字，而且可以作为部件来和另外的汉字或者部件构成新字，而作为构字部件的"偏旁"往往会给整字的理解提供某种意义线索。国际汉语教学因此可以利用汉字这种构造特点来帮助学习者理解和识别更多的汉字。譬如，我们学习"水"字，就可以先通过其象形和形象的解说让学生理解其意义，然后通过水字的变形偏旁"三点水"和"两点水"来让他们猜测和识别"江、河、湖、泊、溪、流、海、洋"和"冻、冰、冷、凉"等与水有意义关联的汉字。学习"人"字，首先利用其象形的特征来形象地解说其构造和意义，然后引出带"单立人"和"双立人"偏旁的常用汉字，例如"仁、休、伤、们、价、体、伙、作、化、代"和"行、往、街、得、徐、待、循、很"，它们都与人有意义上的关联。其他的例子有"口"字与"口字旁（底）"和"言"字与"言字旁"（"说、话、语、言、吃、喝"为典型的例字）、"心"字与"心字底"和"竖心旁"（"思、念、想、怕、怪、惊"为典型例字）、"手"字与"手字底"和"提手旁"（"拿、掌、打、找、扫"为典型的例字）、"衣"字与"衣字底"和"衣字旁"（"袋、裁、袜、裤、被"为典型的例字）、"走"字与"走字儿"（"起、赴、还、这、道、过"为典型的例字）和"足"（足字旁）、"目"（目字旁）、"耳"（耳朵旁）、"木"（木字旁）、"石"（石字旁）等等。这种逐步扩展的发散式识字方式不仅生动形象，易于记忆和掌握，而且能够让母语为表音文字的海外学习者潜移默化地感受到蕴藏在汉字里面的中国智慧和文化信息，可以说是一举几得的事情。作者在"交际汉语"教学完成第一单元（启蒙）的"汉字笔画、笔顺"介绍和练习之后，从第二单元开始就陆续地对一些基础汉字（108 个）进行了这样的解说。从学生的课堂反应与期末的测评上看,效果还是比较明显的。

即便在以"功能"和"交际"为主的汉语口语教学课堂上,也可以渗透进书面表达的内容。在"交际汉语"的教学中,作者就对这种"句→句群→段→篇"逐层构架的汉语口头表达教学模式进行了探讨。一个学年(包括 32 个左右的教学周,每周 4 学时)的零起点"交际汉语"教学分成 5 个单元:"我和你"、"校园生活(一)"、"校园生活(二)"、"走出校园(一)"和"走出校园(二)",每个单元分成6 课(5 个新课加 1 个单元复习),每一课由"功能/交际"(2 课时)、"语音练习"(1 课时)和"汉字学习"(1 课时)三部分组成,一周完成一课。在每一课的"功能/交际"教学中,我们都围绕一个特定的交际功能先学会一句话,然后扩展成一个句群或对话,5 课学完之后,引导学生将前面所学的关键句和句群组合成符合于自己实际情况的短文,来进行口头表达的练习。例如:第一单元"我和你"。前 5 课分别学习了"打招呼/告别"、"致谢"、"身份"、"家庭成员"、"住所"几种功能,在第 6 课单元复习中,则引导和帮助学生使用前面学过的功能语句来完成这样一个"自我介绍":

Dàjiā hǎo! (打招呼)

Wǒ jiào Xīhānā. Wǒ shì Tàiguó rén, lái zì Wūlóng fǔ. Wǒ shì Wūlóng Huángjiā Dàxué de dàsān xuéshēng. Wǒ xué xìnxī zhuānyè. (身份)

Wǒ jiā yǒu wǔ kǒu rén. Bàba, māma, jiějie, dìdi hé wǒ. Wǒ bàba shì nóngmín, māma shì gōngrén, jiějie hé dìdi dōu shì xuéshēng. (家庭成员)

Wǒ zhù xuéxiào, xuéshēng gōngyù èr hào lóu wǔ céng, wǔ líng liù fángjiān. (住所)

Wǒ xǐhuān yǔyán. Wǒ zài xué Yīngyǔ, yě xué Hànyǔ. (爱好)

Wǒ de diànhuà shì 08-3678-8593. Yǐhòu duō liánxì. (数字)

Xiè xie dàjiā! (致谢)

再如:第二单元"校园生活(一)"。前 5 课(第 7—11 课)分别学习了"时间"、"日期"、"星期"、"价钱"和"年龄"的表达方式和"询问与表达年月日"、"询问与表达年龄"和"购物"、"问路"等功能,在单元复习的第 12 课中便引导和帮助学生使用已经学过的功能语句来完成功能语篇"我的学校生活":

Wǒ jiào Bùlādōng, yījiǔjiǔlíng nián wǔyuè shíliù rì chūshēng(年月日), shǔ yáng, jīnnián èrshíyī suì (年龄、属相). Wǒ zhèngzài Wūlóng Huángjiā Dàxué xuéxí.

Wǒ xué lǚyóu guǎnlǐ zhuānyè.

Xīngqīyī dào Xīngqīwǔ wǒ dōu yǒu kè. Wǒmen xué Yīngyǔ, yě xué Hànyǔ. Wǒ hěn xǐhuān yǔyán. Zhōumò kěyǐ fàngsōng yīxià. (星期)

Měitiān zǎoshàng wǒ liùdiǎn bàn qǐchuáng, zǎocān hòu qù shàngkè. (时间)

Wǔfàn zài xuéxiào chī. Wǎnfàn zài wàimiàn chī. Yìtiān děi huā shí jǐ kuài qián / liùshí zhū (价钱). Bú suàn tài guì. Wǎnshàng shídiǎn hòu, wǒ cái shuìjiào. (时间)

Wǒ xīwàng yǐhòu zài Màngǔ zuò dǎoyóu. (职业)

在口语教学之中，由"功能"引出"关键语句"，然后拓展成"对话、句群"，最后又据此组合成符合生活实际的"语段、语篇"，将词句的学习与语段、语篇的组建有机结合起来，这首先是口头表达能力培养的需要（所以使用的都是汉语拼音），同时又为以后的书面表达能力训练做了很好的铺垫和准备。经过三十来个课时的汉字书写训练，学生就有可能在学习汉语一年之后用拼音加汉字（如"我"、"学"、"生"等）的形式写出几篇像样的汉语作文。

对书面表达能力的训练和培养，就这样从对汉字的笔画、笔顺和部件、偏旁的认知学习开始，同时伴随着识字组词、组句组段、终成语篇的综合训练，在汉语综合课中开展起来了。在这一漫长而耐心的训练过程中，听、说、读、写的技能训练往往互相交织在一起，所以成为语言课堂教学的主体。

在综合课开展的同时或者稍后一点，有条件的话，可以考虑开设专门的汉语写作课（譬如，一周安排一次两个课时），来对学生进行更具针对性的汉语书面表达能力训练。循序渐进的系统写作训练，对书面表达能力的巩固和提高，无疑具有积极的促进作用。系统的训练课程，需要系统的训练教材，由陈作宏主编的《体验汉语·写作教程》就是一部这样的教材。

三、一套汉语书面表达专项技能训练教材
——《体验汉语·写作教程》①

《体验汉语·写作教程》为"体验汉语"系列教材之中一套专门的写作技能

---

① 该套教材在本书第五章第三节的第 3 点（对《体验汉语》系列教材的分析）中有详细的评介。

训练用教材,总共6册,分初级、中级、高级3个阶段,每一级包括上、下两册,每册包含3个单元(唯一的例外是最后一册"高级2",分为4个单元)共15课,基本上对应于3个学年、6个学期。整套教材,就像其"前言"里所声称的那样:"采取循环递进的方式,提高学生在书面表达方面的叙述、说明和议论的能力。初级阶段旨在帮助学生把学到的汉字、语法、词汇方面的汉语知识导入到书面表达中;中级阶段的目标是丰富学生各种语段类型的写作经验,同时训练学生汉语表达的准确性;高级阶段从一般的语段、语篇训练向真正意义上的记叙文、说明文、议论文的写作过渡,并有效地提高表达的得体性。"

从初级阶段的"汉语知识导入"到中级阶段的"丰富写作经验",再到高级阶段的"从一般到真正的文章过渡",《体验汉语·写作教程》在教学训练内容的安排上的确是体现了"循环递进"的特色。"初级1"与"初级2"中的6个单元训练内容安排是这样的:(1)汉语的笔画、汉字的笔顺和结构、汉字的偏旁、汉字和词语、句子和标点符号;(2)自我介绍、我爱我家、我的星期六、我的过去和未来、我的爱好;(3)我的房间、这里的交通很方便、我最喜欢的东西、中国的饺子和烤鸭、请假条;(4)留言条、我和我的同屋、买旗袍、这套房子真漂亮、这里的天气真好;(5)我的朋友病了、今天真倒霉、热情的邻居、难忘的生日、一件小事;(6)住在这里真方便、美丽的校园、我们的汉语课、我的假期计划、你抽烟吗,仅仅从单元内容主题的安排上我们就可以看出教材编写者的匠心独运:第一单元从字、词、句的书写和标点符号使用开始,旨在为开始汉语写作训练做好铺垫,并将写作内容与综合课学习内容紧密结合起来;接下来的5个单元,都是以学生"我"的生活为中心来开展针对性的主题写作训练,结果使写作训练的内容与综合课(与之配套的《体验汉语·基础教程》)的语言学习话题内容实现无缝对接,同时又因为是学生自己的生活写照和实际生活体验,所以能够激发学生写的欲望并让他们感到有内容可写。一开始先做好汉语写作的铺垫和准备,接着调动他们在综合课里所学得的字词句知识和他们在生活实践中得来的世界知识与亲身感受,使他们不仅想写、有内容可写而且有语言形式来把它们写出来。这恐怕正是教材编写"导入"宗旨的真谛之所在吧。

"高级1"的3个训练单元为:(1)抹不去的记忆(学习叙述一件事情)、旅游见闻(学习叙述复杂的事件)、你在我身边(学习用具体的事情表现人物特点)、我佩服的人(学习有条理地介绍人物)、身在异乡(学习记叙某一阶段的生活经历);(2)求职(学习写求职信和个人简历)、有一个地方(学习从不同方面介绍一个地方)、休闲娱乐(学习有条理地说明社会生活)、餐桌上的快乐(学习有条理地说明某种风俗习惯)、我眼中的中国(学习用对比的方法说明事物);(3)手机的利与弊(学习按照提出问题、分析问题、解决问题的顺序来表达自己的观点)、一路畅通(学习有条理地分析原因、说明观点)、健康的生活方式(学习从不同的方面阐述自己的观点)、有一种"爱"(学习用叙议结合的方法表达自己的观点)、网络与生活(学习用各种理由支持自己的观点)。三个单元的训练主题完全对应于记叙文、说明文和议论文,各个主题的训练又都被分解为具体方法技巧的学习,训练目标于是一目了然,即"从一般的语段、语篇训练向真正意义上的记叙文、说明文、议论文的写作过渡"。"高级2"的4个训练单元为:(1)中国印象(学习内容:记叙见闻、细节描写和记叙文的结构)、亲情(学习内容:记叙和表达情感、心理描写和安排文章的线索)、往事(学习内容:记叙往事、文章的过渡和连接①、记叙文的叙述方式);(2)男人和女人(学习内容:描写人物的外貌、性格和品质、文章的过渡和连接②、先分述后总述的段落结构方式)、有一个美丽的地方(学习内容:介绍一个地方)、修辞手法(拟人、比喻)、先总述后分述的叙述方式、特别的日子(学习内容:介绍节日习俗、场面描写、文章的详写和略写)、大街小巷(学习内容:介绍一条有特色的街道、街景描写、描写城市景观的顺序);(3)打开学习语言之门(学习内容:表达对语言学习的看法、议论文的开头段、书面语的使用)、两只眼睛看世界(学习内容:表达对文化差异的看法、段落组成方式①:并列关系、议论文的主体段)、广告的是与非(学习内容:表达对广告的看法、段落组成方式②:转折关系、议论文的结尾段)、我的未来不是梦(学习内容:表达自己的职业观、段落组成方式③:递进关系、对比论证法);(4)容貌(学习内容:表达自己的审美观、设问的表达方式、举例论证法)、动物的权利(学习内容:表达对动物权利的看法、叙议结合、因果论证法)、生命的价值(学习内容:表达对生命的看法、词语的色彩、论证过程中的段落衔接方式)、只有一个家园(学习内容:表达对环境问题的看法、调查报告的写作要点、利用数据说明问题)。训练继续聚焦于记叙、说明和议论三大文类而对难度更大的议论文更加侧重——最后的两个单元都是围绕议论文写作来进行的。但训练的层次更加深化,训练的内容也更加细致,不仅涉及思想内容的组织,而且有论证方法、议论文结构、议论文语言形式(包括段落组织、词语运用和修辞格、衔接与连贯等)的介绍和学习,从而比较好地体现了"真正意义上的记叙文、说明文和议论文写作"的目的。

　　"中级1"和"中级2"两册也都分别从记叙、说明、议论三个文类上开展针对性的写作训练,但训练的侧重点是由句子来组建段落。这样,整套教材就从初级"导入性"的"记叙、介绍"简单表达训练,到中级"(句群)语段式"的"记叙、说明、议论"较难表达训练,再到高级"过渡性"的"记叙文、说明文、议论文"亦即真正意义的写作训练,步步为营、层层深入而又循环往复地对汉语书面表达进行了系统、科学的针对性训练和实践。这样的编排和布局还有一个好处,那就是初、中、高三级训练可以连贯使用,也可以分开单独使用,例如"初—中"级训练、"中—高"级训练,或者"初级"、"中级"、"高级"训练。换句话说,整套教材还具有"组合式"教材的灵活实用特点。

　　国际汉语教学面对的大多是成人,而成人在汉语书面表达上的问题往往不是思想内容的缺乏,而是对思想内容的组织、结构和准确、逻辑地表现,所以经常出现的情景是"茶壶里煮饺子——肚里有货却倒不出来"。因此,在写作训练的过程中,我们不仅要想方设法去激发学习者写作的欲望、引爆他们的思想火花,而且要帮助他们学会逻辑地组织自己的感受和看法,进而准确地将它们用汉语的语句和段落表现出来。《体验汉语·写作教程》在这方面也有周到和体贴的考虑。整个6册课本中,每一课都是首先列出特定的"学习目标",然后开展专门的写作训练,训练基本上按照4个环节来进行,即"写前准备"—"写作任务"—"写后修改"—"作业"。"写前准备"包括"热身活动"和"语言形式"两个部分,旨在帮助学生熟悉主题内容和语言形式;"写作任务"包括"组织材料"和"动手写"两个部分,旨在帮助和督促学生组织语句、整理段落而形成短文;"写后修改"旨在组织学生在互助合作、相互启发的基础上对写成的短文自主进行修改和加工;"作业"包括"复习整理"和"补充提高",旨在督促学生在课后巩固、复习和总结课堂中所学所练到的内容。从思想观点的出现一直到结构形式和书面语言的表现,一步一步地都在课堂训练活动中得到落实,从而使学生不仅想写、有东西可写,而且逐渐能够写出来。

　　有了思想内容、语句形式和组织结构,真正意义上的汉语作文便呼之欲出了。但是,传情达意而又文从字顺的汉语书面表达还需要一些技术和技巧上的知识、技能来辅助完成。《体验汉语·写作教程》于是在"高级1/2"的"附录"中都为学习者提供了"汉语常用标点符号一览表"和"汉语常用复句及关联词语一览表"。这对解决我们在韩国学生汉语作文中发现的那些"语篇偏误",不是具有很好的帮助和参考价值吗?

可以说,无论是从训练过程的纵向和宏观安排上,还是从训练单元的横向和细节构思上,抑或从人性化的知识技巧介绍和组合式的灵活使用上看,《体验汉语·写作教程》都是一套比较适合国际汉语教学的写作训练教材。当然,由于整个"体验汉语"系列教材针对的是来华学习汉语的外国留学生,所以在国际汉语教学中不一定能拿来即用,而需要教师发挥其创造力和想象力而将其改变为"适合于特定教学语境"的有效汉语写作训练教材。

汉语基本语言能力包括口头理解与表达和书面理解和表达,口头理应在先,书面也不必落后。口头与书面能力相互促进、共同提高,这是我们最希望出现的教学效果。国际汉语教学"普及为主,兼带提高",因而往往注重口头的听说而忽略书面的读写(尤其是写)。对书面表达(写)能力的训练一般只是在大学的中文专业里才会有。然而,要想使海外汉语学习者达到使用汉语进行多方面的基本交流和沟通这一目标,进而培养其汉语综合语言交际能力,我们就必须在全力培养其口头汉语理解和表达能力的前提下而想方设法去培养其书面汉语理解和表达能力。培养接受性的汉语阅读能力,国际汉语教学有很多的经验可以总结,这可从近年 HSK 考试的结果中清楚地看出来。如何切实培养产出性的汉语写作能力,我们则有很长的路要走。

对韩国学生汉语作文语料的分析让我们看到了国际汉语教学在书面表达能力培养上的成功和不足,可谓是有喜又有忧。喜是自然的,忧则是可以消除的。出路就是从一开始便着手对学习者的汉语书面表达能力进行针对性的训练,基本思路是同时开设汉语综合课和专项写作课。综合课打下从字、词到句子和句群的汉语表达形式基础,专门的写作课激发学生写作的兴趣和热情,引发其思想观点的出现和整合,并进而实施句群、语段、语篇和不同文类的写作技能训练。两种课型相互补充,逐步促成学习者语言使用心理过程的顺畅完成,从而将海外汉语学习者的汉语书面表达能力提升上去。唯其如此,他们获得的汉语基本语言能力才是扎实的,继续努力而逐渐获得汉语综合语言交际能力也才是可能的。

第四章　国际汉语语言交际能力现状调查(二)

——泰国学生汉语文化语用和策略能力状况

有了人就有了语言,那么语言在人类生活中都有着什么样的作用和功能呢?语言学家给了我们各种不同的答案。马丁内认为语言有交际、思维、表现、研究和创造五大功能。韩礼德认为语言有一般、微观、宏观、纯理和语法五大功能,成人语言所表现的属于纯理功能(或者"元功能"),其中又包含概念、人际和话语三种次级功能。莱昂斯认为语言有信息和互动两大功能,前者表达命题、传达信息,后者建立和维系社会关系。还有一些学者则认为语言主要有两大功能:心理学功能和社会学功能,前者构建反映客观世界的认知图式,后者改变或影响受话者的情绪状态。

语言有多少功能,使用语言的人就需要掌握多少发挥这些功能的本领。为此,卡奈尔与斯维恩(Canale and Swain,1983)提出了"语言交际能力四成分说",主张人的语言交际能力由语法能力、话语能力、社会语言能力和策略能力构成。国内学者徐建华(1998)提出了"语言能力五层次说",认为人的"语言能力"由语言习得、语言实践、语言交际、语言创造和语言研究五个能力层次构成,每一个层次又具有各自的层次性。语言习得能力与生俱来,具有生物遗传的特点。语言实践能力包括运用语言进行思维和交流的能力。习得能力为实践能力准备了基础,但语言是否掌握还取决于所处的社会、民族等环境因素,于是在语言实践能力之上又有语言交际能力——语言使用者在全面了解语言基本情况的基础上开始自觉地选择语言要素的恰当形式,以求获得最佳的交际效果。语言创造能力给语言增加某种新质要素,使语言表达更加鲜活或者便捷,因而是一种高层次上的语言能力。处在最高层次的是语言研究能力,具备这种能力的人能够在全面了解语言本体的情况下更加自觉地选择最为恰当的表达方式,总结语言的使用规律,并能为语言的规范发展和语言创新作出自己的贡献。①

依据徐建华的观念,我们可以认为,国际汉语语言交际能力中的基本语言能力即相当于语言"实践能力",而综合交际能力则相当于语言"交际能力",两种能力分别构成国际汉语教学在不同层次上的培养目标。语言研究和创造能力可以说是极少数"汉学家"的"专利",我们暂且将其放在一边。国际汉语基本语言能力主要表现为基于汉语语言文化知识的听、说、读、写言语技能,具备这种能力的人能够较为准确地使用汉语来进行一般的信息交流和人际沟通。在第三章里,我们通过对韩国学生汉语作文语料的分析,发现海外学习者经过两至三年的汉语学习是可以达成这个目标的,尽管在其使用汉语的过程中仍会有一些失误。如果在获得汉语基本语言能力之后,学习者再接再厉、继续努力,逐渐掌握汉语文化语用知识和规则,灵活使用汉语学习和交际的策略方法,就可能获得一种更高层次的语言能力——汉语综合交际能力。具备了这种能力,学习者就不仅能够准确无误而且合适得体地使用汉语来进行表情达意和意义协商的交际活动。

基于这样的思路和考虑,本章将通过对泰王国三四所大学部分汉语学习者进行的"汉语文化语用能力"和"汉语学习者策略能力"两项实地问卷调查,来获取关于海外(主要是东南亚地区)汉语学习者汉语综合交际能力现状的信息。希望这种调查和分析能够使我们对国际汉语教学的现状有所体察和认识,并对今后国际汉语教学的进一步开展有所裨益和启发。

第一节　汉语语用能力调查

一、研究理据

第二语言教学的根本特征是"交际",交际性的表现就是教师和学习者之间、学习者与学习者之间的积极互动和信息交换,对于教、学双方来说,这都可以说是一种"文化适应"(acculturation)的过程。第二语言习得的根本特征是"再

---

① 于根元、夏中华、赵俐等:《语言能力及其分化——第二轮语言哲学对话》,北京:北京广播学院出版社,2002 年,第6—8 页。

社会化"(re-socialization),因为学习者在学习目的语的同时也在创造一个新的社会现实,在一个新的社会文化环境中表达意义和创造新的意义,并进而使用新的意义与本族语使用者进行异质文化之间的交流和沟通(cross-cultural communication)。这一再社会化过程包括了 3 个层面的系统重构:语言规则系统的重构、语言使用规则系统的重构与文化规则系统的重构。第二语言的教和学,于是就不可避免地涉及至少 4 个方面的内容,即语言(以词汇和语法为核心的知识体系)、功能(关于语言使用的规约和技能)、语境(对可能使用话语的选择)和社会文化(语言中蕴含的信息内涵)。这些内容大致对应于我们常说的语言知识、言语技能、语言交际技能和文化背景知识,也就是构成综合语言交际能力的基本要素。

　　西方学者习惯将学习者对语境、社会文化以及某些功能因素的把握统称为"社会语言学能力"(sociolinguistic competence)。在不同的社会语境中会产生不同的社会文化惯例和规则,正是这些惯例和规则的存在才产生了各种各样的语体(styles)和语域(registers),依照这些惯例和规则来进行言语活动也才可能是适合不同语体、语域和语境的适宜、得体的言语活动,从而取得良好的交际效果。影响惯例和规则的人为因素很多,譬如语言情境、话题和话语参与者的社会地位、性别、年龄等,对这些因素的把握则构成一个人语言交际能力的一个重要部分,即社会语言学能力。维尔舒伦(Jef Verschueren)因此主张把言语过程中的语言选择称为"语境顺应"(contextual adaptability)①,需要顺应的语境不仅包括了我们常说的上下文、前后语(语言语境),而且包括更为广阔的、将语言使用者及其心理世界、物理世界和社交世界都囊括在内的交际语境。

　　社会文化规约影响着语言和言语,而语言影响着社会文化规约。语言、社会、文化之间的互动关系要求第二语言教学不能把目标仅仅局限于语言本身,而应当扩展至语言使用于其间的广阔社会语境,亦即考虑进语言使用的文化语用因素。文化语用涉及的范围十分广泛,但具体到国际汉语教学,则可以主要地包括 4 个方面:(1)语义系统中的文化因素,主要指汉语词汇系统中包含或者隐含的文化因素,例如:汉语特有的文化词语、习惯用语和词语独特的引申义、比喻义

　　① Verschueren, Jef. *Understanding Pramatics*. Beijing: Foreign Language Teaching and Research Press, Edward Arnold (Publishers) Limited, 2008:23.

等;(2)语法体系中的文化因素,即包含或隐含在汉语词法与句法系统中的文化因素,例如:独特的组字构词方式、词语的活用和词性的多变、组句和成篇的独特方式等;(3)语用体系中的文化因素,即在汉语语言活动中默守的话语惯例和交际策略,例如:如何称呼人、如何赞美人和应对别人对自己的赞美、贬抑自己而抬高他人等;(4)语言交际活动中的文化内涵,即在汉语交际活动中涉及的有关中国文化和世界文化的知识内容(所谓的"文化背景知识"和"世界知识"),例如:关于中国国情、习俗、社会和世界文化与跨文化交际交流方面的知识。国内学者(如张占一等)主张将语言中的文化因素分解成"知识文化"和"交际文化",这是有一定道理和见地的,但是具体操作起来还有一些问题,因为有些因素可能既是知识却又直接影响着交际。①

语法体系中的文化因素主要是通过汉语学习过程中潜移默化的渗入和感悟而逐渐习得,文化背景知识和世界知识可以通过言语技能训练所包含的语言材料和学习者自己的学习生活经验来获得和丰富,语义体系中的文化因素和语用体系中的文化因素则有可能通过语言课堂上进行的显性教学而得以了解和逐步掌握。基于这样的认识,我们的"文化语用能力调查"主要针对汉语语义系统中的文化因素和汉语语用规则与交际策略方式。

二、调查问卷

调查包括两项问卷:面向教师的问卷和面向学生的问卷。教师问卷主要涉及 5 个方面:(1)对受试学生的汉语水平认定;(2)对专门的汉语语用训练和现有汉语课程的评价;(3)对学生汉语使用水平的原因解释;(4)对汉语文化词语教学的看法;(5)对开设专门的汉语文化课的意见。

学生问卷包括 3 个部分:(1)第一部分(共 30 个题目),关于汉语词语(语义系统)中的中国文化因素,如词语的引申义和比喻义等;(2)第二部分(共 40 个题目),关于汉语语用规则体系中的中国文化因素,如语用策略方式等,包括:婉

---

① 刘珣在其《对外汉语教育学引论》(北京:北京语言大学出版社 2000 年,第 130—139 页)中将对外汉语教学相关的文化教学内容分为三类:语言的文化因素(包括语构文化、语义文化、语用文化)、基本国情和文化背景知识、专门的文化知识。本书将国际汉语教学中的文化教学分为四类,前三类相当于刘珣的"语言的文化因素",第四类包括了刘珣所指的二、三两类。

转迁回与直截了当(1—15)、夸赞与对夸赞的应答(16—24)、客套与谦逊(25—27)、谢绝与婉拒(28—30)、称呼(31—35)、打招呼(36、37)、套近乎与隐私观念(38—40);(3)第三部分(共10个题目),关于特定语境中的语言使用,包括:邀请的发出(1、2)、谢绝或婉拒(3、4、5)、称赞与回应称赞(6、7)、礼物的接受(8)和道歉与回应道歉(9、10),实际上是对第二部分的一种补充和深入。前面两个部分皆为选择题,每一个题目后面都给出了A、B、C三个选项。第三部分为自由应答题,要求学生写出自己的回应语句或者解决方案。问卷开头有关于学生的"个人资料",涉及他们的文化身份(是否华裔)、母语、所学专业与学校、学习汉语的时间和现有的汉语水平等情况,这些信息有助于了解调查对象与其语用能力之间的相关性。

"汉语文化语用能力调查问卷"的具体内容,参见书后的"附录二"。

三、调查对象

汉语在泰王国是仅次于英语的第二大外语,很多大学都将汉语设为必修或者选修课程。参加本次问卷调查的受试学生就分别来自泰国不同地区的3所大学:朱拉隆功大学、碧武里皇家大学和孔敬大学。泰王国从地理位置上可以分为泰北、泰东北、泰中和泰南4个地区,3所学校则分别位于泰中(曼谷)、泰南和泰东北。朱拉隆功是泰国首屈一指的大学,孔敬素称泰国"大学城",碧武里也算是泰国的二流大学,3所大学都设有中文专业(系),所以从一定意义上讲,三所学校比较好地代表着泰国高校的汉语教学现状。受试学生都是综合性大学里中文专业大三和大二的学生,能够代表初、中级水平的汉语学习者。

四、调查分析

1. 朱拉隆功大学(Chulalongkorn University)

朱拉隆功大学的调查在国家汉办公派教师向柠女士[①]的教学班上进行。该班总共有12名学生,我们给每一个学生都发出了电子版的问卷,最终收回的有

---

①　向老师的任期是2010—2012年,本调查是在2010年12月进行的。

效问卷有 6 份,有效问卷的比例为 50%。从"个人资料"上看,6 名学生中,有 3 位是华裔,三位为非华裔,母语全部为泰语,都是中文专业的女性学生,都认为自己属于中级汉语水平(任课教师对其自评也表示认可),学习汉语的时间分别为:2 年(2 位),3 年或 3 到 4 年(各 1 位),5 年(2 位)。

(1)问卷第一部分(汉语语义系统中的文化因素)

6 位受试学生①对 30 个题目的选择回答情况如下:

受试	学生 A	学生 B	学生 C	学生 D	学生 E	学生 F	平均
正确数	18	26	23	22	21	21	21.83
正确率	60%	86.7%	76.7%	73.3%	70%	70%	72.78%
排名	6	1	2	3	4	4	

正确率最高的学生 B,是 6 位受试学生中学习汉语时间最短的一位(2 年),而正确率最低的学生 A 学习汉语的时间是 3 到 4 年。对于汉语词语中文化内涵的掌握似乎并不与学习时间的长短成正比。

30 个题目的回答情况和正确比例如下:

题目	1	2	3	4	5	6	7	8	9	10
答对数	6	3	4	6	5	3	4	2	3	4
比例	100%	50%	66.7%	100%	83.3%	50%	66.7%	33.3%	50%	66.7%
题目	11	12	13	14	15	16	17	18	19	20
答对数	5	3	6	3	6	5	6	2	4	5
比例	83.3%	50%	100%	50%	100%	83.3%	100%	33.3%	66.7%	83.3%
题目	21	22	23	24	25	26	27	28	29	30
答对数	6	4	3	6	6	4	6	2	3	6
比例	100%	66.7%	50%	100%	100%	66.7%	100%	33.3%	50%	100%

正确率在三分之二以上的题目有 20 个,占总数的 66.7%。10 个题目的正确率在 50% 及以下,占 33.3%。错误率最高的 3 个题目为:8、18、28,涉及的词

---

① 朱拉隆功大学的 6 位受试学生是:潘泰娜(A)、皮潘妮(B)、彭世妲(C)、詹莎西(D)、拉帕娜(E)和宋莎娜(F)。为叙述简便,文中以 A、B、C、D、E 和 F 分别代表。

语:女张飞、小道消息、蚂蚁上树(菜名)。

总体上看,6 位受试学生在汉语词语引申义与比喻义的理解和把握上还是比较令人满意的。无论是从平均正确率(72.78%),还是从全部答对(33.3%)或者大多数答对(66.7%)的题目比率上,都可以看出这一点。

(2)问卷第二部分(汉语语用系统中的文化因素)

6 位受试学生对 40 个题目的选择回答情况如下:

受试	学生 A	学生 B	学生 C	学生 D	学生 E	学生 F	平均
正确数	26	31	30	21	34	32	29
正确率	65%	77.5%	75%	52.5%	85%	80%	72.5%
排名	5	3	4	6	1	2	

值得注意的是,对该部分中的 14 个题目(11、12、13、14、20、22、23、24、25、28、29、37、39、40)来说,答案并不是唯一的,有两个选项或许皆可接受,区别在于合适的程度和个人的偏好上。

40 个题目的应答情况和合适比例如下:

题目	1	2	3	4	5	6	7	8	9	10
答对数	4	4	6	2	3+3	1	4	3	5	5
比率	66.7%	66.7%	100%	33%	100%	16.7%	66.7%	50%	83.3%	83.3%
题目	11	12	13	14	15	16	17	18	19	20
答对数	5	6	3+2	2	6	6	6	0	4	1+2
比率	83.3%	100%	83.3%	33.3%	100%	100%	100%	00%	66.7%	50%
题目	21	22	23	24	25	26	27	28	29	30
答对数	5	3+1	3+3	2+1	3+2	6	6	6	4+1	4
比率	83.3%	66.7%	100%	50%	83.3%	100%	100%	100%	83.3%	66.6%
题目	31	32	33	34	35	36	37	38	39	40
答对数	2	6	6	2	5	5	5+1	2	4	3
比率	33.3%	100%	100%	33.3%	83.3%	83.3%	100%	33.3%	66.7%	50%

正确率在三分之二以上的有 29 个题目,占总数的 72.5%。11 个题目的正确率在 50% 及以下,占 27.5%。错误率最高的 7 个题目:4、6、14、18、31、34 和

38,所涉及的语用策略和场合为:婉转迂回(借钱、评论他人、表达意见)、夸赞和感谢、称呼(对老人、对出租车司机)、向生病的朋友表示关心。其中的第18题,即"对老板的帮助表示佩服(与感谢)",没有一位选择最合适的用语:"老板就是老板!"

(3)问卷第三部分(汉语语用系统中的文化因素)

该部分的10个题目只给出语言情境,没有提供选项,要求受试者作出自由的应答。6位受试学生的应答如下:

①你想邀请一个中国女孩子去看电影,你会怎么做(说)?

学生A:今天在电影院有一部最新的美国电影,你想跟我一起去看电影吗?

学生B:今天我休息,想请你去看一场电影,你愿意吗?

学生C:我想看一部电影。你可以跟我一起去看吗?

学生D:我想看电影。你能跟我一起去吗?

学生E:今天你忙吗?想跟我去看电影吗?

学生F:听说这部电影很好看,我想这周末去看,你想跟我去看吗?

——向人发出邀请,文化差异不是很大,一般都讲究客气,所以往往使用询问、征求意见的言语形式,6位受试者使用的语言形式基本上都较为合适。

②你想邀请你的中国朋友去你家吃晚饭,你会怎么做(说)?

学生A:你今天晚上有空吗?我想请你去我家尝尝我自己做的菜呢!

学生B:明天我休息想做几样泰国菜请你到我家尝一尝,你有空吗?

学生C:晚上你有空吗?我想请你来我家吃晚饭。

学生D:晚上你有空吗?我想请你吃晚饭。

学生E:今天我家做了很多饭,你想去我家吃饭吗?

学生F:我妈妈想认识你,她让我请你来我家吃饭,如果你答应,我很高兴。

——正式请朋友到家里做客,使用的言语倾向于中性,6位受试者发出的邀请都还可以接受,但E稍显生硬和简慢,而F显得过于正式。

③你的中国朋友想请你明天晚上去他家做客,但是你没有时间,你会怎么说?

学生A:你是我的好朋友。虽然明天我工作很忙,但是我一定去你的家呢!

学生B:谢谢你的邀请,可惜我明天晚上没有时间来,对不起啊!

学生C:对不起啊,我明天有点事。下次我一定会去的。

学生 D:我明天有点事。去不了。

学生 E:真对不起,明天晚上我有事。

学生 F:真的对不起。我也想去,可是我那时有事儿,不可以去。真可惜啊!下次再问我可以吗?

——谢绝别人发出的邀请,一般要尽量婉转一些,并表现出自己的遗憾来,F、B、C 的应答比较合适,而 D、E 的应答显得太过直接而显生硬,A 可能未能理解情境要求,其应答事实上是接受而不是拒绝邀请。

④有人请你帮助她学习泰语,但是你没有时间,你会怎样对他(她)说?

学生 A:真不好意思呢! 我最近比较忙。如果你有什么不懂的话,那请你通过发 E-mail 给我你的问题呢!

学生 B:对不起,我今天没有时间帮助你学习泰语了,以后我有时间会来帮助你补习泰语的。

学生 C:现在我有点忙,明天可以吗?

学生 D:我有(删去"有")很忙,改天吧。

学生 E:很抱歉,最近我很忙。如果我有时(间),我就马上告诉你。

学生 F:我也想帮助你,可是我现在很忙。学习工作很难让我有时间,真的对不起哦!

——对别人求助的谢绝也是要讲究婉转迂回的,6 位受试者的应答基本上做到了这一点,所以都是可以接受的。但 D 和 E 在词语使用上出了问题。

⑤你的中国朋友想向你借钱,但是你和他(她)不熟,不想借给他(她),你会怎么说?

学生 A:真对不起啊! 我最近也需要用很多钱,请你一定理解我呢!

学生 B:最近我的经济情况很拮据,没有钱能借给你,对不起啊!

学生 C:对不起啊,我现在也不太有钱。

学生 D:对不起啊,我没有钱。

学生 E:对不起,最近我也没有很多钱。

学生 F:我也想借给你,可是我也要用这笔钱,所以不可以借给你,对不起。

——谢绝熟人或朋友的经济求助,一般要把握好一个"度",即不得罪人,因而往往通过说明无法帮助的理由来让对方明白自己的意思。D 使用的语言过于直截了当,因而显得有些生硬,其他 5 位的语言应该都是较为合适的。

⑥有人夸你汉语学得很好,人又很善良,你会怎样说?

学生 A:哪里的话呢? 别人的汉语水平比我的更好呢!

学生 B:谢谢你的夸奖,我还要继续努力。

学生 C:哪里哪里!

学生 D:哪里哪里!

学生 E:哪里哪里!

学生 F:你太善良了,我知道我的汉字是马马虎虎,可是你这样说真让我高兴,谢谢。

——对于他人对自己的夸奖,一般是要表现出自己的谦虚,所以6位受试者的应答都是可以接受的,不过 B 和 F 明显地受到西方应对夸赞方式的影响,有中西结合的成分(接受夸赞后再谦虚一番),C、D、E 则使用了程式化的套语。

⑦你见了熟人的孩子,你一般会说点什么?

学生 A:你好! 你吃饭了吗?

学生 B:这孩子真可爱啊!

学生 C:小朋友你好!

学生 D:小朋友你好!

学生 E:你妈妈好吗?

学生 F:你好! 你记得我吗? 我是你爸爸妈妈的朋友,你爸妈他们怎么样了?

——见了熟人的孩子,我们一般是夸赞一番并表示亲热和关心,B 和 E 的应答就较为合适,F 稍显正式和刻板,C、D 显得过于生分,而 A 只有放在饭点时才可能是比较合适的。

⑧别人在新年送了你一件礼物,你接受了礼物,然后说些什么?

学生 A:我真的对你感谢啊! 我也祝你万事如意呢。

学生 B:新年好! 谢谢你的礼物,祝你新年快乐,万事如意!

学生 C:谢谢你哦!

学生 D:谢谢! 祝你新年快乐。

学生 E:谢谢你!

学生 F:谢谢你,其实你来见我,我就很高兴了。也祝你新年快乐啊!

——新年送人礼物,一定是表达自己的谢意和祝福,所以在接受礼物时,首先得感谢人家的好意,然后也祝人家新年快乐。于是 A、B、D、F 就较为得体,而 C、E 仅仅是感谢,而且用的是套话,显得不够真诚。

⑨你在大街上撞上了一个人,你会对他(她)说些什么?

学生 A:真对不起啊! 你怎么了? 最好先跟我一起去医院看医生吧!

学生 B:对不起啊! 请原谅。

学生 C:不好意思!

学生 D:太不好意思了!

学生 E:对不起,你怎么样? 你受伤(了)吗?

学生 F:真的对不起,是我没(不)小心,你还好吗?

——无意之间冒犯了别人,总是先要真诚地道歉,进而表示出自己的关心。因而 A、E、F 是较为得体的,B、C、D 在一般情况(只是轻微接触)下也可以接受,但 C、D 显得有点敷衍了事。

⑩商场里,别人踩了你的脚,赶紧向你道歉。这时你会怎么说(做)?

学生 A:没关系! 请你不用担心呢。

学生 B:没关系,没关系!

学生 C:没关系啊!

学生 D:没事的。

学生 E:没关系,没关系。

学生 F:向他笑一笑表示没关系,也对他说没关系。

——他人无意间冒犯了你但没有造成大的伤害,对于他的道歉,我们一般是表示接受并淡而化之,因而 6 位受试者的应答都可以接受,F 最为得体,不仅使用了言语的手段,而且使用了形体语言手段,A 则显得过于正式。

从 6 位受试学生在第二、三两个部分里的选择和应答上看,她们在一般日常的语用情境中所表现的汉语应用能力还是比较强的。在第二部分,6 位被试在 13 个题目中的应答都是合适或者可以接受的,全部正确率达到 32.5%。平均的正确率也达到 72.5%。出现的问题集中在诸如婉转迂回、夸赞和感谢、称呼人、表示关心等一些策略和适合于特定情境的得体语言表达方面。在第三部分,虽然 6 位受试都能够作出回应,但使用的语言形式要么不够得体,要么准确性不足。从总体上看,她们在汉语文化语用方面还有进一步提高的余地,相应的语用训练对她们来说是必要的。

2. 孔敬大学（Khon Kaen University，KKU）

孔敬大学的调查在国家汉办公派教师胡燕女士①的一个教学班上进行。该班共有 11 名学生，我们给每一个学生都发出了纸质的调查问卷，最终收回 11 份，全部有效，有效比例为 100%。从"个人资料"上看，11 名学生中，有 7 位是华裔，4 位为非华裔，母语全部为泰语，都是中文专业的大三学生，10 位是女性，1 位男性，都认为自己具有中级的汉语水平（任课教师对此也表示认可），学习汉语的时间都是 3 到 4 年。

（1）问卷第一部分（汉语语义系统中的文化因素）

11 位受试学生对该部分的选择回答情况如下：

受试	学生 A	学生 B	学生 C	学生 D	学生 E	学生 F
正确数	21	16	20	18	19	19
正确率	70%	53.3%	66.7%	60%	63.3%	63.3%
排名	1	9	2	6	4	4
受试	学生 G	学生 H	学生 I	学生 J	学生 K	平均
正确数	21	9	17	17	16	17.55
正确率	70%	30%	56.7%	56.7%	53.3%	58.5%
排名	1	11	7	7	9	

所有受试学生的正确率都不高，最高的也只是 70%，最低的（学生 H）仅为 30%（只答对 9 个题目），但已经学了 4 年的汉语。看来，对文化词语的掌握并不与学习时间的长短成正比。

30 个题目的回答情况和答对比例如下：

题目	1	2	3	4	5	6	7	8	9	10
答对数	6	4	3	7	8	10	2	6	11	7
比例	54.5%	36.4%	27.3%	63.6%	72.7%	90.9%	18.2%	54.5%	100%	63.6%
题目	11	12	13	14	15	16	17	18	19	20
答对数	5	2	10	9	7	9	2	6	5	9

---

① 胡老师的任期是 2010 年 11 月—2011 年 10 月，本调查是在 2010 年 12 月进行的。

续表

比例	45.5%	18.2%	90.9%	81.8%	63.6%	81.8%	18.2%	54.4%	45.5%	81.8%
题目	21	22	23	24	25	26	27	28	29	30
答对数	6	3	6	5	10	7	9	7	7	10
比例	54.5%	27.3%	54.5%	45.5%	90.9%	63.6%	81.8%	63.6%	63.6%	90.9%

正确率在三分之二以上(8 位以上选择了准确答案)的题目有 10 个,占总数的 33.3%。9 个题目的正确率在 50% 及以下,占总数的 30%。错误率最高的 3 个题目为 7、12、17——仅有两位选择了正确的答案。

从总体上看,11 位受试学生在汉语词语引申义与比喻义的理解和把握上还存在着一些问题。无论是从平均正确率(58.5%),还是从完全准确率(3.3%)上,都可以看出他们的不足。

(2)问卷第二部分(汉语语用系统中的文化因素)

11 位受试学生①对该部分的选择回答情况如下:

受试	学生 A	学生 B	学生 C	学生 D	学生 E	学生 F
正确数	32	26	28	27	35	29
正确率	80%	65%	70%	67.5%	87.5%	72.5%
排名	2	8	5	7	1	4
受试	学生 G	学生 H	学生 I	学生 J	学生 K	平均
正确数	25	23	32	28	24	28.1
正确率	62.5%	57.5%	80%	70%	60%	70.2%
排名	9	11	2	5	10	

11 位受试学生都选择了合适答案的题目有 4 个,占总数的 10%,10 位选择了合适答案的题目有 7 个。二者相加为 11 个题目,占总数的 27.5%。7 位以上(即 63.6% 的概率)选择了合适答案的题目有 30 个,占总数的 75%。6 位及 6 位以下选择了合适答案的题目有 10 个,占总数的 25%。

---

① 孔敬大学的 11 位学生:皮诺依、布拉东(男)、拉塔娜、诺伊、托沙娜、西哈娜、斯里差依、陈淑慧、陈敏仪、维基和尼米娜。为叙述简便,文中以英文字母 A—K 代表。

40 个题目的应答情况和合适比例如下表：

题目	1	2	3	4	5	6	7	8	9	10
答对数	3	3	8	7	7	4	8	2	8	9
比例	27.3%	27.3%	72.7%	63.6%	63.6%	36.4%	72.7%	18.2%	72.7%	81.8%
题目	11	12	13	14	15	16	17	18	19	20
答对数	9	4+7	3+5	0	11	10	9	1	10	4+1
比率	81.8%	100%	72.7%	0%	100%	90.9%	81.9%	9%	90.9%	45.5%
题目	21	22	23	24	25	26	27	28	29	30
答对数	7	4+2	5+6	6+4	6+1	9	8	10	7	9
比例	63.6%	54.5%	100%	90.9%	63.6%	81.8%	72.7%	90.9%	63.6%	81.8%
题目	31	32	33	34	35	36	37	38	39	40
答对数	8	9	11	5	8	7	10	8	5+5	4+8
比例	72.7%	81.8%	100%	45.5%	72.7%	63.6%	90.9%	72.7%	90.9%	90.9%

正确率在三分之二以上的有 25 个题目,占总数的 60.25%。8 个题目的正确率在 50%及以下,占 20%。错误率最高的 5 个题目为 1、2、8、18 和 14,涉及的语用策略和场合:婉转迂回(评说残疾人)、避凶趋吉、夸赞上级、婉转或直接(提出意见)。第 18 题,即"对老板的帮助表示佩服(与感谢)",仅有学生 H 选择了合适的用语:"老板就是老板!"第 14 题,即"听不懂老师讲的课",没有一位学生选择"装懂,课后再以实情相告"或者"保持沉默"。

(3)问卷第三部分(汉语语用系统中的文化因素)

11 位受试学生对该部分所设情境的应答情况如下:

①你想邀请一个中国女孩子去看电影,你会怎么做(说)?

学生 A:和我一起去看电影,好吗?

学生 B:小孩子,跟我去玩儿吧!

学生 C:我们一起去看电影吗?

学生 D:不好意思,我想请你跟我一起去看电影,你应该没有问题吧!

学生 E:明天晚上有空吗? 我想跟你去看电影。

学生 F:这部电影很好看,你跟我一起去看吗?

学生 G:现在有新的一部电影,我想请你跟我一起去(看)。

学生 H:今天有空吗? 我有一部直(值)得看的电影,想请你一起看。

学生 I:这个周末我们一起去看电影吧!

学生 J:今天你有空吗? 有时间跟我一起去看电影吗?

学生 K:今天有空吗? 跟我一起去看电影吧?

——向人发出邀请,一般都讲究客气,所以往往使用询问、征求意见的言语形式。于是,10 位受试者使用的语句都较为合适,但 B 的语言不仅不合适,而且有轻浮之嫌,可能招致对方的反感和抗议。

②你想邀请你的中国朋友去你家吃晚饭,你会怎么做(说)?

学生 A:明天我要做意大利面,你到我家一起吃吧。

学生 B:今天请到我家吃晚饭。

学生 C:今天去我家吃饭吧。

学生 D:我想请你来我家吃晚饭。你一定要来啊。

学生 E:如果你有空,我想请你去我家吃饭。

学生 F:今天你有没有空啊? 如果有的话,到我家吃顿饭。

学生 G:今天晚上妈妈要特做一顿晚饭,请你来尝尝泰国口味。

学生 H:今天晚上你(删"你")有人跟你一起吃晚饭吗? 如果没有,我想请你去我家去吃晚饭。可以吗?

学生 I:今天我家举行聚会,你一定要来啊!

学生 J:今天我想请你去我家吃饭,你有空吗?

学生 K:今天晚上请你去我家吃饭,你一定要来啊!

——正式请朋友到家里做客,一般可以说出理由然后询问意见或者叮嘱一番,在言语使用上往往倾向于中性。11 位受试者发出的邀请都还可以接受,但 B 稍显简慢和随意,C 则显得过于直接,缺乏铺垫。

③你的中国朋友想请你明天晚上去他家做客,但是你没有时间,你会怎么说?

学生 A:不好意思,我明天有事情,下次吧。

学生 B:真不好意思,我有急事。

学生 C:改天吧,明天我不(没)空。

学生 D:真不好意思,我明天晚上没空。再(下)次吧!

学生 E:谢谢,但我真的有事,不好意思。

学生 F:不好意思,我现在太忙了,一(以)后再说。

学生 G:不好意思,我明天真的没空,谢谢你的邀请啊!

学生 H:我(删"我")真不好意思,明天我很忙了(删"了"),没有时间跟你去。

学生 I:真不好意思啊! 明天晚上我有事。

学生 J:真不好意思,明天我有重要的事情要做。

学生 K:真不好意思,明天我要(没?)空,不能去。

——谢绝别人发出的邀请,一般要尽量迂回婉转,所以 11 位受试者的应答都可以接受,较为合适的是 A、D、E、F、G、H、I 和 J。值得注意的是,除了 C 而外,她(他)们几乎都使用了"不好意思"的程式化语句。

④有人请你帮助她学习泰语,但是你没有时间,你会怎样对他(她)说?

学生 A:不好意思,我最近很忙,如果我有空,再和你联系吧。

学生 B:真不好意思,最近很忙。

学生 C:不好意思,我真的没时间。

学生 D:我不是不想帮你,是我现在还没有时间的(删"的")。真不好意思。

学生 E:我很想帮你,但的确没有时间,真不好意思。

学生 F:不好意思啊,我没有时间,但是如果有问题,随时问我。

学生 G:我想帮你啊! 但是我最近没空,以后再约时间吧。

学生 H:现在我很忙了(删"了"),真不好意思,后天才能帮助你。

学生 I:真不好意思啊! 最近我很忙,如果你有问题可以跟我商量。

学生 J:真不好意思,最近我的老师给了我(给我布置了)很多作业。

学生 K:最近我很忙,可是如果你想知道什么,可以给我打电话。

——对别人求助的谢绝也要讲究迂回和婉转,11 位受试者的应答基本上都做到了这一点,所以是可以接受的。相比之下 A、F、G、H、I 和 K 更为得体。其他几位也主要使用了套话"不好意思"。

⑤你的中国朋友想向你借钱,但是你和他(她)不熟,不想借给他(她),你会怎么说?

学生 A:我自己也没有啊!

学生 B:真不好意思,我现在也没钱。

学生 C:真对不起,我也没钱。

学生 D:(空缺)

学生 E:最近我的钱也不够用,真不好意思。

学生 F:不好意思,我没带那么多的钱。

学生 G:我没有钱。

学生 H:每个月我父母给我一点钱,有很多事情要花钱。

学生 I:真不好意思。这个星期我花完了。

学生 J:今天我拿钱来一点(只拿了一点钱),不能给你借(借给你)钱。

学生 K:真不好意思,现在我也有不多钱(只有一点钱)给你借(借给你)。

——谢绝熟人或朋友的经济求助,一般要通过说明无法借给的理由来让对方明白自己的意思。A、G 都太直截了当而显得生硬和唐突,D 可能是不知道或者不愿作答,其他 8 位使用的语言应该是比较合适的。

⑥有人夸你汉语学得很好,人又很善良,你会怎样说?

学生 A:你过奖了。

学生 B:不敢当!

学生 C:你夸奖了。

学生 D:哪里! 哪里!

学生 E:哪里! 哪里!

学生 F:哪里啊! 你过奖了。

学生 G:哪里哪里!

学生 H:哪里哪里! 你过讲(奖)了。我的汉语不是那么好。

学生 I:哪里哪里! 你过奖了。

学生 J:哪里,哪里!

学生 K:哪里好啊! 我还要多多练习。

——国人对来自他人的夸奖,一般是用谦虚和辞让的态度来对待,所以 11 位受试者的应答都是比较合适的,H 和 K 尤其得体。但是,他们几乎都使用了固定的客套话:哪里哪里! 不敢当! 你过奖了。

⑦你见了熟人的孩子,你一般会说点什么?

学生 A:你真可爱。

学生 B:这不是孩子的自然。

学生 C:你要去哪儿,你妈呢?

学生 D:(空缺)

学生 E:哇,你的孩子真可爱。

学生 F:哇,这个孩子好可爱啊!

学生 G:你好!

学生 H:你好,从那(哪)里来?

学生 I:小孩子,你在做什么? 你妈妈呢?

学生 J:这个孩子很可爱。

学生 K:他(她)很可爱。

——国人见了熟人的孩子总会夸赞一番并表示亲热和关心。C 的问话于是比较得体,A、E、F 和 G 也可以接受,其余的都不太合适。B 使用的话语不知所云,而 D 又一次出现空缺,是不知道? 还是不愿回答?

⑧别人在新年送了你一件礼物,你接受了礼物,然后说些什么?

学生 A:谢谢你!

学生 B:我对你的心意表示由衷的感谢。

学生 C:谢谢! 祝你新年快乐。

学生 D:谢谢你送给我的这件新年礼物。

学生 E:谢谢你!

学生 F:谢谢你!

学生 G:多谢你啊!

学生 H:谢谢你!

学生 I:谢谢你!

学生 J:谢谢!

学生 K:谢谢你! 祝你新年快乐,祝你身体健康!

——在新年接受别人的礼物,国人往往是先感谢人家的好意,然后回赠以新年祝福。于是,C 和 K 就最为得体,B 和 D 也较为合适,其他均可接受,但仅是"谢谢你"或者"多谢了"还是多少有敷衍之嫌。

⑨你在大街上撞上了一个人,你会对他(她)说些什么?

学生 A:不好意思。

学生 B:不好意思!

学生 C:(空缺)

学生 D:(空缺)

学生 E:对不起。

学生 F:对不起。

学生 G:不好意思啊!

学生 H:对不起!

学生 I:不好意思!

学生 J:对不起!

学生 K:真对不起,我不(是)故意(的)!

　　——无意间冒犯了别人,有教养的国人总会先表示歉意,再加上一点解释,K 在这儿就显得比较得体。C 和 D 都空缺,估计是不知道。其余的应答在一般情况下倒都可以接受,但使用的都只是固定的套话,缺乏足够的诚意。

　　⑩商场里,别人踩了你的脚,赶紧向你道歉。这是你会这么说(做)?

学生 A:没关系!

学生 B:没关系!

学生 C:没关系。

学生 D:(空缺)

学生 E:没事儿。

学生 F:没事儿。

学生 G:没事!

学生 H:没关系!

学生 I:没事儿,没事儿!

学生 J:没关系。

学生 K:没关系吧!

　　——国人对于来自别人的道歉一般是表示接受并淡化处理,所以 11 位受试者的应答都是合适的,套话的使用也是比较得体的。D 的回答又一次空缺。

　　从 11 位受试学生在第二、第三两个部分里的选择和应答上看,他们还是基本上具备了在一般日常性的语用情境中合适、得体使用汉语的能力。在第二部分,三分之二的学生为 25 个题目选择了合适的应答和解决办法,正确率达到60.25%。一半以上的受试者对 8 个题目作出了错误的选择,错误率为 20%。错误率最高的 5 个题目涉及婉转迂回(评论残疾人)、避凶趋吉、夸赞上级、婉转或直接等汉语话语规则或者策略。在第三部分,除了学生 D 出现 4 次空缺和 B 对第 1 题使用了极不得体的语言又在第 7 题使用了不知所云的语句而外,所有受试的语言表现都算是可以接受的。值得注意的有两点:(1)有时候、有些学生还未能达到合适得体的水平,他们使用的话语要么不够婉转因而显得简慢,要么过于直截了当、缺乏一定的铺垫因而显得生硬、不自然;(2)在很多的情形中,相当部分的学生都使用了程式化的固定客套话语,如"不好意思"、"谢谢了"、"对不起"、"没关系"(没事)、"哪里哪里"、"过奖了"、"你客气了",虽然没有回答错,但多少会给人一种敷衍的感觉。由此可见,他们在汉语语用规则的掌握和汉语语用策略的使用上还是有较大的提升空间。结合课堂教学进行综合的语言讲练和专门的语用训练,不仅有必要,甚至是必需的。

3. 碧武里皇家大学(Phetchaburi Rajabhat University,PBRU)

碧武里皇家大学的调查放在国家汉办公派教师张晓宁女士①的一个教学班上。原计划在大三进行,但因该班提前结课而临时放在了大二的班上。该班总共 8 位学生,6 位女生,2 位男生。我们给每一个学生都发出了电子版的问卷,收回有效问卷 5 份,有效比例为 62.5%。从"个人资料"上看,5 位受试学生中,2 位是华裔,3 位非华裔,母语全部为泰语,都是中文专业的学生,都承认自己的汉语水平属于初级(其中的一位可能已达到中级水平),学习汉语的时间都是 2 年左右。他们在汉字书写上还有困难,所以只完成了问卷的一、二部分。

(1)问卷第一部分(汉语语义系统中的文化因素)

5 位受试学生②对该部分的选择回答情况如下:

受试	学生 A	学生 B	学生 C	学生 D	学生 E	平均
正确数	9	13	10	15	22	13.8
正确率	30%	43.3%	33.3%	50%	73.3%	46%
排名	5	3	4	2	1	

四位学生的正确率都在 50% 及以下,仅有一位(E)的回答达到及格水平。

---

① 张老师的任期是 2010 年 11 月—2011 年 10 月,本调查是在 2010 年 12 月进行的。
② 碧武里皇家大学的 5 位学生:桑安诺(男)、差猜(男)、诺伊、波恩妮和哈尼塔。为叙述简便,文中以英文字母 A、B、C、D、E 代表。

对汉语词语文化蕴含的掌握明显不足,这是因为其汉语学习时间太短? 还是接受的训练不足? 抑或答卷的态度不够认真? 或许三种原因都有,但现有汉语语言水平极有可能是主要的原因。

30 个题目的应答情况和合适比率如下:

题目	1	2	3	4	5	6	7	8	9	10
答对数	1	3	2	4	1	1	0	1	2	2
比率	20%	60%	40%	80%	20%	20%	0%	20%	40%	40%
题目	11	12	13	14	15	16	17	18	19	20
答对数	2	1	2	3	3	3	3	3	3	3
比率	40%	20%	40%	60%	60%	60%	60%	60%	60%	60%
题目	21	22	23	24	25	26	27	28	29	30
答对数	2	1	4	2	3	3	3	0	3	3
比率	40%	20%	80%	40%	60%	60%	60%	0%	60%	60%

正确率在 60% 以上的题目有 15 个,占总数的 50%,15 个题目的正确率都在 50% 及以下。错误率最高(无一位答对)的题目:7 和 28,其次(仅一位答对)为:1、5、6、8、12 和 22 六个题目,涉及的词语:见周公、蚂蚁上树和花蝴蝶、仙女、杨贵妃(身材)、女张飞、阿 Q、四面楚歌。

总的来看,碧武里皇家大学 5 位受试学生在汉语词语引申义与比喻义的理解和掌握上都比较差:无论是从平均正确率(50%),还是从完全正确率(0)上看,都远远低于朱拉隆功和孔敬大学的受试学生。

(2)问卷第二部分(汉语语用系统中的文化因素)

6 位受试学生对该部分的选择回答情况如下:

受试	学生 A	学生 B	学生 C	学生 D	学生 E	平均
正确数	18	22	21	24	27	22.4
正确率	45%	55%	52.5%	60%	67.5%	56%
排名	5	3	4	2	1	

5 位学生全部选择了合适答案的题目有 7 个,占总数的 17.5%。3 位或 4 位

受试者选择了合适答案的题目有 15 个,占 37.5%。二者相加为 22 个,占总数的 55%。两位受试者选择了合适答案的题目有 8 个,一位受试者选择了合适答案的题目有 4 个,全部选择了不合适答案的题目有 6 个,三者相加共 18 个题目,占 45%。错误率最高的题目有 10 个,涉及的语用策略和场合为:含蓄与委婉、避凶趋吉、称呼和套近乎。

40 个题目的应答情况和合适比例如下:

题目	1	2	3	4	5	6	7	8	9	10
答对数	0	0	4	1	0	0	3	0	2	3
比例	0%	0%	80%	20%	0%	0%	60%	0%	40%	60%
题目	11	12	13	14	15	16	17	18	19	**20**
答对数	2	3	4	3	1	2	3	4	3	5
比例	40%	60%	80%	60%	20%	20%	60%	80%	60%	100%
题目	21	22	**23**	**24**	25	26	27	28	29	30
答对数	3	3+1	3+2	5	3+1	4	3	3	2	1
比例	60%	80%	100%	100%	80%	80%	60%	60%	40%	20%
题目	31	32	**33**	34	35	36	**37**	38	**39**	**40**
答对数	2	2	5	0	2	2	4+1	1	2+3	3+2
比率	40%	40%	100%	0%	40%	40%	100%	20%	100%	100%

(五分之三的多数)正、误比例为 55% ∶ 45%。全部回答正确的题目有 7 个,涉及的语用策略和场合:应对别人的夸赞、见面打招呼和询问年龄或隐私。全部回答错误的题目有 6 个,涉及的语用策略和场合:含蓄与委婉、避凶趋吉、称呼和套近乎。

从碧武里皇家大学 5 位受试学生的问卷表现上看,他们无论是在对汉语词语引申义、比喻义的理解和掌握上,还是在语用场合与语用策略的把握上都存在着严重的缺陷和不足。从"教师问卷"反馈的信息得知,他们基本上未接受过专门的针对性训练和学习,也许在日常教学之中也很少有对汉语"文化词语"的讲解和练习,这应该是造成学生缺陷与不足的主要原因。看来,在今后的教与学之中,都必须在这些方面多下功夫。

第二节　汉语策略能力调查

一、研究理据

卡奈尔与斯维恩"语言交际能力"中的"策略能力"成分,只包含了"交际策略",亦即"为弥补交际中出现的'短路'(break-down)情况而采用的言语的和非言语的策略"。后来的研究发现,第二语言学习者除了"交际策略"而外,还使用着其他一些与语言使用有关的策略和多种与语言学习相关的策略。"语言使用策略"(language use strategy)和"语言学习策略"(language learning strategy)一起构成所谓的"学习者策略"(learner strategy),即"学习者有意识地选择行为程序,通过对语言信息的储存、回忆、提取和应用等形式而采取用以促进外语(二语)的学习和使用的行动"。① 也就是学习者为提高第二语言学习和使用的效率而有意选择、采取的那些观念和行动。语言学习策略是学习者为了改善对目的语的了解和理解而使用的观念和行为,包括认知策略(用以记忆和操控目的语的结构)、元认知策略(用以管理和监控策略的使用)、情感策略(用以测控学习上的情感反应、降低焦虑水平)和社交策略(诸如与人合作、寻求与本族语使用者交流的机会)等。一旦获得灵活有效地运用这些策略方法的能力,学习者就更可能圆满完成其语言学习任务,并表现某种独特的学习方式,其学习过程也就更加快捷而且充满乐趣。完成一定语言学习任务、获得一定语言材料之后,学习者开始模拟或进行真实的语言交流活动,他所掌控的语言使用策略也就开始发挥作用。语言使用策略包括检索策略(从记忆储存中提取信息)、演练策略(对目的语结构进行演练)、掩饰策略(在语言课堂上或语言运用过程中掩饰自己)和交际策略(在目的语知识不足的情形下进行交际)等。使用这些策略有助于语言交际活动的顺畅进行和交际者意图的最终实现。

---

① Cohen.Andrew D.,*Strategies in Learning and Using Second Langauge*.Beijing:Foreign Language Teaching and Research Press,2008:4.

对学习者策略进行科学分类,有助于我们对策略进行系统的研究分析。然而,依据的标准不同,分类的结果会大相径庭。较为通行的分类有 4 种:(1)欧麦雷与查莫特(O'Malley & Chamot,1990)的"三分法",即元认知策略、认知策略和社会/情感策略;(2)奥克斯福德(Rebacca Oxford,1990)的"两分法",即直接策略和间接策略;(3)科很(Andrew D.Cohen,1988)的"两分法",即语言学习策略和语言使用策略;(4)文秋芳依据斯基汗(Skehan,1989)的主要观点而提出的"两分法",即管理策略和语言学习策略。本书采取兼收并蓄的态度,即在理论表述上借用科很的"两分法",在问卷中借用奥克斯福德的"两分法"。

奥克斯福德把第二语言学习中使用的策略界定为"学习者为了使语言学习更加便捷、更加愉快、更加自主、更加有效、更加容易迁移至新的情景而采取的具体行动"。① 并将其分解为两大类和六小类。第一大类为直接策略,即策略的使用与所学习的语言本身直接关联,包括记忆策略、认知策略和补偿策略。记忆策略用于记忆和检索新信息,如:创设心理关联(分类组群;联想或细化;将生词置于语境之中)、运用形象和声音(使用形象;语义地图;使用关键词;利用声音)、充分复习(有结构、有层次的复习)、利用动作(使用身体反应动作;使用机械手段)。认知策略用以理解和产出语言,如:练习实践(多次重复;语音文字的形式操练;识别和使用程式化语句或句型;重新整理或梳理;在自然条件下练习)、接收与发送信息(快捷领会意思;使用有效资源)、分析推理(演绎推理;语言对比分析;翻译;迁移)、为输入输出创设结构(记笔记;总结归纳;整理要点)。补偿策略用以克服语言欠缺而来使用语言,如:机智猜测(使用语言线索;使用其他线索)、克服说与写的局限(转换到其他语言;寻求帮助;使用模拟和手势;部分或完全回避交际;选择话题;调整或趋近信息;新创词语;使用迂回方法或同义词语)。第二类是间接策略,即管理学习的普遍方法,包括元认知策略、情感策略和社交策略。元认知策略用以协调学习过程,如:聚焦于学习(总体观照,将新旧知识联系起来;集中注意力;不急于发言而是注意倾听)、计划安排(了解语言

---

① Cohen. Andrew D. "*Strategies in Learning and Using Second Langauge*". Beijing:Foreign Language Teaching and Research Press,2008:152.原文为:*specific actions taken by the learner to make learning easier,faster,more enjoyable,more self-directed,more effective,and more transferable to new situations.*

学习知识;组织计划;设定目标;弄清语言任务的目的;计划语言任务;寻求练习机会)和学习评估(自我监控;自我评估)。情感策略,即对学习过程中的情感进行调适,如:降低焦虑水平(使用逐渐放松方法、深呼吸或打坐默想;使用音乐;借助笑声)、自我鼓励(积极的态度;明智地冒险;犒劳自己)和监控自己的情感指标(聆听身体;使用检查表;作语言学习日记;向人倾诉自己的情感)。社交策略,即与人来协作学习语言,如:提问(请对方澄清或确认;请人给自己纠错)、与人合作(与人合作;寻求学习好的同伴)和移情(培养文化理解;了解别人的思想情感)。有的策略主要用在语言学习的过程中,有的多用于语言使用的过程中,有的则可能在学习与使用的过程中都会用到,但无论如何,学习者策略的有效使用,都会使语言的学习和使用更加地快捷和顺畅。

二、调查问卷

针对泰国学生的"汉语学习者策略使用情况调查"包括两大部分:个人资料和调查问卷。"个人资料"包括受试学生的汉语学习基本情况,涉及学生所在的学校、专业、性别、年龄、学习汉语的时间、现有的汉语水平、自己在班级中的相对水平层次以及在听、说、读、写4种言语技能上的水平排序。"调查问卷"包括60个题目,直接策略和间接策略各占30个题目,每10个题目对应于其中的一个小类,即:1—30题针对的是直接策略,其中,1—10题对应于记忆策略,11—20题对应于认知策略,21—30题对应于补偿策略;31—60题针对的是间接策略,其中,31—40题对应于元认知策略,41—50题对应于情感策略,51—60题对应于社交策略。所有的题目都采用了"里克特五度量表"(Likert scale)的呈现形式,即:先出现一个关于某种汉语学习或汉语使用策略方法的具体论述,然后在其后列出5个认同度的等级(1、2、3、4、5),分别代表由低往高的5种策略使用态度或行为频率,即:(1)我从来不这样做;(2)我很少这样做;(3)我有时候这样做;(4)我常常这样做;(5)我一直这样做。以中间值(3)为分界,(2)和(1)代表否定的态度,(4)和(5)代表肯定的态度。受试者须从中选出一个符合自己实际的量度。

"汉语学习者策略使用情况调查表"的详细内容,参见书后的"附录三"。

三、调查对象

"汉语学习者策略使用情况调查"与"汉语文化语用能力调查"同步进行,调查的对象也是泰王国3所大学的21位中文系学生。另外,乌隆他尼皇家大学的16位中文选修学生也参加了此项调查。中文专业的学生在汉语阅读方面没有大的问题,但为了确保题目意思的准确理解,所有的问卷题目及其说明都附上相应的英文翻译。乌隆他尼皇家大学的学生是商务英语专业的大三学生,汉语学习(选修)经历不足一个学期(即60个学时左右),能够识别的汉字不足40个,所以我们专门为其准备了附有英语和泰语两种译文的调查问卷。

四、调查分析

对"汉语学习者策略"使用情况的问卷结果,我们的分析处理分两个步骤来进行。首先,我们对4所不同学校受试学生返还回来的问卷分别进行独立的分析;然后,将4个部分的分析结果汇总,得出受试者对各类策略使用频率的高低排序,从而找出他们经常使用与很少使用的汉语学习和汉语使用策略,对其汉语学习过程中策略使用的总体情况进行一个大致的摸底。

对每个学校收回的有效问卷,我们采取两步分析法。第一步,将60个题目分成6个组别来加以分析,各组的10个题目对应于一类策略。先将每个受试者对各个题目的选择代码逐一列出,然后汇总得出每一个题目的总分值。分值在 $1n$—$5n$(n 代表受试者人数),分值越大该策略的使用频率就越高,分值越小该策略的使用频率就越低。把同组别10个题目的分值从高往低排列起来,即得出受试者对该类策略使用频率的总体情况:如果10个题目的分值分差小,那么受试者对这些策略的认同度就高;同一题目的选择量度都在3及3以上(即3、4、5),就说明这是受试者普遍认同的策略(方法),如果都在3以下(即1和2),则说明这是受试者很少采用的策略(方法)。同一题目的选择量度要么普遍高(4、5),要么普遍低(1、2),则说明这是受试者共同的态度或者做法;同一个题目既有高量度(4、5)又有低量度(1、2),则说明在该策略(方法)上面存在着个体的差异。

第二步,将每一组别10个题目的分值汇总,得出其总分值,将总分值除以

$10n$(n 为受试者人数),得出该组题目的平均分值。各组别的总分值和平均分值从高往低排列,即得出各个学校受试者对 6 小类策略的使用频率状况。又将直接策略部分(A、B、C 三组)和间接策略部分(D、E、F 三组)的总分值与平均分值计算出来。将二者进行比照即可发现受试者在两大类策略使用上的差异。每一组别中的 10 个具体技巧或者方法的使用频率在相应组别的分析中也已经排列出来,位居前三位的当是受试者经常使用的策略方法,位居后三位则为使用频率较低的策略方法。在个别的组别里,所有策略(方法)的使用频率可能会普遍较高或者普遍较低。

下面,我们先从来源学校的角度对收回的有效答卷进行分析。

1. 朱拉隆功大学

调查在向柠老师的教学班上进行。该班共有 12 名学生,每一个学生都收到电子版的问卷,最终收回有效问卷 6 份,有效比例为 50%。从"个人资料"上看,6 名学生都是中文专业的女生,年龄为 21—22 岁,都认为自己属于中级汉语水平,3 人认为自己在班级中属于一般水平,3 人认为自己属于比较好的水平。其中,两人学习汉语的时间为 2 年,4 人学习汉语的时间为 3—4 年。对汉语言语技能的掌握程度,出现了 3 种情况:(1)两人认为是听、读、写、说,即接受性技能强于产出性技能,听力最好,写作最差;(2)一人认为是读、听、写、说,一人认为是读、听、说、写,也是接受性技能强于产出性技能,阅读最好,写或说最差;(3)一人认为是说、听、读、写,一人认为是说、听、写、读,即口语能力强于书面能力,说话最好,读或写最差。可以看出,大部分受试学生认为自己的听或者读的能力较强,而写(汉字)的能力最差。

(1)"直接策略"部分(1—30 题)

①记忆策略(1—10)。

6 位受试学生所选量度都在 3 或者 3 以上的题目有 7 个:2、3、5、6、8、9、10,分值最高的是 5(27)。所选量度包含 3 以下的有 3 个题目:1、4、7,分值最低的是 4(12)。受试者对 10 种语言学习方法的认同度从高往低依次排列:5—10—9—6—2—3—8—1—7—4。她们在汉语学习过程中经常使用的记忆策略为:

1. 我学"大"字时,会同时记住"小"字

2. 我使用多读、多写的方法来记忆汉语词语

3. 我学"笑"这个词的时候,总是和开心的事情联系起来

很少使用的记忆策略有：

8. 我将汉语词语分门别类来记忆

9. 我听见"哗哗"的声音就记起了"河流"这个词

10. 我通过"成龙"这个人来记忆"中国功夫"这个词语

②认知策略（11—20）。

6 位受试学生所选量度都在 3 或者 3 以上的题目有 8 个：11、12、13、14、15、16、17、20，分值最高的是 12（29）。所选量度包含 3 以下的题目有 2 个：18、19，分值最低的是 19（19）。受试者对 10 种语言学习方法的认同度从高往低依次排列为：12—15—16—18—20—14—11—13—17—19。她们在汉语学习过程中经常使用的认知策略为：

1. 我把"你好""再见"当作见面和告别的固定用语记下来

2. 我经常使用词典等工具书

3. 我常借助情境和上下文猜测词义

较少使用的认知策略有：

8. 我经常跟中国老师用汉语交谈

9. 我在分析一句话的结构和意思后就能够掌握它的用法

10. 我主动地用拼音或汉字记笔记

③补偿策略（21—30 题）。

6 位受试学生所选量度都在 3 或者 3 以上的题目有 4 个：22、28、29、30，分值最高的是 22 和 30（23）。所选量度包含 3 以下的题目有 6 个：21、23、24、25、26、27，分值最低的是 26（7）。受试者对 10 种语言学习和使用方法的认同度从高往低依次排列为：22—30—29—28—21—23—25—24—27—26。她们在汉语学习和使用过程中经常使用的补偿策略为：

1. 学习中遇到困难，我会积极寻求帮助

2. 听不懂或不明白的时候，我会提问或请求对方重复

3. 我通过说话人的身体动作和表情猜出他的意思

很少使用的补偿策略有：

8. 词语不够用时，我就不用汉语，或者改变话题

9. 我有时会用"鸡生的蛋"来说"鸡蛋"

10. 我用"双轮车"来指称 bicycle

（2）"间接策略"部分（31—60题）

①元认知策略（31—40）。

6位受试学生所选量度都在3或者3以上的题目有9个：31、32、33、34、35、36、38、39，分值最高的是31（27）。所选量度包含3以下的题目只有1个：40，但得分仍为22，最低的是34（20）。看来，受试学生对管理、协调自己汉语学习的策略和方法的认同度普遍比较高，她们对10种语言学习管理方法的认同度从高往低依次排列为：31—32—35—33—38—39—36—37—40—34。她们在汉语学习过程中频繁使用的元认知策略为：

1.我总是在学新课之前预习课文

2.在学习中我能够集中注意力

3.我有明确的学习目标

相对较少使用的元认知策略有：

8.我为每个学习任务都做计划和准备

9.我注意了解自己在汉语学习中的进步与不足

10.我为自己制定汉语学习时间表

②情感策略（41—50）。

6位受试学生所选量度都在3或者3以上的题目有6个：42、44、45、46、49、50，分值最高的是42和50（28）。所选量度包含3以下的题目有4个：41、43、47、48，分值最低的是48（8）。最高分值与最低分值之间的分差达到20，说明受试者在情感策略使用上具有较高的一致性，且高频与低频之间泾渭分明。她们对10种情感管理、调适方法的认同度从高往低依次排列为：42—50—46—44—49—45—41—47—43—48。在汉语学习过程中经常使用的情感策略为：

1.我会听音乐或打游戏来自我放松

2.我认为学习汉语很有用，所以能够克服困难

3.如果我在学习中表现很好，我会奖励自己

很少使用的情感策略有：

8.学习遇到困难时，我通过运动来调整自己的情绪

9.遇到困难时，我一笑了之

10.我在日记里写我学习汉语的感受

③社交策略（51—60）。

6 位受试学生对 10 个题目的选择量度全部在 3 或者 3 以上,分值最高的是 56(27),分值最低的是 54 和 59(22),分差仅为 5。可以看出,受试者对本组策略的认同度普遍较高,对 10 种合作学习方法的认同度从高往低依次排列为:56—53—51—52—57—55—58—60—54—59。在汉语学习和使用过程中最为频繁使用的社交策略为:

1. 我们说 Sawadee 和中国人说"你好"作用是一样的

2. 我和别的同学一起学习,共享信息

3. 听不懂的时候,我会请他重复说明白

较少使用的社交策略有:

8. 我寻找双方都感兴趣的话题来交谈

9. 我经常跟汉语学得好的同学在一起学习和交流

10. 我常看中文影视节目,学习里面的说话方式

6 组策略使用的总分值与平均分值如下:

表 2　朱拉隆功大学 6 位受试者汉语策略使用情况

组别	A(1—10)	B(11—20)	C(21—30)	D(31—40)	E(41—50)	F(51—60)	A+B+C	D+E+F
总分值	210	191	170	237	221	242	571	700
平均分	3.5	3.18	2.8	3.95	3.68	4.03	3.17	3.89
排序	4	5	6	2	3	1	2	1

从表中看出,朱拉隆功大学 6 位受试者使用频率最高的是社交策略,其次是元认知策略、情感策略、记忆策略和认知策略,最低的是补偿策略。两大类策略的使用平均分值都超过了 3,说明受试者或多或少地都在使用这些策略,但间接策略的使用频率明显高于直接策略。只有补偿策略的平均分值低于 3,说明受试者总体上比较少地使用该类策略。

2. 孔敬大学

调查也是在胡燕老师的教学班上进行。该班共有 11 名学生,我们给每一个学生都发出了纸质的问卷,收回 11 份,其中 1 份不合要求(个别题目没有作出选择或者选择超过 1 个),有效问卷 10 份,有效比例为 90.9%。从"个人资料"上看,这 10 名学生都来自中文专业,9 位女生,1 位男生,年龄均为 21—22 岁,都认为具备中级汉语水平,2 人认为自己在班级中属于一般水平,7 人认为属于比较

好的水平,1人认为属于非常好的水平。受试学生学习汉语的时间均为3到4年,对汉语言语技能的掌握程度,表现为3种情况:(1)4人认为是说、听、读、写,一人认为是说、听、写、读,一人认为是听、说、读、写;(2)1人认为是读、听、写、说,(3)2人认为是读、说、听、写,一人认为是读、说、写、听。自认为说话能力最好的有5位,阅读能力最强的有4位,听力最好的有1位。认为自己写作能力最差的有7人,认为自己听、说或读的能力最差的各有1人。大部分的受试学生认为自己的说或读的能力最强,写的能力最差。这倒与任课老师对他们的评价基本吻合。

(1)"直接策略"部分(1—30题)

①记忆策略(1—10)。

10位受试者所选量度都在3或者3以上的题目仅有一个:10,分值最高的也是10(42)。仅包括1—2个量度不足3的有3个题目:3、5、9,分值最低的是4(19)。值得注意的有两点:一是除过最高分值的10和最低分值的4而外,其余8个题目几乎都包含至少一个最高分(5)和一个最低分(1),说明在本组策略的认同上存在较大的个体差异;二是9、6、5三个题目的总分值位列前四位,含有7个最高分或次高分(4)但同时又有1—2个最低分或次低分(2),说明在这三种记忆策略的使用上反差明显,也就是说,大部分学生经常使用这些记忆策略(方法),但也有一部分几乎从不使用。受试者对10种语言学习方法的认同度从高往低依次排列为:10—5—6—9—3—8—2—7—1—4。他们在汉语学习过程中经常使用的记忆策略为:

1. 我使用多读、多写的方法来记忆汉语词语

2. 我学"大"字时,会同时记住"小"字

3. 我使用主要词语来记忆语篇内容

较少使用到的记忆策略有:

8. 我听见"哗哗"的声音就记起了"河流"这个词

9. 我将汉语词语分门别类来记忆

10. 我通过"成龙"这个人来记忆"中国功夫"这个词语

②认知策略(11—20)。

10位受试者所选量度都在3或者3以上的题目有8个:11、12、13、14、15、17、18、20,分值最高的是12(46)。所选量度包含3以下的题目有两个:16、19,

分值最低的是 17(35)。有三点值得注意：一是 16 题的分值达到 40，包括了 4 个最高分(5)和 3 个次高分(4)，但同时包含有 1 个次低分(2)，说明在这一策略的使用上存在有个体差异；二是 17 题的分值都在 3 以上，说明该策略是受试者普遍采用的，但因为只有 1 个最高分和 3 个次高分，其余全为中间分(3)，所以成为该组中的最低分；三是最高分值与最低分值间的分差较小，说明受试者对本组的策略方法普遍地认同和采用。受试者对 10 种语言学习方法的认同度从高往低依次排列为：12—15—16—13—20—11—18—14—19—17。他们在汉语学习过程中最为频繁使用的认知策略为：

1. 我把"你好""再见"当作见面和告别的固定用语记下来

2. 我经常使用词典等工具书

3. 我常借助情境和上下文猜测词义

相对较少使用的认知策略有：

8. 我总能够抓住别人说话或文章的大意

9. 我主动地用拼音或汉字记笔记

10. 我在分析一句话的结构和意思后就能够掌握它的用法

(3)补偿策略(21—30 题)。

10 位受试者所选量度都在 3 或者 3 以上的题目有 3 个：22、28、29，分值最高的是 30(42)。其余 7 个题目都包含有 3 以下的量度，分值最低的是 26 和 27(14)。有两点值得注意：一是 30 题为最高分值，含有 5 个最高分和 3 个次高分，但同时含有 1 个次低分(2)，说明有个别学生从未使用该策略，存在个体差异；二是本组所有题目的得分都比较集中，高分值的前 4 个题目包含有 7—8 个最高分或次高分，最低分值的两个题目包含有 7—8 个最低分(1)，说明受试者对补偿策略的认同度高度一致。受试者对 10 种语言学习和使用方法的认同度从高往低依次排列为：30—22—21—28—29—23—24—25—27—26。他们在汉语学习和使用过程中最为频繁使用到的补偿策略为：

1. 听不懂或不明白的时候，我会提问或请求对方重复

2. 学习中遇到困难，我会积极寻求帮助

3. 我不知道某个词时，就用英语或泰语词语来替代

相对较少使用的补偿策略有：

8. 我用"大米面条"来代替"米线"

9. 我有时会用"鸡生的蛋"来说"鸡蛋"

10. 我用"双轮车"来指称 bicycle

(2)"间接策略"部分(31—60 题)

①元认知策略(31—40)。

10 位受试者所选量度都在 3 或者 3 以上的题目仅有两个:39 和 40,分值最高有 4 个题目:32、33、35 和 40(均为 41)。其余 8 个题目均含有 3 以下的量度,分值最低的是 34(27)。有两点值得注意:一是除过最低分值的 34 题而外,其余 9 个题的分值差距很小(34—41),说明学生对本组策略的认同度普遍比较高;二是最高分值的四个题目中有 3 个都含有 1 个次低分(2),说明在认同度比较一致的前提下存在着一定的个体差异。受试者对 10 种管理、协调语言学习方法的认同度从高往低依次排列:32—33—35—40—39—38—31—37—36—34。他们在汉语学习过程中经常使用的元认知策略为:

1. 在学习中我能够集中注意力

2. 我愿意听别人说,自己有把握时再开口说

3. 我有明确的学习目标

较少使用到的元认知策略有:

8. 我为每个学习任务都做计划和准备

9. 我对每一个学习任务的目的都有明确的认识

10. 我为自己制定汉语学习时间表

②情感策略(41—50)。

10 位受试者所选量度都在 3 或者 3 以上的题目有 3 个:42、44、45,分值最高的是 42 和 44 题(44)。其余的 7 个题目均含有 3 以下的量度,分值最低的是 48(21)。有两点值得注意:一是 49 和 50 题的分值都较高(42、38),但又都含有 1 个次低分(2),说明存在着个体的差异,有经常采用这两种方法的也有从不采用的;二是学生对本组策略的认同度普遍比较高,两个最高分值的题目(42、45)和 50 题均含有 5 个最高分,最低分值的 48 题仅含有 3 个中间分值,其余都是最低或者次低分。受试者对 10 种情感调适方法的认同度从高往低依次排列:42—45—50—44—49—46—41—43—47—48。他们在汉语学习和使用过程中最为频繁使用的情感策略为:

1. 我会听音乐或打游戏来自我放松

5位受试者所选量度都在3或者3以上的题目有5个:11、12、15、18、20,分值最高的是11和15(23)。所选量度包含3以下的题目有5个:13、14、16、17、19,分值最低的是17(10)。特别值得注意的是:总分值较高的前4个题目都包含了至少1个最高分(5),其余都是次高分(4),说明受试者对本组中使用率最高的策略和方法认识较为一致。受试者对10种语言学习方法的认同度从高往低依次排列为:11—15—12—18—20—16—14—13—19—17。他们在汉语学习过程中频繁使用到的认知策略为:

1. 我不断重复练习新学的生词或短语

2. 我经常使用词典等工具书

3. 我把"你好""再见"当作见面和告别的固定用语记下来

较少使用的认知策略有:

8. 我经常跟中国老师用汉语交谈

9. 我主动地用拼音或汉字记笔记

10. 我在分析一句话的结构和意思后就能够掌握它的用法

③补偿策略(21—30题)。

5位受试者所选量度都在3或者3以上的题目有5个:23、24、28、29、30,分值最高的是30(19)。所选量度包含3以下的题目也有5个:21、22、25、26、27,分值最低的是26(5)。有两点值得注意:一是没有1个题目包含有最高分,最高分值的30题也只是包含了4个次高分和一个中间分,说明受试者对本组策略或方法的使用频率都不高,没有一种是学生"一直"使用的;二是本组所有题目的得分明显较为集中,高分值的题目包含的是中间分或者次高分,低分值的题目包含的都是次低分和最低分,最低分值的26题全部都是最低分(1),说明受试者对补偿策略的认同度相当一致。受试者对10种语言学习和使用方法的认同度从高往低依次排列为:24—30—28—23—29—21—22—25—27—26。他们在汉语学习和使用过程中有时使用的补偿策略为:

1. 词语不够用时,我就不用汉语,或者改变话题

2. 听不懂或不明白的时候,我会提问或请求对方重复

3. 我能够通过前后语猜出一些词语的意思

几乎根本不使用的补偿策略有:

8. 我用"大米面条"来代替"米线"

9. 我有时会用"鸡生的蛋"来说"鸡蛋"

10. 我用"双轮车"来指称 bicycle

(2)"间接策略"部分(31—60题)

①元认知策略(31—40)。

5位受试者所选量度都在3或者3以上的题目有6个:31、32、33、35、39和40,分值最高的是35(24)。含有3以下量度的题目有4个:34、36、37、38,分值最低的是34(12)。有两点值得注意:一是高分值的所选量度得分相当集中,最高分的35题包含4个最高分和1个次高分,32、33和40题分值相同(20),32和40题的得分完全一致,5位受试者给出的量度都是4,说明学生对某一些策略的认同度很高而且一致;二是36、37题含有次高分、中间分,但同时含有1个次低分(2),也就是说其中一位很少使用该策略,说明在一些策略的使用上存在着个体差异。受试者对10种管理、协调语言学习方法的认同度从高往低依次排列为:35—32—33—40—36—39—31—37—38—34。他们在汉语学习过程中经常使用的元认知策略为:

1. 我有明确的学习目标

2. 在学习中我能够集中注意力

3. 我愿意听别人说,自己有把握时再开口说

相对较少使用的元认知策略有:

8. 我为每个学习任务都做计划和准备

9. 我努力创造和把握学习汉语的机会

10. 我为自己制定汉语学习时间表

②情感策略(41—50)。

5位受试者所选量度都在3或者3以上的题目有4个:42、44、46、50,分值最高的是42题(25)。其余的6个题目均含有3以下的量度,分值最低的是48题(5)。有两点特别值得注意:一是最高分值的5个得分均为最高分,最低分值的5个得分均为最低分,说明5位受试者都认为自己经常"听音乐或打游戏来自我放松"而从不"写日记记录自己的学习感受";二是中间分值的题目里所包含的各个得分趋向高度一致,如次低分值的43题包含4个次低分和1个最低分,47题包含4个中间分和1个次低分,说明学生对本组策略的认同度普遍比较高。受试者对10种情感调适方法的认同度从高往低依次排列为:42—44—46—50—

115

候"用到本组的那些策略；二是第 1、8 两个题目的总分值都比较高，但都含有最低分和次低分，说明受试者在这两种记忆策略的使用上存在着比较大的个体差异，事实上，他们在几乎所有的记忆策略（方法）上都存在着这种差异。受试者对 10 种语言学习方法的认同度从高往低依次排列为：10—7—6—8—9—1—5—4—3—2。他们在汉语学习过程中使用到的记忆策略有：

1. 我使用多读、多写的方法来记忆汉语词语

2. 我听见"哗哗"的声音就记起了"河流"这个词

3. 我使用主要词语来记忆语篇内容

几乎不使用的记忆策略有：

8. 我通过"成龙"这个人来记忆"中国功夫"这个词语

9. 我把汉语词语放在上下文中来记忆

10. 我通过联想来记忆汉语词语

②认知策略（11—20）。

16 位受试者所选量度都在 3 或者 3 以上的题目仅有 1 个：12，分值最高的也是 12（61）。所选量度包含至少 11 个 3 或者 3 以上（且不包含最低分 1）的题目有两个：17 和 20。其余的 7 个题目均包含至少 5 个最低分或者次低分（2），分值最低的是 13、14 和 15（41）。值得注意的有三点：一是第 12 题包含了 7 个中间分、8 个次高分和 1 个最高分，说明这是受试者普遍使用的认知策略，第 17 和 20 题也仅包含了 4—5 个次低分，说明也是比较普遍使用的策略；二是其他的 7 个题几乎都包含了所有的量度，而中间分（3）都几乎在 8 个（一半）以上，说明也是受试者使用的策略，但存在着较大的个体差异；三是由于只是初学者，尚不具备流畅的汉语交流能力，掌握的汉字又极其有限，所以"跟汉语老师交谈"、"使用工具书"和"抓文章大意"三种策略的使用频率最低。受试者对 10 种语言学习方法的认同度从高往低依次排列为：12—20—19—16—11—17—18—13—14—15。他们在汉语学习过程中使用到的认知策略为：

1. 我把"你好""再见"当作见面和告别的固定用语记下来

2. 我对所学习的内容复习、整理和归纳

3. 我主动地用拼音或汉字记笔记

几乎从不使用的认知策略有：

8. 我总能够抓住别人说话或文章的大意

9. 我经常跟中国老师用汉语交谈

10. 我经常使用词典等工具书

③补偿策略(21—30题)。

没有一个题目的所选量度都在3或者3以上,包含至少11个3或者3以上量度的题目有5个:21、23、27、29、30,分值最高的是21(59)。其余5个题目都包含有至少6个3以下的量度,分值最低的是26题(27)。有三点值得注意:一是最高分值的21题仅包含1个次低分,却有3个最高分,最低分仅包含2个中间分,却有7个最低分,说明受试者在"一直"使用的和"从未"使用的策略上面认同度比较高;二是中间的8个题目的得分都比较集中,而且差距不大(41—49),包含的3或者3以上量度的数目几乎都在一半左右,这从另一个方面说明,受试者在本组其他策略的使用上认同度也较高,虽然使用频率都不太高;三是由于受试者都是汉语初学者,教师的泰语也仅限于日常用语,师生间的交流主要靠英语和手势表情,所以受试者使用最为频繁的"补偿策略"(下列1—3)都与这种情况相关。受试者对10种语言学习和使用方法的认同度从高往低依次排列为:21—30—29—23—27—28—22—24—25—26。他们在汉语学习和使用过程中经常使用的补偿策略为:

1. 我不知道某个词时,就用英语或泰语词语来替代

2. 听不懂或不明白的时候,我会提问或请求对方重复

3. 我通过说话人的身体动作和表情猜出他的意思

较少使用到的补偿策略有:

8. 词语不够用时,我就不用汉语,或者改变话题

9. 我用"大米面条"来代替"米线"

10. 我用"双轮车"来指称 bicycle

(2)"间接策略"部分(31—60题)

①元认知策略(31—40)。

没有一个题目的所选量度都在3或者3以上,但包含至少11个3或以上量度的题目有9个,唯一的例外是最低分的38题(42)。最高分值有两个:35和40题(55),都只是包含了3—4个次低分(2),其他全是3或者3以上的量度,包括2—4个最高分。值得注意的有两点:一是最高分与最低分之间的分值差距小(42—55),即人均0.688,而且总共只出现了4个最低分(1),总分值在48(人均

语,基本上不具备使用汉语进行有效交流和沟通的能力。这应当是造成上述策略使用状况的主要原因。

第三节　综合评估与分析

东南亚是世界上华人最为集中的地区,这里的汉语教学历史比较久远,基础比较稳固,而且具有与众不同的特点:对相当多的学习者来说,汉语都具有文化认同或者文化认同与交际工具兼备的功能。东南亚地区的汉语教学因此而被称为"华语(文)教学"。在马来西亚、新加坡和印尼的部分地区,汉语教学具有文化认同和交际工具的双重功能,所以属于第一语言的华语教学。在越南、菲律宾、老挝和泰国,汉语教学一般只是发挥着交际工具的功能,因而当属于第二语言的华语教学。[①]

泰王国的汉语教学起源于素可泰王朝(Sukhothai,1257—1436 年),其后历经沉浮和波折。1992 年,泰国政府宣布民校可以自由教授汉语,泰国学习汉语的人数才开始有了明显的增长。2003 年,中、泰汉语教学志愿者项目开始实施,泰国的汉语教学由此掀开新的一页。截止到 2010 年底,派向泰国的志愿者已累计超过了 3300 人次,12 所孔子学院和 11 个孔子课堂也陆续在泰国设立。开设汉语课程的泰国大中小学已经超过 1600 所,学习汉语的学生人数也达到 64 万,汉语在泰国已经成为仅次于英语的第二大外语。[②] 汉语在泰国的迅速推广,对整个东南亚地区的国际汉语教学都起到了强大的推动和示范作用。

2010—2011 学年,作者与另外 3 位国内高校教师受国家汉办委派来到泰王国的曼谷(朱拉隆功)、孔敬、碧武里和乌隆他尼 4 所大学,承担为期一年的汉语教学任务。于是我们对泰国高校中文专业、中文选修的汉语教学情况有了切身的体认,并借此机会对泰国汉语学习者的汉语语言交际能力状况进行了调查。4 所学校分别位于泰中、泰南和泰东北,属泰国高中等层次的高校。受试学生既来

---

① 引自郭熙的观点。郭熙:《汉语教学类型的划分和新马菲的华文教学》,西安(陕西师大):第三届语言学与华文教学工作坊,2010 年,第 7 页。

② 数据来源:国家汉办代表处驻泰国代表处:《志愿·青春·泰国——志愿者必读》,2010 年。

自中文专业,也有中文选修,有华裔,也有非华裔。有的具有三四年的汉语学习经历,有的只有一二年的汉语学习经历,还有一部分是初学者。无论是从学校的地理位置和办学水平,还是从受试者的汉语学习背景上看,都具有一定的代表性。泰国近年来的汉语教学发展迅猛,被世人视作是一大"奇迹",在泰国具有一定代表性的高校学生中进行摸底调查,对了解整个东南亚地区的华语教学现状也应具有一定的启示性。东南亚一直是国际汉语教学的主阵地,教学媒介语大多是英语,我们的调查或许也有助于了解整个国际汉语教学的能力培养现状。

一、汉语文化语用能力状况

本章第一节对 22 份有效调查问卷进行了详细的分析,下面,我们对分析的结果作一个整体上的观照和归纳。

(1)"文化词语"

问卷第一部分针对的是一些常见"文化词语"(带有中国文化色彩的比喻义和引申义的汉语词语)的语义理解。受试者在问卷中的具体表现综述如下:

朱拉隆功大学的 6 名受试学生:回答正确率在三分之二以上的有 20 个题目,占总数的 66.7%。10 个题目的正确率在 50% 及以下,占 33.3%。完全正确率为 33.3%,平均正确率为 72.78%。错误率最高的 3 个题目为:8、18、28,涉及的词语为:女张飞、小道消息、蚂蚁上树(菜名)。从总体上看,他们对汉语文化词语的理解和把握情况还是令人满意的。

孔敬大学的 11 名受试学生:回答正确率在三分之二的有 10 个题目,占总数的 33.3%。9 个题目的正确率在 50% 以下,占总数的 30%。完全正确率为 3.3%,平均正确率为 58.5%。错误率最高的 3 个题目为 7、12、17,涉及的词语为:见周公、阿 Q、过来人。可以看出,他们在汉语文化词语的理解和把握上还存在一定的问题。

碧武里皇家大学的 5 名受试学生:回答正确率在 60% 以上的有 15 个题目,占总数的 50%。15 个题目的正确率在 50% 以下,也占 50%。没有完全答对的题目,平均正确率为 50%。错误率最高的有 6 个题目:7、28(无一人答对)、1、5、6、8、12 和 22(仅一人答对),涉及的词语为:见周公、蚂蚁上树和花蝴蝶、仙女(形容漂亮女性)、杨贵妃、女张飞、阿 Q、四面楚歌。他们在汉语文化词语的理解和把握上表现明显的不足。

3 所大学 22 位受试学生在该部分的总体表现,如下表:

表6　泰国22位受试者在汉语"文化词语"上的表现

受试者来源	朱拉隆功大学	孔敬大学	碧武里皇家师范大学
平均正确题目数	21.83	17.55	13.8
平均正确比例	72.78%	58.5%	46%
排名	1	2	3

从答对的题目数量和平均正确率两项指标上看,朱拉隆功的受试表现最好,碧武里的受试表现最差,校际之间的差距相当明显。这应该与学校办学水平的差距和学生学习汉语时间的长短相关:朱拉隆功和孔敬的 17 位受试学生学习汉语的时间在 3 年左右,碧武里 5 位受试学生的汉语学习时间在 2 年左右。但朱大和孔大各有一个例外,即:受试学生汉语学习的时间较短,但问卷得分高于学习时间更长的受试。这说明时间并不是绝对因素,其他影响因素应该包括教师的教学安排和学习者自身的努力程度。从"教师问卷"的反馈上看,3 所学校基本上都没有进行过专项文化语用训练,语义学习大多是穿插在词语教学之中顺带完成的。

(2)"语用规则"(一)

问卷第二部分针对的是汉语语用中常见的一些"语用规则",包括"婉转迂回与直截了当"、"夸赞与应对夸赞"、"客套与谦逊"、"谢绝与婉拒"、"称呼"、"打招呼"、"套近乎与隐私观念"等语用场合。为了体现语用规则的灵活性,40 个题目当中包含了 14 个可以有两个相对合适答案的题目,受试者答对其中的一个就算正确。受试者在问卷中的具体表现综述如下:

朱拉隆功大学的 6 名受试学生:回答正确率在三分之二以上的有 29 个题目,占总数的 72.5%。11 个题目的正确率在 50% 及以下,占 27.5%。错误率最高的 7 个题目为:4、6、14、18、31、34 和 38,涉及的语用策略和语用情境为:婉转迂回(借钱、评论他人、表达意见)、夸赞和感谢、打称呼(对老人和出租车司机)、向生病的朋友表示关心。

孔敬大学的 11 名受试学生:回答正确率在三分之二以上的有 25 个题目,占总数的 60.25%。8 个题目的正确率在 50% 及以下,占 20%。错误率最高的 5 个题目为 1、2、8、18 和 14,涉及的语用策略和场合为:婉转迂回(称说残疾人)、避凶趋吉、夸赞上级、婉转或直接。

碧武里皇家大学的 5 名受试学生:大多数正确率和错误率之比为:55%对45%,完全正确的 7 个题目涉及的语用策略和场合:对夸赞的应对、见面打招呼和询问年龄或隐私观念。完全错误的 8 个题目涉及的语用策略和场合为:含蓄与委婉、避凶趋吉、称呼和关心/套近乎。

3 所大学 22 位受试学生在该部分的总体表现,如下表:

表 7　泰国 22 位受试者在汉语"语用规则"上的表现

受试者来源	朱拉隆功大学	孔敬大学	碧武里皇家师范大学
平均正确题目数	29	28.1	22.4
平均正确比例	72.5%	70.2%	56%
平均多数正确率	72.5%	60.25%	55%
排名	1	2	3

从三项指标上看,朱拉隆功和孔敬的受试学生表现都不错,但碧武里的受试学生表现比较差,两者之间的差距比较明显。从平均正确率上看,3 所学校的受试学生表现明显的阶梯状分布。这也可能与各个学校汉语教学水平上的差距和学生学习汉语时间的长短相关。

(3)"语用规则"(二)

问卷第三部分涉及"发出邀请"、"谢绝或婉拒"、"称赞与回应"、"接受礼物"和"道歉与回应道歉"等五种语用情境,针对的是特定语境中语用规则的掌握,实际上是对第二部分的补充和深入。因为需要用汉字书写出来,所以碧武里皇家大学的五位受试学生没有完成该部分。这从一个侧面也暴露了他们有限的汉语能力水平。另外两所学校的受试作出的回应综述如下:

朱拉隆功大学的 6 名受试学生:

绝大多数受试学生在绝大多数情境中的语言使用都较为合适或者可以接受,但出现了少量的语言错误和一些或直接简慢或过于正式的语言表达形式。

孔敬大学的 11 名受试学生:

大多数的受试学生在大多数的情境中使用了可以接受或者合适的语言形式,但出现了一些或简慢或生硬的语言形式,个别的甚至不会应答或者不知所云。在可接受或者合适的语用形式中,相当一部分属于程式化的套语。

将二、三两个部分综合起来考虑,我们可以得出以下的结论。

①朱拉隆功大学的 6 位受试在日常情境中所表现的汉语语用能力较强。在第二部分里,6 位受试在 13 个题目中的应答都是正确或者可以接受的,平均正确率也达到 72.5%。出现的问题集中在婉转迂回、夸赞和感谢、打招呼、表示关心等一些策略和适合特定情境的得体语言表达方面。"老板就是老板!"之类的夸赞,他们似乎还没有见过。在第三部分的自由应答中,虽然都能够作出回应,但所使用的语言形式要么不够合适,要么在准确性上有所欠缺。他们在汉语文化语用方面有巩固和提高的必要。

②孔敬大学的 11 位受试基本具备了在日常情境中较为得体地使用汉语的能力。在第二部分里,三分之二的受试为 25 个题目正确地选择了应答和解决办法,正确率达到 60.25%。错误率最高的 5 个题目,涉及婉转迂回(称说残疾人)、避凶趋吉、夸赞上级、婉转或直接等汉语话语规则或策略。在第三部分的自由应答中,除了受试 D 出现 4 次空缺和受试 B 对第 1 题使用了极不得体的语句又在第 7 题使用了不知所云的语句而外,受试学生的语言使用基本上是可以接受的。值得我们注意的是,在很多的情形中,很多的受试者都使用了程式化的客套话语,如"不好意思"、"哪里哪里"和"过奖了",虽然没有大碍,但多少给人一种敷衍的感觉。他们在汉语语用规则的掌握和使用上还有待于进一步的提高。

③碧武里皇家大学的 5 位受试无论是在汉语文化词语的理解和掌握上,还是在语用场合与语用策略的把握上都存在着明显的不足。他们只学了两年的汉语,汉语水平属于初级,还不能使用汉语来进行流畅的交际活动。"教师问卷"结果显示,他们几乎没有接受过任何形式的相关训练和学习,开展渗入性的汉语文化语用因素教学,对他们来说是十分必要的。

分析发现,朱拉隆功大学的受试在汉语文化词语的理解和日常情境中的语言使用上表现了较强的能力,孔敬大学的受试也表现了较好的水平,碧武里皇家大学的受试则表现了明显的不足。无论是对"文化词语"的理解与把握,还是对"语用规则"的应用和识别,都是如此。事实上,碧武里的 5 位受试明显缺乏使用汉语进行日常交际活动的基本能力。造成差距的原因何在?

学校的档次不同,学生的基础有别,这是其一。但其他的原因恐怕得从汉语教学本身去寻找。教师反馈的信息显示,三所学校都未开设专门的文化语用课和文化语用训练,极可能是,很少的相关内容也只是穿插在课本学习的过程中。意外的收获是,有9位孔敬大学的受试从学生的角度认真填写了"教师部分"的问卷,给出的反馈倒是给我们提供了四点意味深长的原因解释:一是所用教材里面相关内容很少涉及;二是学生基本没有用中文进行交流和沟通的真实语境(和机会);三是学生个人的努力不够;四是母语文化具有根深蒂固的影响。看来,要解决问题,得从多方面入手,譬如:激发学生的学习积极性,增加教材中的文化语用含量,做好课堂教学中文化语用因素的点滴渗入,在课堂内外创设真实或准真实的汉语交际环境。

二、汉语学习策略能力状况

本章第二节对37份有效问卷进行了详细的分析。下面,我们来对这些分析结果作一个整体的观照和归纳。

(1)"直接策略"

朱拉隆功大学的6位受试者:直接策略使用的频率略微低于间接策略,但其平均分值也高于3,说明也是学习者"有时"或者"经常"使用的策略与技巧。三类直接策略的使用频率从高往低排列依次为:记忆策略、认知策略和补偿策略,其中只有补偿策略部分的平均分值低于3,说明相当一些学生很少使用它们,或许他们更多地使用了"回避",也就是干脆中断交际活动。

记忆策略之中,他们经常利用语义地图、机械重复和动作来帮助记忆,较少使用形象、声音和分类组群的记忆方法。认知策略之中,他们经常使用的方法是:学习和使用程式化的语句、利用学习资源、进行有效推理,很少使用记笔记、语言分析和在自然条件下学习的方法。补偿策略之中,遇到困难即向人求助、利用非言语手段和语言情境进行机智猜测,是他们最为常用的对策,他们很少使用迂回、创造词语或者回避、转移话题等方法来弥补语言形式的不足。

孔敬大学的10位受试者:直接策略和间接策略的平均分值都高于3,说明都是他们"有时"或者"经常"使用的策略或技巧,认知策略的使用频率为最高,但间接策略的总体使用频率略高于直接策略。三类直接策略的使用频率从高往低排列依次为:认知策略、记忆策略和补偿策略。但补偿策略的平均分值也高于

3,说明他们在汉语交际中也时时会使用到本组中的一些策略和技巧。

认知策略之中,学习和使用程式化的语句、利用学习资源、进行有效推理是他们常用的认知方法,他们很少进行语言分析、记笔记、设法快捷领会对方意图。事实上,几乎没有人承认自己记过笔记。记忆策略之中,他们经常使用机械重复、利用语义地图和关键词来进行记忆,而较少利用形象和声音、分类组群的方法来帮助记忆。补偿策略之中,遇到困难即向人求助和语码转换(利用母语),是其常用的交际补偿对策,迂回表达和创造词语等方法使用得则较少。

碧武里皇家大学的5位受试者:直接策略与间接策略的平均分值都超过3,说明他们对两类策略都"有时"或者"经常"使用,但前者的使用频率高于后者。位居策略使用频率前两位的是记忆策略和认知策略。"补偿策略"的平均分值最低且低于3,说明他们在汉语交际活动中很少使用此类对策和技巧。

记忆策略之中,他们经常利用机械重复、关键词语和分类组群的方式来进行记忆,较少利用形象、声音和充分复习的方法来进行内容记忆。认知策略之中,通过重复练习、利用学习资源、学习并使用程式化的语句,是他们常用的方法,他们较少使用语言分析、记笔记和在自然条件下学习之类的方法。事实上,无人承认自己记笔记。补偿策略之中,遇到困难即向人求助、利用非言语手段和语言情境进行机智猜测,是他们常用的补偿对策,他们很少使用迂回表达和创造词语等方法和技巧来克服语言掌握的不足和缺陷。

乌隆他尼皇家大学的16位受试者:间接策略的使用频率普遍高于直接策略,三种直接策略的平均分值都低于3,说明他们很少使用直接策略。三种直接策略使用频率从高到低的排序为:认知策略、补偿策略和记忆策略。

认知策略之中,学习和使用程式化的语句、及时归纳总结和记笔记,是他们较为常用的方法;利用资源、快捷领会交际意图和在自然条件下学习,他们则很少使用。补偿策略之中,利用母语转换语码、向人提问求助、利用非言语手段,是他们较为常用的补偿对策;他们很少使用迂回表达、创造词语和变换话题等方法来帮助意义表达。记忆策略之中,他们有时利用机械重复、声音形象和关键词语来进行记忆,但很少利用联想、语境和动作形象的方法来帮助记忆。

(2)"间接策略"

朱拉隆功大学的6位受试者:间接策略的使用频率平均分值高于直接策略,说明他们在操控和管理自己的汉语学习方面具有比较强的能力。三种间接策略的使用频率从高到低排列为:社交策略、情感策略和元认知策略。

社交策略之中,使用求助和澄清、合作学习与语用文化对比理解是他们最为常用的社交对策;他们较少利用影像材料、与人交流和寻找共鸣(或移情)之类的技巧。情感策略之中,利用音乐或游戏来降低焦虑程度、利用自信与意志力来克服困难、进行自我奖励,是他们较为常用的情感调控方法;他们较少利用自我倾诉、大笑和运动等方法来监控和调适情绪状态。元认知策略之中,对新课进行预习、聚焦于学习内容、明确目标和谨慎表达,是他们常用的学习管理方法;他们较少使用制订具体计划安排学习、对自己的学习过程进行监控的方法。

孔敬大学的10位受试者:两大类策略的使用频率平均分值都高于3,但间接策略的使用频率略微高于直接策略,说明各种策略方法他们都在使用着,但更经常使用的是管理和调控学习的策略方法。三种间接策略在使用频率的平均分值上分列第二、三、四位,其中,元认知策略的使用频率最高。

元认知策略之中,聚焦于学习内容、谨慎表达、明确目标,是他们经常使用的学习管理方法,他们较少使用计划学习进程、明确具体任务和目标之类的方法。社交策略之中,语用文化对比理解、与善学者交流和学习与向人求助澄清,是他们较为常用的社交对策;他们较少利用影像材料、跨文化习俗比较和与同伴合作学习之类的社交技巧。情感策略之中,利用音乐或游戏来降低焦虑程度、运用自我奖励、自信与意志力和保持积极的学习态度,是他们较为常用的情感调控方法;他们较少利用自我倾诉、运动和大笑的方法来监控和调适自己的情绪状态。

碧武里皇家大学的5位受试者:直接策略的使用频率高于间接策略,但两类策略的使用频率平均分值都在3以上,三种间接策略使用频率的平均分值分列第三、四、五位,分别对应于元认知策略、社交策略和情感策略。

元认知策略之中,明确学习目标、聚焦于学习内容和谨慎表达,是他们经常使用的学习管理方法;对学习内容进行具体的计划和安排、积极主动地进行学习、明确具体的学习任务和目标的方法,他们则很少使用。社交策略之中,语用文化对比理解、困难时求助和要求澄清、合作学习和使用移情(求同存异),是他们较为常用的社交对策;他们较少使用影像材料、跨文化习俗比较、与本族语使用者交流等技巧。情感策略之中,利用音乐或游戏来减少焦虑、运用积极的学习态度、自我奖励,是他们较为常用的情感调控方法;他们较少利用自我倾诉、运动和身体放松等方法来对自己的情绪状态进行监控和调适。

　　乌隆他尼皇家大学的 16 位受试者:间接策略的使用频率普遍高于直接策略,三种间接策略的使用频率为:社交策略第一,情感策略第二,元认知策略第三。这是因为掌握的语言形式还不足以让他们进行真正的汉语交际活动。

　　社交策略之中,与同伴合作学习、语用文化理解、使用移情和跨文化习俗比较,是其较为常用的社交对策;他们较少利用影像材料、求人纠错的方法来提高语言使用的准确性。情感策略之中,利用音乐或游戏和身体放松来降低焦虑程度、勇于冒险、利用明确目标和意志力,是他们较为常用的情感调控方法;他们较少利用自我排解或与人倾诉、积极的学习态度等方法调适自己的情绪状态。元认知策略之中,明确总体和具体的学习目标、对学习状况进行评估、聚焦学于习内容,是他们经常使用的学习管理方法;他们相对较少地去主动寻求练习实践机会、具体计划安排学习进程和明确具体的学习任务和目标。

　　4 所大学 37 位受试学生在汉语学习与使用策略运用上的总体表现,如下:

表 8　泰国 37 位受试者的汉语学习策略使用情况

学校/组别		A	B	C	D	E	F	A+B+C	D+E+F
朱拉隆功大学	平均分	3.5	3.18	2.8	3.95	3.68	4.03	3.17	3.89
	排序	4	5	6	2	3	1	2	1
孔敬大学	平均分	3.31	3.88	3.14	3.71	3.65	3.72	3.44	3.69
	排序	5	1	6	3	4	2	2	1
碧武里皇家大学	平均分	3.58	3.52	2.76	3.52	3.00	3.20	3.29	3.24
	排序	1	2	6	2	5	4	1	2
乌隆他尼皇家大学	平均分	2.80	2.92	2.825	3.09	3.11	3.244	2.848	3.15
	排序	6	4	5	3	2	1	2	1

　　(A 代表"记忆策略",B 代表"认知策略",C 代表"补偿策略",D 代表"元认知策略",E 代表"情感策略",F 代表"社交策略";A+B+C 代表"直接策略",D+E+F 代表"间接策略")

　　(3)结论

　　从总体办学层次和汉语教学水平上看,朱拉隆功大学和孔敬大学都属于泰国一流,而碧武里和乌隆他尼皇家大学可算作二流。从 37 位受试学生的汉语学习时间和已有能力水平上看,朱大、孔大应属于中、高级,碧大属初、中等,而乌大仅处在启蒙阶段。问卷结果表明,受试学生都在不同程度上使用多种汉语学习、运用和管理的策略方法,他们在两大类、六小类的汉语策略使用上既表现共性的特点,又具有明显的差异。

①朱大6位受试者策略使用频率的排序为:社交—元认知—情感—记忆—认知—补偿,间接策略的使用频率普遍高于直接策略,属于直接策略的补偿策略使用频率低于3。孔大10位受试者策略使用频率的排序为:认知—社交—元认知—情感—记忆—补偿,间接策略的使用频率高于直接策略,但使用频率最高的是直接策略中的"认知策略",使用频率最低的"补偿策略"平均分值也高于3。碧大5位受试者策略使用频率的排序为:记忆—认知—元认知—社交—情感—补偿,直接策略的使用频率高于间接策略,但直接策略中的"补偿策略"使用频率不仅位列最后而且分值低于3。乌大16位受试者策略使用频率的排序为:社交—情感—元认知—认知—补偿—记忆,间接策略的使用频率高于直接策略,三种直接策略的使用频率平均分值都低于3。属于中、高级水平的受试者和启蒙、初级水平的受试者在使用频率上表现出高度的一致性:间接策略的使用多于直接策略,但前者对两类策略的使用频率都超过了3,而后者却低于3,说明前者在基本上掌握了语言形式之后更多地注意对汉语学习和使用过程中的认知、情绪和交际的自觉管理和调控,后者则是因为语言形式掌握严重不足而在汉语学习、师生交流过程中不得已而采取的"补偿"对策。碧大5位受试者处在初、中级水平上,表现出了与中、高级和启蒙、初级水平完全不同的策略使用情形:直接策略的使用多于间接策略。这应该是与其不得不将更多的时间和精力投放在语言形式的学习和掌握中的事实相关。所有受试中最为明显的共同点是:"补偿策略"的使用频率分值都是最低。根据平时观察、跟踪了解和"教师问卷"的反馈信息,根源可能在于:他们缺少使用汉语进行实际语言交际活动的机会。交流的机会少了,也就用不着多少用来补偿语言掌握不足的交际技巧了。

②在三种"直接策略"的使用上,37位受试也是"同中有异"。他们普遍比较常用的记忆方法:a. 我使用多读、多写的方法来记忆汉语词语(机械重复);b. 我使用主要词语来记忆语篇内容(关键词语);c. 我学"笑"这个词的时候,总是和开心的事情联系起来(动作联想);d. 我把汉语词语放在上下文中来记忆(语言情境)。他们很少使用的记忆方法为:a. 我通过"成龙"这个人来记忆"中国功夫"这个词语(形象联想);b. 我听见"哗哗"的声音就记起了"河流"这个词(声音形象);c. 我将汉语词语分门别类来记忆(分类组群)。对其他的三种记忆方

法,他们在使用频率上表现出较大的个体差异。

受试学生普遍使用的认知方法为:a. 我把"你好""再见"当作见面和告别的固定用语记下来(程式化的语句);b. 我经常使用词典等工具书(语言资源利用);c. 我常借助情境和上下文猜测词义(有效推理);d. 我对所学习的内容复习、整理和归纳(归纳总结)。他们很少使用的认知方法为:a. 我在分析一句话的结构和意思后就能够掌握它的用法(语言分析);b. 我主动地用拼音或汉字记笔记(记笔记);c. 我总能够抓住别人说话或文章的大意(快捷领会意义和意图);d. 我经常跟中国老师用汉语交谈(自然条件下学习)。

受试学生普遍使用的交际补偿对策是:a. 听不懂或不明白的时候,我会提问或请求对方重复(要求说明或者澄清);b. 我不知道某个词时,就用英语或泰语词语来替代(语码转换);c. 我通过说话人的身体动作和表情猜出他的意思;d. 在交际中我经常借助手势、表情进行表达(利用非言语手段)。他们很少使用的交际补偿对策或方法为:a. 我用"双轮车"来指称 bicycle;b. 我用"大米面条"来代替"米线"(自创词语);c. 我有时会用"鸡生的蛋"来说"鸡蛋"(迂回表达)。其他三种方法的使用频率则表现出较大的差异。

③在三种"间接策略"的使用上,37 位受试同样表现出来一些共性和差异。他们经常采用的元认知策略包括:a. 我有明确的学习目标(明确目标);b. 在学习中我能够集中注意力(聚焦学习内容);c. 我注意了解自己在汉语学习中的进步与不足(评估和监控学习过程);d. 我愿意听别人说,自己有把握时再开口说(谨慎表达)。他们很少使用的管理、协调方法为:a. 我为自己制定汉语学习时间表;b. 我为每个学习任务都做计划和准备(计划安排学习任务);c. 我努力创造和把握学习汉语的机会(主动寻求练习实践机会);d. 我对每一个学习任务的目的都有明确的认识(明确具体的学习目标)。在其他两种方法的使用上,则表现出校际和个体之间的差异。

受试学生普遍使用的情感策略有:a. 我会听音乐或打游戏来自我放松(四组受试都将此列为首位);b. 我认为学习汉语很有用,所以能够克服困难(信念意志);c. 我经常鼓励自己说汉语,尽管我可能说错(冒险精神);d. 我对汉语学习有积极的态度(积极态度);e. 如果我在学习中表现很好,我会奖励自己(自我鼓励)。他们较少使用的情感调适方法有:a. 我在日记里写我学习汉语的感受(四组受试者都将此列为最后);b. 遇到困难时,我一笑了之;c. 学习遇到困难时,我通过运动来调整自己的情绪(利用笑声或者运动来自我缓解)。其他方法基本都是"有时"使用,差异比较小。

受试者普遍使用的社交策略包括:a. 我们说 Sawadee 和中国人说"你好"作用是一样的(几乎全部列为第一);b. 我和别的同学一起学习,共享信息(合作学习);c. 听不懂的时候,我会请他重复说明白(要求澄清);d. 交际中,我可以设身处地地为对方着想(运用移情)。他们较少使用的社交合作方法有:a. 我常看中文影视节目,学习里面的说话方式(四组受试者全部将此列为最后,即几乎无人使用);b. 在交际中我注意中国与泰国习俗上的差异(跨文化比较);c. 我经常跟汉语学得好的同学在一起学习和交流(与善学者交流);d. 我寻找双方都感兴趣的话题来交谈(求同存异)。其他社交策略的使用频率差距也不太大。值得注意的是,在交际中为人着想与寻找共同话题以维系交际的进行,表面上看是相互矛盾的;但前者在较常用的中间排在最后,而后者在较少使用的中间排在靠前,也就是说,其使用频率都只是在"有时"与"经常"之间。

受试者在策略使用上表现出来的共性,可以用其共同的语言文化背景和个体因素(如年龄、性别等)来加以解释。泰国国民整体能歌善舞,强调享受生活,他们的生活信条和口号就是 san law(享受快乐),不喜欢在压力下工作和学习,所以,利用音乐、舞蹈和游戏来自我放松而不使用记日记和详细计划等烦琐方法来对学习进行管理,就成了所有受试者的共同选择。汉语在泰国影响逐渐增大,华裔后代对汉语的热爱日渐加深,于是,大多数的受试者都认为自己具有明确的学习目标和积极的学习态度,能够依靠意志力来克服学习中的困难,而且敢于在即便出错的情况下使用汉语。受试者在策略使用上的差异,至少可从其汉语学习时间、现有汉语语言能力和个性特点上得到部分的解释。学习汉语三四年并具有中级水平以上的学习者与启蒙阶段的初学者在策略使用上同中有异,学习汉语一两年而具有初级汉语水平的则表现出与前两组相近而又相离的一些特点。

问卷调查发现,泰国大学中的汉语学习者从学习一开始就有意无意地在使用一些策略和方法。在启蒙阶段,他们更多地依赖那些游离于语言之外的间接性策略;到了初、中级阶段,由于对语言形式的关注加大,他们逐渐更多地使用与语言本身相关的直接性策略;进入中、高级的阶段后,由于对语言形式有了相当的掌握,他们转向同时使用两种策略,但更倾向于间接策略的使用。我们的另外一个发现是,有一些策略方法,尤其是直接性策略方法(譬如一些认知、记忆和交际补偿技巧),他们还很少使用,虽然已被证明是有助于促进汉语语言学习的。由此可见,将策略使用的培训和操练渗透在国际汉语教学过程之中是很有必要,也是有基础从而是可能的。

三、对两种能力要素培养的思考

有人就有交际,交际表现为人与人之间的你来我往、情感交流和信息传达。人际交际可以是语言的,也可以是非语言的,通常是以语言交际为主、以非语言交际为辅。语言交际所使用的是由语音、句法、语义三个层次结构而成的一整套符号代码体系。非语言交际所使用的是将体态语和环境语包括在内的一整套行为代码体系,这些行为代码的使用可以对语言符号所传达的信息和情感作出补充、强调、调节乃至替代。人类语言符号体系和行为代码体系既具有一些共性的特征,又存在着种种的差异。差异的产生源自于客观和主观因素,客观因素有生存环境、文化背景和社会组织等,主观因素包括思维方式、价值观念、世界观(信仰)、心理特征、情感倾向以及语言本身。因为共性,人类之间有了沟通的可能,但是差异的存在又会使这种沟通时常受阻。跨语言、跨文化的交际和沟通,其实就是要充分利用人类交际的共性而尽量减少或理解其间的差异。这就要求交际双方都具有敏感的跨语言、跨文化交际意识,具备将文化语用与策略运用融汇于语言知识与言语技能之中的综合交际能力。

(1)文化语用规则的学习和训练

成功的语言交际必须遵从一定的社会规约,包括所使用语言的语音、语法和语义规则体系与该语言言语社区中通用的文化语用规则。交际双方如果有一方不遵从这些规约,他们的交际就可能发生故障以至于失败。学习和使用一种语言,其实就是学习并养成一种新的语言行为习惯,而习惯的养成需要经过一个过程。首先,你得掌握该语言符号体系的构造规则;然后,你要学会灵活运用以该语言进行交际活动必须遵从的语用规则;必要时,你还得利用一些有效的语言交际策略和技巧。语用规则中,有人类共有共享的规则,如格莱斯提出的"合作原则"(Cooperative Principle)、里奇提出的"礼貌原则"(Politeness Principle)和斯波伯与威尔逊提出的"关联原则"(Relevance Principle)等,也有某些言语社区或者文化区域所特有的规则,譬如汉语言语交际中的"含蓄委婉"、"顾全面子"、"内外有别"和"套近乎"(缩短感情距离)等。

合作是人际交往的前提与基础,没有相互合作,交往就不可能进行。人与人进行会话也必须遵守相互合作的原则,会话的"合作原则"涉及量、质、关系和方式等方面的具体要求或准则。人际交往还需讲求文明礼貌、相互尊重,否则会"话不投机半句多"。在会话中,"礼貌原则"要求:说话人尽量多地给听话人以方便和实惠,给他一种受尊重的感受从而赢得他的好感,以便会话顺畅进行。礼貌要求具体体现为:策略(减少损人的观点,多使人受益)、慷慨(减少利己的观点,少使自己受益)、赞誉(贬抑自己而赞誉别人)、谦逊(对自己少赞赏,多贬抑)、一致(减少分歧,增加一致)和同情(减少情感对立,避免对方反感,增加双方的同情)。人的天性决定了他只对那些与自己相关的现象和事件感兴趣,所以在交际之中总是在寻求某种最佳的意义关联——处理话语时付出了最小的努力却产生了足够的语境效果。这种"关联原则"就要求会话双方利用各种因素去解读交际中的两大意图:信息意图和交际意图。对信息意图的解读叫"解码"(即理解字面意思),对交际意图的解读叫"互知"(即理解深层的寓意)。找到了最佳关联也就对意图解读成功,交际目的于是得以实现。

比起世界上其他的语言,汉语在其使用过程中更加注重与语境的水乳交融,更加讲求从语境中寻求最佳的意义关联。汉语语句有时含义混沌模糊,然而一旦和具体的语境结合起来,交际双方对其表层和深层的意义、意图就会了然于心。因此,在汉语言语交际之中,除了遵守"合作"、"礼貌"、"关联"之类的通则,还要考虑到汉语语用的特殊规则。刘伯奎先生在其《中华文化与汉语语用》中,归纳出汉语语用的四大类共 12 种规则。第一类为信息传递,包括告知、论证、鼓动三种语用规则,每一种规则里面又包含两条应用准则。告知规则有合作准则(创造合作前提、逐步探知)和接受限度准则(把握理解限度和情感限度)。论证规则有聚焦散点准则(分论点构建、中心环绕)和借鉴类比准则(借鉴已有体验、借鉴已知事理)。鼓动原则有感知点拨准则(由暗至明、由浅入深)和清理合度准则(同步升温、适时而止)。第二类为理性分析评价或感性情感倾向,包括肯定、夸赞、迎合三种语用规则,每一种规则里面也包含两条应用准则。肯定规则有定性有据准则(事实依据、理论依据)和异向拓展准则(历史渊源、未来展望)。夸赞规则有真诚准则(由衷而发、具体明确)和准确准则(定性明确、上限不过度)。迎合规则有全力满足准则(定性明确、及时夸赞)和不正面否定准则(以夸赞的形式表达否定、以自责的话语表达否定的态度)。第三类为贬义类话语语用,包括婉拒、化解、转换三种规则,每一种规则里面也包含两条应用准则。婉拒规则有委婉推辞准则(以对方的"非分点"婉拒之、以自己的"不足"婉拒之)和闪避冲突准则(转移话题、终止谈话)。化解规则有由表及里准则(表象优先、根源冻结)和转异趋同准则(隐异显同、减害趋利)。转换规则有设身处地思考准则(尽量替对方作周密思考、尊重对方思维的合理性)和是非成分剖析准则(留"是"转"非"、不越俎代庖)。第四类为瓦解对方观点并建立自己的观点,包括贬斥、否定、驳斥三种规则,每一种规则里面同样包含两条应用准则。贬斥规则有刚柔相济准则(就事论事、语言色彩随机应变)和情理交融准则(以情驭理、以情融理)。否定规则有旁敲侧击准则(顺水推舟、引蛇出洞)和正面否定准则(定性有据、辩证立论)。驳斥规则有直接驳斥准则(攻其要害、由点拓面)和迂回驳斥准则(类比反击、让步反击)。①

瞿麦生在《汉语交际的得体性》一书中,则干脆将汉语交际的语用规则减缩为一个总体原则:得体。"得体原则"包含三个基本准则:礼貌准则、幽默准则、克制准则。礼貌准则的实质是使用合适的方式来表达自己对对方的尊重,其典型表现是:贬抑自己而抬高他人;称呼用语恰当合适。幽默准则关注话语的趣味性或者可笑性,往往通过岔断、转移、升降格等方式来加以实现。克制准则的聚焦点是"面子",所以要求交际者不直接训斥或者驳斥对方,而使用克制和忍耐的方式曲折、委婉地表达出自己的不满或者责备。②

汉语语用特别注意对场合的适应,使用的话语往往会因时、因人、因地而变。刘伯奎将汉语语用中较为常见的场合分成了 6 类 12 种,即:公开场合与非公开场合、正式场合与非正式场合、职业场合与非职业场合、交际场合与非交际场合、高雅场合与通俗场合、友情场合与亲情场合。③ 原本使用在这种场合的话语如果用在了另外一种场合,就可能产生完全不同甚至相反的话语效果。汉语语用还特别注意会话参与者的身份地位,所谓"见人说人话,见鬼说鬼话",意思就是要根据不同的话语对象而使用相应的"社会方言"。把称呼一般同事的"小刚"

① 刘伯奎:《中华文化与汉语语用》,广州:暨南大学出版社,2004 年,第四章(第 44—71 页)。
② 瞿麦生:《汉语交际得体性》,北京:线装书局,2007 年,第 98—110 页。
③ 刘伯奎:《中华文化与汉语语用》,广州:暨南大学出版社,2004 年,第七章(第 135—153 页)。

用在大学校长身上,肯定不会出现所希望的语用效果。瞿麦生于是认为使用汉语进行人际交际时要注意以下四点:(1)合乎双方的身份和地位;(2)男子不必太客气,而女子要尽量客气;(3)新派和旧派有区别(即年龄距离产生语言变体);(4)同样的语言具有多种功能变体(即在不同场合中使用不同的语体)。①另外,汉语言语交际又特别强调对话语"分寸"的把握,也就是话语参与者要根据交际双方的情感距离来对话语形式(语体风格)作出适合、得体的选择和使用。

来自不同文化背景和言语社区的人们走到一起,进行交际交流活动,即便是使用同一种语言工具,也大多会有一种"隔"与"卡"的感觉,因为他们的语言表达里面无处不渗透着各自不同的"世界知识"和语用规则,也就是说,他们用同一种语言传达不同的文化信息。于是就有了"跨语言"、"跨文化"交际的说法。不同语言和文化之间的跨越,需要架设互知和理解的桥梁,但需要跨越的"文化"却似乎是一种无所不包因而也难以把握的东西:它可以是人类创造出来的一切,即文明,也可以是具体的物质和精神产品,如建筑、服饰、文学、艺术。然而,当我们说到语言之中所蕴含的文化时,主要涉及的还是以下4个方面,即:(1)语义系统中的文化因素;(2)语法系统中的文化因素;(3)语用系统中的文化因素;(4)语言交际活动中涉及的文化内容,譬如:有关中国的国情、习俗、社会、精神生活和关于世界文化与跨文化交际等方面的知识和信息。②

汉语言语活动中所携带的文化知识和信息,可以渗透在国际汉语教学所使用的语言材料之中,让学习者在学习语言的同时潜移默化地吸收和掌握。国际汉语教材《加油》采用的就是这样的做法:将中国文化和世界文化知识渗透在汉语学习材料之中。新汉语水平考试(HSK 和 YCT)也采取了这种做法:将文化知识、文化信息融入测试材料,让考生在应付考试的同时不知不觉地接受和了解中外文化知识信息。③ 中国社会的风土、人情、习俗可以作为语言学习的内容加以呈现和理解,也可以通过直接、间接的体会和感受(如参与相应的习俗活动或者

① 瞿麦生:《汉语交际得体性》,北京:线装书局,2007 年,第 98—110 页。
② 杜道明编著的"汉语作为第二语言教学文化概说"列举的此类文化知识包括 10 个方面:中国历史与地理;中国哲学与宗教;中国文学;中国艺术;中国工艺;中国建筑与园林;中国民情与民俗;中国风景名胜;中国科技与教育;当代中国国情。笔者认为在此基础上,还应添加上世界文化和跨文化的内容。
③ 教材与测试中的文化蕴含与渗透,可参考后面第五章的相关论述。

观赏相应的影像资料)来进行体认和把握。汉语语言学习和中外文化了解同时进行,一举而两得,这不正体现了语言和文化二位一体的交融关系吗?

汉语词法和句法体系所包含的文化信息是很丰富的,韩国(德成女子大学中语中文系)的韩春华教授对此曾做过5个方面的比较研究:(1)汉语语法的意合性特点与悟性文化;(2)汉语语法的灵活性特点与辩证文化;(3)汉语语法的模糊性特点与中庸文化;(4)汉语语法的隐含性特点与混沌文化;(5)汉语语法的简略性特点与简易文化。① 申小龙则从"气"、"虚实"、"耦合"、"意合"、"弹性"和"艺术气质"6个方面对汉语语法所蕴含的中国文化精神做了有益的探讨。② 这样的文化信息,我们可以在语法教学中给出一定的提示和点拨,但主要留给学习者自己去体味和感悟。这方面知识和理解的获得,不仅对学习者的汉语语法学习有所帮助,而且也有利于他们对中国文化的认识、理解和研究。

汉语语义系统所蕴含的文化信息和文化元素,关乎对汉语词语的准确理解和把握,所以对它们的学习应当同汉语词语的学习同步进行。学习者需要在听说读写的语言活动中感知和体会词语的特殊文化内涵,教师也需要在课堂教学中间随时对这些词语的意义进行画龙点睛式的解说。譬如,在汉字教学中,我们可以通过一些字词的构造形态和语义(如"安"、"家"、"好"、"仁"等)来引导学生体认中国文化的一些价值观念和世界知识。作者在泰国的教学中就曾经利用当地华人的"财源广进"等街头春节祝福语,来引导学生通过"贝字旁"、"三点水"、"广字头"和"走字儿"的偏旁和部件来认识其美好祝福的内涵意义。又譬如,在词语教学中,我们可以通过适当的汉外词语对比来引导学习者掌握汉语中特有的"文化词语"和带有特别关联意义(如引申义、比喻义、语体意义和褒贬色彩等)的词语,尤其是那些惯用语(如成语、俗语和谚语等)。常敬宇所著《汉语词汇文化》一书,从汉语词语结构和语义出发对汉语"文化词语"有精到和细致的论述,例如"汉语词语表达的辩证观念"、"汉语词语表达的伦理观念"、"反映中庸和谐委婉意识的词语"、"反映汉民族心态特征的词语"、"礼俗词语"等,可

---

① 韩春华:《汉语语法特点与中国文化》,西安(陕西师大):第三届语言学与华文教学工作坊,2010年。

② 申小龙:《汉语与中国文化》,上海:复旦大学出版社,2003年,第四章"汉语建构的文化精神"。

以作为国际汉语教学中词语文化内涵渗入的参考材料。① 在调查问卷中出现的"花蝴蝶"、"女张飞"、"有喜"、"乌鸦嘴"、"水落石出"和"四面楚歌"之类的词语,就需要将显性教学和隐性教学结合起来,才有可能让学习者更好地掌握其意义并准确地加以使用。

汉语语用规则与社会方言的学习和掌握,也应渗透在交际性的汉语教学活动之中。对需要学习的汉语语句,我们不仅要引导学习者了解其组织结构和(概念)意义,而且要让他们知道语句的使用功能和使用语境(即所谓的"交际意义")。事实上,"吃了吗?"、"小朋友,你好!"之类的程式化语句,并不是在任何时候、任何场合都能够起到"打招呼"的交际功能的。具有相同概念意义的"你叫什么(名字)?"、"姓名?"、"您怎么称呼?"、"你姓什么?"和"您贵姓?"也只适用于某类特定对象。在汉语口头表达和书面表达的训练过程中,对相关语用规则和话语的交际意义进行一定的系统解说和归纳,无疑是必要的。我们的调查对象在汉语语用方面所表现出来的不足与缺陷,应该说与我们教学中相关环节的缺失不无关系。当然,语用规则和社会方言的最终掌握与有效使用,主要还是来自于使用汉语来进行真实交际的活动,亦即在"使用之中学会使用"。"教师问卷"的反馈表明,学生在汉语语用方面的缺陷和不足,在很大程度上是因为他们缺乏使用汉语进行真实交际的机会。组织和加强汉语交际活动,于是成为国际汉语教学十分紧迫的要求和任务。

从"汉语文化语用能力调查"中,我们发现,泰国(抑或整个东南亚地区)的汉语学习者在汉语文化语用能力(如"文化词语"的准确把握和"语用规则"的得体运用)方面存在着明显的不足和缺陷。其成因固然多种多样,但在很大程度上还是与他们接受的教学相关联。这就给我们的国际汉语教学提出了新的任务和要求:在教学的各个环节都注意对与汉语学、用相关的文化语用知识与技能的讲练。譬如,在教材编选和课堂教学中,我们可以使用母语或者媒介语对汉语文化背景知识和汉字汉词的文化意义作出一定的介绍和解说,也可以将文化语用因素与语言结构、功能相互结合起来组织交际性的教学活动,还可以以语用交际文化为主线,从跨文化交际中的文化对比出发来组织语言材料,实施汉语语言的教学。在进行汉语语言测试之时,也应当将汉语文化语用的知识和技能考虑进

---

① 常敬宇:《汉语词汇文化(增订本)》,北京:北京大学出版社,2009 年。

去,让学习者在应对语言考试的同时学习和增长一些文化知识。果能如此,我们就有可能在学习者身上逐渐培养起来某种程度的汉语语用能力,以便使用汉语来进行得体、有效的意义协商交流活动。

(2)学习者策略能力的训练和培养

学习策略涉及记忆、认知、社交、元认知和情感等诸多心理、社会因素,第二语言善学者在学习策略的应用上往往表现出较强的能力,而每一个语言学习者在其学习过程中也都有意无意地使用着某些方法或者技巧。在使用目的语进行交际活动时,学习者也会使用一些策略和技巧,来维持和保证会话的顺畅进行。人们经常使用的交际策略被塔容(Tarone 1980)归纳为三类:释义(paraphrase)、迁移(transfer)、回避(avoidance)。释义包括趋近、造词、迁回三种情况。趋近,即学习者使用单一的目的语词汇或结构,他(她)知道该项目或结构虽然不正确,但与满足自己表达需要的项目在语义上有足够的相似之处,例如,用 pipe 来替代 waterpipe。造词,即学习者编造一个新词语来表达意欲表达的概念,例如,用 airball 来表达 balloon 的意思。迁回,即学习者不能使用合适的目的语结构,转而对物体或者动作特征(成分)进行描述,例如,用 She is, uh, smoking something. I don't know what's its name. That is, uh, Persian, and we use in Tuekey, a lot of。迁移包括直译、语码转换、求助和模拟四种情况。直译,即学习者把母语的意思逐字翻译过来,例如,用 He invites him to drink 来表达 They toast one another 的意思。语码转换,即学习者压根不用翻译而直接使用母语词语。求助,即学习者询问准确的词语和结构。模拟,即学习者使用非语言策略来替代表意的结构,例如用拍手的动作来表达"鼓掌"的意思。回避则包括话题回避、信息放弃两种情况。话题回避,即学习者如果不知道相关的词汇或其他表意结构就干脆不谈论那些概念。信息放弃,即学习者开始继续谈论但终因缺乏信息的表意结构而在中途停止。① 事实上,除了上述三类而外,第二语言学习者所使用的交际策略还可以包括:(1)使用程式化话语(formulaic utterances);(2)使用自制规则(rule formation,例如,将两个词按照"主题—评述"模式组成语句);(3)简化句法(reduction to simpler syntax);(4)重组词语(relexification);(5)使用预制

---

① TARONE, E. "Communicative strategies, foreigner talk and repair in interlanguage". *Language Learning*, 1980 (30):417-431.

套路(prefabricated routines.例如,用升调说出 *He understands chess*? 而使之成为疑问句);(6)使用预制句式(prefabricated patterns)和融合(incorporation)等。我们的调查发现,泰国大学里的汉语学习者或多或少地都在其学习过程中使用着这些交际策略。或许,这些都是第二语言使用者普遍使用的策略和方法。

"学习策略"和"交际策略"合称为语言学习者策略(learner strategy),对这些策略的掌握和运用,构成语言学习者的策略能力,学习者策略能力的高低、强弱,对其语言学习的结果和言语交际的成效发挥着直接的影响作用。针对泰国4 所大学 37 位汉语学习者而进行的"策略使用情况调查"分析发现,从初学者到中高级水平的学习者都在不同的程度上使用着各种学习和交际策略,但在不同的学习阶段和不同的程度水平上,也会在常用的策略上表现一些差异,还有一些已经被证明是相当有效的策略,并不为他们经常使用。这种情况表明,进行适当的汉语学习与交际的策略学习和培训是必要的,也是可能的。

策略往往被视作具体的风格、方法和技巧,所以完全可以通过显性的教学和有意识的培训来加以掌握和运用。在国际汉语教学中,我们至少可以通过下面的四种方式来对学习者进行策略能力的培养。其一,引导他们使用互动式的学习技巧,包括:减少抑制,鼓励冒险;树立自信心;帮助其建立内在的学习动机;促成相互间的合作交流;鼓励使用右脑(即运用声像)来对信息进行加工;增强对模糊性的容忍度;帮助其使用直觉来学习语言;学会从自己的错误中学到知识和经验;帮助其时时看到自己的目标。其二,帮助他们学会弥补性的交际技巧,包括释义、迁移、回避和使用程式化话语与预制句式等。其三,建立起一个策略总目录。譬如:教师列举善学者所使用的所有策略方法,引导学习者发现一些自己可以采用的方法和技巧。又如:定期举办学习经验总结交流会,让学习者在合作交流中互相学习、取长补短,以丰富自己的策略目录。其四,及时、即兴地提出在策略使用方面的建议。教师在与学习者交流、互动的过程中,随时可以提出一些有益的建议,帮助他们增添一些或者改进已有的汉语学习与交际的方法和技巧,丰富和提高他们在策略使用上的水平和能力。

科恩在《学习和运用第二语言的策略》[①]一书中提出"打包"式的策略培训

---

① Cohen.Andrew D.*Strategies in Learning and Using Second Langauge* .Beijing:Foreign Language Teaching and Research Press,2008.

（"*Packaged*" Models of Learner Strategy Training）模式，值得我们借鉴。该模式包括三种主要训练形式：①嵌入到语言教材中的策略训练；②附带式的自助式策略学习指南；③专门的策略学习培训中心。专门的培训中心，目前在国际汉语教学中还并不现实，但对前面两种形式，我们完全可以从现在起就开始逐步采用和实施。譬如：我们根据奥克斯福德做的策略分类与国际汉语教学实际而编制的"汉语策略调查表"，就可以作为这种"嵌入式"课堂策略训练和"自助式"课外策略自学的一个粗略"目录"。当然，我们真诚地希望从事国际汉语教学的各位同人充分发挥各自的主动性和创造力，来为自己的汉语教学制定出更加细致、更加符合教学实际的"汉语学习者策略目录"来。

海外汉语学习者在掌握汉语语言基础知识和汉语言语基本技能的基础上，会逐渐获得一种汉语基本语言能力。具备了这种能力，他（她）就能够基本正确地使用汉语来进行信息传达和感情交流的实际交际活动。假如他（她）继续努力，通过课堂教学和交际实践逐渐掌握并运用汉语文化语用规则，了解汉语语言各个层面所蕴含的文化信息，逐渐掌握并灵活运用汉语学习汉语交际中的策略方法，那么就有可能获得一种更高层次的能力——汉语综合交际能力。这一交际能力，不仅可以保证语言交流的准确性，还可以使这种交流适合于特定的语境和场合，从而顺利地实现交际者的原本意图和预期效果。

但这并不是说，汉语基本语言能力就是汉语言基础知识和汉语言语基本技能之和，汉语综合交际能力就是在基本语言能力之中简单地添加上文化语用规则和学习者策略方法。事实上，汉语基本语言能力中也夹杂着汉语文化语用和学习者策略（尤其是汉语学习的策略）的因素，因为语言和文化语用本来就是"你中有我，我中有你"，而任何人做事情都是要讲究方式方法的。汉语综合交际能力是在更为扎实的汉语语言知识和汉语言语技能之中有机地融入汉语文化语用和交际策略的养分，经过实际汉语言语交际活动的千锤百炼而后才熔炼出来的有机统一体。两种能力处于汉语语用的不同层面，是汉语语用这个连续体中间前后相连、相互渗透的能力部分。我们之所以在此将其区分开来，主要是考虑到国际汉语教学"普及为主，兼带提高"的现实需要和汉语语言能力培养的实际需要。普及阶段当以汉语基本语言能力的培养为其目标，教学自然更多地聚焦于"双基"的学习和训练，但同时不能忘记文化语用和学习策略的学习和培训；提高阶段当在进一步强化"双基"学习和训练的基础上加大文化语用意识的培养和交际策略的培训力度,使学习者逐渐获得合适得体地使用汉语进行交际的能力,甚至一种在更高层次上的汉语自学能力和研究创造能力。

在第三、第四两章中,我们通过对韩国学生的汉语作文语料分析和对泰国学生汉语文化语用与策略使用状况的调查问卷分析,对海外(以东亚和东南亚地区为代表)汉语学习者的汉语语言能力状况有了一个大致的了解,对海外(以东亚和东南亚地区为代表)的汉语教学现状做了初步的调查摸底。我们从中既看到了成功也发现了不足,成功的经验固然值得肯定,不足的地方更需要弥补。因此,在接下来的三章里,我们将从国际汉语教学的整个流程(包括四大环节)入手,就如何在日常的国际汉语教学工作中培养海外汉语学习者的汉语语言交际能力这一重要问题做进一步的详细讨论。

第五章　国际汉语语言交际能力的培养(一)

——国际汉语教材的编写和选用

美国学者毕克顿(Derek Bickerton)在其 1981 年出版的专著《语言之根》(*The Roots of Language*)中提出了一种语言生态观。毕氏认为,人类先天就具有语言的"生物编程"(bioprogrammed),一如植物界里花籽的生物遗传。十年之后,布朗(H.Douglas Brown,1991)将这一比喻转用到人类的语言习得上,认为语言学习其实是一个完整的生态系统(the ecology of language acquisition):花籽(即语言能力,包括先天因素、语言习得机制、已有的经验、文化图式、智力和潜能等)是先天遗传的基因,云雨(即语言输入,包括教师话语、教科书及其他材料、其他学生、非言语行为、课外活动和自我努力等)将花籽催生,但花籽能否发芽还得取决于学习者所使用的适当风格和策略(即土壤,包括解决问题的风格、认知风格、个性特点和输入发动机制);语言能力一旦萌芽(并非所有的花籽都被激活,因为萌芽需要直接策略、记忆策略、情感策略、社交策略和元认知策略等因素的参与),能力的网络就像地下的根须一样,随着有机体积极参与语言理解和语言产出(就像长出树叶一样,涉及扫读、略读、抓关键词、非言语行为等理解策略和预制句式、自我练习、使用词典、向人请教、偏误监控等产出策略的使用)而建立和强化起来;根须系统(即被推断出来的能力)就是人们通常说的"内化吸收"(intake,包括音系规则、语法规则、话语规则、社会语言学规则、语用规则、接受规则、产出规则、中介语系统和陈述性知识);然后经过更多的策略和情感能力(外向、冒险、意志、焦虑、移情等)的应用,加上从别人那里得来的反馈(就像树干),便成就了(包括听、说、读、写在内的)繁花似锦的语言理解与产出和硕果累累的语言实际运用,并最终造就可以推知的综合语言交际能力(inferred competence)。语言运用(即输出,output)的结果当然要受到多种社会语境变数(如方言、风格、语域、正式程度、交际者关系和功能等)这种气候因素的调节和影响。①

从种子、萌芽到开花、结果这一语言习得生态过程,必然涉及诸多因素:有先天遗传的制约,又有外部环境(输入和语境)的影响,还有主体自身努力的作用(包括情感态度和策略的运用等)。作为"园丁"的教师在其中便可以大展拳脚——他通过浇灌来优化营养输入,通过施肥使土壤更具生产力,通过鼓励、指导学习者使用有效的策略方法而加速种子的生根和发芽,通过在课堂这个温室环境对语境气候进行调控,使新生的芽苗更好地成长,然后再移植到自然环境来促成其开花和结果,从而获取理想的语言教学效果。

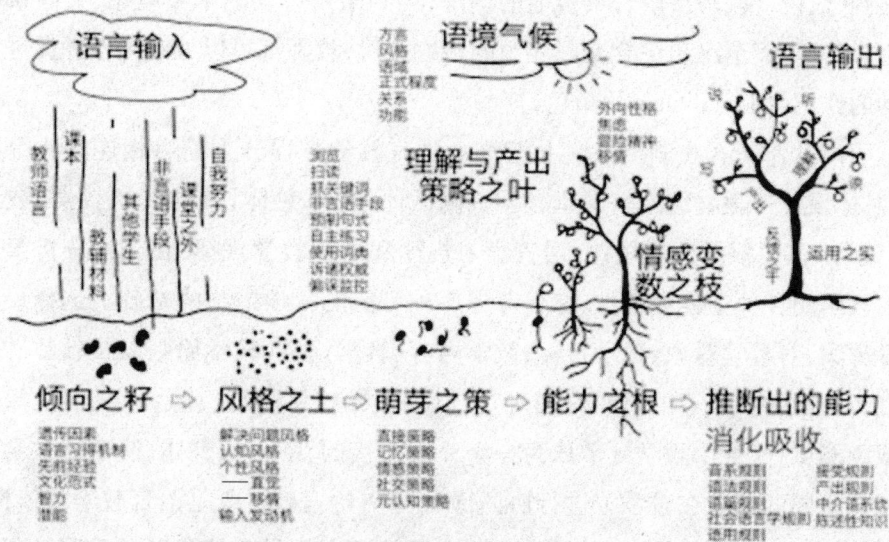

图1　语言习得生态系统图(Brown 1991)

语言习得的生物遗传机制我们或许无法改变,因为第二语言学习者须在一开始就先天地具备这种机制和正常的智力,以及一定的社会生活经验和文化图式。然而,第二语言教学在语言材料的输入、学习活动的安排、学习策略与交际策略的培训和语境气候条件的适应方面则完全是大有可为的。第二语言习得过

---

① D.H.Brown.*Principles of Langauge Teaching and Learning*.Beijing:Foreign Language Teaching and Research Press,2002:295-296.布朗所做的图示参见本页的附图,图中的汉语译文为作者自制。

程大致可以分为三大阶段,即"输入(感知,理解)"→"吸收与融合"→"输入"。[①]汉语作为第二语言的学习获得过程,相应地也应该是这样:一个(主要通过遗传获得的)生理、心理相对健全的外国成年人(也可能包括相当一部分未成年的中、小学生)在一定的环境中,带着一定的情感和态度,运用一定的学习策略来获得汉语语言文化知识,掌握包括进行口头和书面的理解与表达的汉语言语技能,调动其已有(通过母语习得与社会生活实践而掌握)的世界知识,逐步形成其汉语基本语言能力;这种基本的语言能力在学习者所习得的汉语语用规则的指引下,在其所能够掌控的汉语交际策略的调节下,通过大量的模拟和真实的汉语语言交际活动,逐渐转化成为一种汉语综合交际能力。从汉语言文化知识的学习到听、说、读、写汉语言语技能的训练,再到语用规则的学习应用、交际策略的逐步掌握,直至汉语综合交际能力的最终获得,教师都可以也必须发挥促进和推动的作用(即 facilitator 的角色)。

国内对外汉语教学界习惯上把整个语言教学过程分为前后相连的 4 个阶段:总体设计—教材编选—课堂教学—测试评估。[②] 总体设计或者"教学(或课程)设计",是"根据语言规律、语言学习规律和语言教学规律,在全面分析第二语言教学的各种主客观条件、综合考虑各种可能的教学措施的基础上选择最佳教学方案,对教学对象、教学目标、教学内容、教学途径、教学原则以及教师的分工和对教师的要求等做出明确的规定,以便指导教材编写(或选择)、课堂教学和成绩测试,使各个教学环节成为一个互相衔接的、统一的整体,使全体教学人员根据不同的分工在教学上进行协调行动"。[③] 语言教材既是语言教学的依据,也是总体设计的具体体现,编写和选用合适的语言教材自然是至关重要。理想的语言教材应该是教学内容与总体目标保持一致而且能够激发学习者学习兴趣和学习热情的教材,是方便教师教授和学生学习因而利于语言交际能力培养和获得的教材。课堂教学是帮助学习者学习与掌握目的语知识、技能并培养其运

---

① 西方学者的表述为:Perceived Input→Comprehended Input→Intake→Integration→Output. 即"感知到的输入"→"理解了的输入"→"内化吸收"→"综合加工"→"语言产出"。

② 语言教学第二阶段的常见表述(如刘珣、赵金铭等)为"教材编写",但作者以为国际汉语教学更多地涉及对已有教材的选择。为适应"四字格"形式,在此综合表述为"教材选编"。

③ 吕必松:《对外汉语教学概论(讲义)》,国家汉办"汉语作为外语教学能力考试参考用书"(内部资料 0200),第 84 页。

用目的语进行实际交际的能力之主要场所、主要形式和中心环节,教学质量的有无和高低在很大程度上就直接取决于课堂教学的成效。有效的语言课堂应该以学习者为中心、以交际性语言活动为主体,应该能够让学习者满怀热情、充满兴趣地去积极探索和主动发现一个全新的未知世界,并从中得到成功的快乐和好奇心的满足。测试评估是根据一定的目的,以抽样的方式通过有限的题目或任务来诱导出受试者的言语行为,然后借助定量的描述来推断受试者已有的语言知识和语言能力。[①] 语言测试可以为我们提供关于学习者语言学习的信息反馈和人才选用的资质依据,可以帮助我们开展语言和语言教学的研究工作,可以促进语言教学成果的推广,并进而扩大目的语的影响力。总体设计是宏观蓝图,教材编选是施工方案,课堂教学是具体施工,测试评估是对施工过程的反馈、对工程质量的验收。四个环节环环相扣,相互配合,构建起语言教学这一通天塔工程。

国际(对外)汉语教学作为语言教学的一个组成部分,自然也遵循着"总体设计—教材编选—课堂教学—测试评估"这一流程来进行施工建设。然而,在具体的教学实践之中,我们应该如何操作才能够帮助和促进汉语学习者学习、掌握汉语言文化知识与汉语言语技能,形成基本的汉语语言能力,并进而鼓励和推动他们学习、掌握汉语语用规则,操练、运用汉语学习与交际策略,而最终成就其综合的国际汉语语言交际能力呢?

吕必松在 1986 年提出"总体设计"的概念,其本意是通过一种高屋建瓴式的规划设计来为全部语言教学活动选择一个最优化的实施方案并对方案的具体落实进行监督和干预。总体设计的内容涉及教学类型、教学对象、教学目标、教学原则、教学途径以及教师的分工和对教师的要求,[②]其表现形式通常是课程设计、大纲(标准)制定、教学计划、师资培训和教学评估,因而主要是由教育主管部门来进行统筹安排。国际(对外)汉语教学在这些方面是幸运的,因为自 1988 年《汉语水平等级标准和语法等级大纲》试行以来,我们已经逐渐有了各种各样的教学标准和大纲,例如:1991 年发布的《汉语水平考试 HSK 大纲》、1992 年颁布的《汉语水平词汇与汉字等级大纲》(收入 8822 个词语,分为 4 个等级;收入

---

① 吕必松:《汉语和汉语作为第二语言教学》,北京:北京语言大学出版社,2007 年,第 109 页。
② 赵金铭:《对外汉语教学概论》,北京:商务印书馆,2005 年,第 23、27 页。

汉字共计 2905 个,也分 4 个等级)、1995 年发布的《对外汉语教学语法大纲》和《中高级对外汉语教学等级大纲》、1996 年由国家汉办正式颁布的《汉语水平等级标准与语法等级大纲》(其中的"汉语水平标准"包括了"三等五级",即:初等(一、二级)、中等(三级)和高级(四、五级),"语法等级"则将 18 类共 1168 个语法点分成了 4 个等级)、1999 年颁布的《对外汉语教学初级阶段教学大纲(语法、词汇、功能、情景)》和 2001 年发布的《对外汉语教学中高级阶段功能大纲》。对外汉语教学于是逐步走上法制化和规范化的道路。从 2007 年开始,我们又有了《国际汉语能力标准》、《国际汉语教师标准》、①《国际汉语教学通用课程大纲》和《汉语水平考试 HSK 大纲》(所谓"新 HSK")等一系列专门针对国际汉语教育教学的标准和大纲。这些总体设计的成果对国内的对外汉语教学与海外的国际汉语教学已经和正在发挥着指导与制约的作用。对外汉语教学本科专业的设置、汉语国际教育专业硕士学位的设立、国际汉语教师"本土化"计划的实施、汉语作为外语教学能力考试的开考……这对国际(对外)汉语教学的师资培养和储备更是影响深远。我们虽然还缺乏系统、成熟、操作性强的汉语文化/语用大纲与汉语教学任务大纲,在这些大纲的设计的制定上我们也都有建议、参与的权利和义务,不过,宏观层面的事情,我们暂且还是留给业界同人们去集体创作吧。

　　作为直接从事国际汉语教学实践的教师,我们更为关注的还是"教材编选"、"课堂教学"和"测试评估"这三个具体的教学环节,因为它们构成了国际汉语教学的日常工作和行为,也是国际汉语教师的主要教学行为和任务,任何一个环节处理失当都会直接影响国际汉语教育教学事业的最终成效。在以下的三章里,我们将就如何在这三个环节践行和实现"汉语语言交际能力"的总体培养目标来进行探讨。本章要讨论的是"教材编选与汉语语言交际能力的培养"。在"课堂教学"与"测试评估"环节如何具体实施国际汉语语言交际能力的培养,将在第六、七两章进行专题讨论。

---

　　① 《国际汉语教师标准》有两个版本:国家汉办版(2007 年)和孔子学院总部版(2012 年)。前者描述详细,包括十大标准,要求过于理想化;后者描述简明,包括五大标准,更为实用和具体。

第一节 国际（对外）汉语教材综述

中国的对外汉语教材可以说是从无到有,积少成多,已经逐渐形成一个较为完整的教学和教辅材料体系。从 1958 年第一部对外汉语教材《汉语教科书》的正式出版到现在,面世的对外汉语教材仅从数量上看就已是蔚为壮观了:据李泉的估计,截至 2002 年初就有了不少于 500 部的各类对外汉语教材,①而近十年出版发行的国际（对外）汉语教材更是不得了,保守的估计也不会低于 500 种。其中还不乏一些在理论界和教学实践中已产生广泛影响的佼佼者,甚至有个别的已经走出国门,在海外的汉语教学中被广泛地使用着。新近出现的一些教材又与多媒体、互联网结缘,呈现"立体化"和"组合式"的新倾向。

刘珣在 20 世纪末就对外汉语教材曾有过这样的评述:"回顾半个世纪对外汉语教材发展的历史,我们已经走过了 50 年代到 70 年代的结构法教材时期,80年代到 90 年代的结构与功能相结合教材时期,现在正跨入结构、功能、文化相结合时期。"②不错,我们已经有了一些广受欢迎、颇具代表性的"结构型"与"结构加功能型"的对外汉语教材,但是"结构"、"功能"与"文化"如何在对外汉语教材中实现有机的融合,至今还没有得到很好的解决。探索一直在进行,仅在 21世纪的前十年里,我们就已经在《语言文字应用》、《语言教学与研究》、《世界汉语教学》和《云南师范大学学报》等专业刊物上见到数十篇关于新型对外汉语教材选编的理论探讨和实践经验方面的文章,例如:齐沛的"对外汉语教材再评述"（2000 年）、程相文的"对外汉语教材的创新"（2001 年）、邓氏香的"对中国国内编写对外汉语教材的建议"（2004 年）和金立鑫的"'教师、教材、教法'内涵和外延的逻辑分析"（2009 年）,其中不乏真知灼见。对外汉语教学相关专著也对教材的编写和选用有相当的论述,特别值得一提的是商务印书馆"对外汉语教学书系"中的《对外汉语教材研究》（2006 年）和"对外汉语专业本科系列教材"中的《对外汉语教材通论》（2012 年）两部。主编李泉在《通论》中就语言教

---

① 李泉:《近 20 年对外汉语教材编写和研究的基本情况述评》,《语言文字应用》2002 年第 3 期。

② 刘珣:《对外汉语教育学引论》,北京:北京语言文化大学出版社,2000 年,第 322 页。

材理论、第二语言教材的编写与评估做了深入浅出的论述和解说,而在《研究》中对发表过的相关论文进行分类汇总并且加上述评,又对对外汉语教材的编写做了全面的回顾,总结的经验和教训,提出的展望和建议无不具有借鉴和启发意义。

下面,我们也从"回顾"和"展望"两个视角来对国际(对外)汉语教学用教材与国际汉语语言交际能力培养的问题进行一些思考和探索。

第二节　回顾：对 14 部对外汉语教材的分析

中国对外汉语教材的开发,从宏观的视角可以分出 3 个阶段来。20 世纪上半叶为第一阶段,此间出现的教材,如爱德华·阿基德森编写的《华英捷径:初步 100 步(注音)》(1910 年)、伊文·摩根编写的《新官话汇编:现代汉语入门》(1933 年)、赵元任编写的《国语入门(英文)》(1948 年)和周辩明编写的《中英会话三用教本》(1950 年),面对的教学对象主要是外国传教士和外国商人,具有一定的实用价值和针对性,但缺乏相关专业理论的支撑,显现经验型和实践型的特点。20 世纪 50 年代至 90 年代初为第二阶段,这个阶段出现的教材,如邓懿等编写的《汉语教科书》(1958 年)、李培元编写的《基础汉语课本》(1980 年)、刘珣等编写的《实用汉语课本》(1981 年)、鲁健骥等人编写的《初级汉语课本》(1986 年)、孙晖等主编的《开明中级汉语》(1987 年)和华语教学出版社出版的《中国语文》(1988 年),都能够吸收国外语言教学理论的研究成果,并结合国内对外汉语教学的实践经验,在继承汉语传统语法和结构主义语法研究成果的基础之上,加入"功能"和"意念"的语用因素,将教学重点开始向学习者汉语交际能力的培养方面转变。[①] 90 年代初以来为第三阶段,该阶段出现的教材开始悄然涌动一种新的思潮——在继承以往对外汉语教学研究成果的基础之上,逐渐渗入功能和文化的因素。其中,产生过较大影响的就有邱质朴编著的《说什么和怎么说》(1990 年)、杨贺松主编的《中国家常》(1991 年)、王福祥编写的《外国人学中国语》(1995 年)、陈灼编写的《桥梁——实用汉语中级教程》(1996

---

① 参见齐沛:《对外汉语教材再评述》,《语言教学与研究》2000 年第 1 期。

年)、杨寄洲等编写的《汉语教程》(1999年)、刘珣等编写的《新实用汉语课本》(2002年)、李晓琪主编的《博雅汉语》(2004年)、刘援总策划的"体验汉语系列教材"(2006年、2007年)、许嘉璐主编的《加油 jiā yóu》(2008年)和吴中伟主编的《当代中文》(2010年)。此外,还有网络孔子学院陆续推出的系列多媒体和网络汉语教材,如《乘风汉语》(Chengo Chinese)。

　　撇开1950年之前的第一个阶段,中国的对外汉语教材,可以说是走过了以《基础汉语课本》为代表的纯结构时期和以《实用汉语课本》为代表的结构加功能时期,现在正步入一个崭新的"结构—功能—文化"三结合的新时期。结构、功能、文化三者相互融合,是对外汉语教材编写的理想模式,也是对外(国际)汉语教材编写的既定目标,尽管在实际操作中还有一些问题亟待解决。

一、四部"纯结构"式的对外汉语教材

——《汉语教科书》、《基础汉语》、《汉语课本》、《基础汉语课本》

　　我国第一部正式出版(1958年)的对外汉语教材是《汉语教科书》。教材分上、下两册,共72课,其中"语音"占8课,"口语练习"占4课,"基本语法"占60课。书后还有4个附录,包括:"基本语法复习提纲"、"生词对照表"、"汉字组合一览"和"词儿连用规则"。整套教材明显地表现出4个方面的特色,即:(1)教学内容除"语音"部分而外全部都是以语法为纲,课文和练习也都为语法点的教学服务;(2)十分重视对语言知识的传授与学习,所涉及的语音、语法现象都有简明而系统的解说;(3)对语法的分析主要建立在结构形式之上,但对一些特殊意念的表达也作了一些专门说明;(4)教材内容(如语法点的确定和切分)和体例安排都有比较强的针对性,较好地体现了对外汉语教学的特殊性。缺点也相当突出,主要表现为:(1)对汉语语言知识的讲解求全求细而陷于烦琐;(2)所涉及的生活面过于狭窄,使用的几乎都是学校生活用语;(3)有些语句并非真实的交际语言,只是为了图解语法点而编造出来的"人工语言"。① 可以看出,初创阶段的对外汉语教材表现出了比较鲜明的语言学倾向,也就是在语言规律、语言学习规律和语言教学规律三者中,更加侧重于语言规则,具体表现为:教学内容以

---

① 吕必松:《对外汉语发展概要》,北京:北京语言大学出版社,2006年,第42—45页。

音素和语法为纲,教学目标为系统的汉语语言知识,教学方法以演绎(而非归纳)法为主,教学形式主要是教师主宰课堂、讲授语言知识而学生被动听讲、对语言知识进行识记……

由商务印书馆出版的《基础汉语》(上册,1971年;下册,1972年)及其后续的《汉语读本》(上、下册,1972年),是"文革"期间专为国外的汉语教学而编写的系统教材。《基础汉语》总共66课,前12课为"语音",集中学习声、韵、调,进行"难音练习"和"难调练习"。第3课开始出现生词和汉字,第8课开始短句练习。在第13课之后进入"语法"部分,每课都按照范句、课文、生词、语法、练习和汉字表的顺序来进行编排。到了《汉语读本》,教材开始由句子过渡到短文。短文的内容先是由一般的语句转换到科学常识,然后再转换到数理化原文,具有十分明显的理工科专业和语言预备教育的色彩。整套教材由34课组成,每一课都包括课文、生词、词语例解和练习4个部分。由于《基础汉语》是1965年实验教材的修订本,《汉语读本》也以先前的短文教材为蓝本,所以整套教材较全面地体现了60年代对外汉语教学的特色,即"实践性原则"的贯彻和"相对直接法"的应用,句型教学也有了一定程度的显现。教学内容与学生的专业学习需要密切结合,因而具有比较强的针对性。

取代《基础汉语》的是《汉语课本》(1977年)。课本共4册,包含76课,一、二册44课,三、四册32课。开始的12课侧重"语音",每课都由课文、生词和汉字、练习、注释5个部分组成。第一课安排了"汉字笔画表"和"汉字笔顺表",每4课里又插入一个单元复习。从第13课开始,"句型和语法"成为重心,每一课分为8个部分,即:(1)替换练习;(2)课文(一);(3)课文(二);(4)生词;(5)会话;(6)注释;(7)汉字表;(8)练习。每5课或者每6课插入一个单元复习。第二册有4个附录:"基本语法复习提纲"、"词类简称表"、"词汇表"和"繁简字对照表"。三、四册里的每一课都分成6个板块:(1)课文;(2)生词;(3)词语练习;(4)课文练习;(5)阅读课文;(6)(阅读课文中的)生词。6个语法复习穿插其中。整套教材具有6个显著的特点:(1)淡化语音、语法、短文阶段之间的界限,强化汉语语言教学的整体性和连贯性;(2)引入句型教学法,并将句型与课文、语法结合起来;(3)一、二册里面的语音、语法知识以"注释"形式出现,以便淡化语言知识的学习而凸显语言能力的掌握,三、四册中的"词语练习"将语法、词汇和语言点的练习结合起来,更是突出了语言运用能力的培养和提高;(4)

一、二册中每一课都单设一项对话,三、四册中每一课都有阅读课文,口语教学和阅读教学于是得到强化,各册均有了更多的语言练习材料,从而体现"练中学"的理念;(5)首次在课文与练习中配上插图,增加了教材的直观性和生动性;(6)大概是受当时"开门办学"思潮的影响,教材反映出来的生活面倒是比以前有了明显的拓展。

以《汉语课本》为蓝本的《基础汉语课本》(1980—1982年),是一套集以前教材之大成的汉语教材。教材分为5册,在内容编排体例、语流中教语音、结合句型教语法和课文、练习中配插图等方面都沿袭了《汉语课本》的做法,但同时又在诸多方面表现出了某种程度的突破和创新,例如:(1)政治色彩明显地淡化;(2)对语法的处理系统而简明;(3)练习量加大,练习方式多样化;(4)四、五册中出现"近义词例解",增加了实用性;(5)恢复了语音、语法和短文的三段分界,语言材料有所减少;(6)在语音教学的细节处理上多有创见。吕必松因此认为,这"是到那时为止按照结构法的路子编写的一部最成熟的教材。特别是语法点的编排和解释,把研究成果和教学经验融为一体,其科学性、针对性都是以前的教材所无法相比的"。①

可以说,这4种教材代表着中国"纯结构"式对外汉语教材在对外汉语教学事业开展的前30年里所能够达到的最高峰。它们对汉语语言结构、词语和语法句式的认识与处理,为今后的对外汉语教材编写提供了很好的范式。

二、6部"结构+功能"式的对外汉语教材

——《实用汉语课本》、《初级汉语课本》、《开明中级汉语》、
《说什么和怎么说》、《中国家常》和《桥梁——实用汉语中级教程》

进入20世纪80年代,随着《新概念英语》(*New Concept English*)、《主线》(*Mainline*)、《跟我学》(*Follow Me*)等原版英语教材的引入、流行和欧洲"功能—意念"语言教学理念的影响,对外汉语教材的编写思路也发生了重大的变化。一种全新的思路——将"以言行事"的语言交际功能加入既有的注重语言结构系统的教材编写框架之中——开始出现。刘珣等人编写的《实用汉语课本》(商

① 吕必松:《对外汉语教学发展概要》,北京:北京语言学院出版社,1990年,第65页。

务印书馆,一、二册于 1981 年出版),便是中国第一部既吸收了功能法优点又针对国外汉语教学实际需要的对外汉语教材。

《实用汉语课本》将整个汉语教学分成了三个台阶:基础级、中级和高级,每级使用两册课本,总共 6 册,一、二册配有汉字练习本。基础级的两册课本,总共 50 课,包括 8 个单元复习课(一册 3 个,二册 5 个)。最初的 12 课在侧重会话、句型教学的同时,比较集中地安排了语音、声调的练习(语调练习在后面陆续出现),语法的介绍从第三课开始。每一课由课文、注释、语音练习与会话练习、语音、语法(不是每课都有)几个部分组成。第 13 课以后,每一课按照课文、注释、替换与扩展、语音、语法、语音语调(第二册里不是每课都有)的体例编排。各课出现的生词和补充生词都附在课文的后面,语音、语调、语法的练习附在相应的项目之后,每一课的后面都附有"汉字笔顺表"(都有相对应的繁体字),部分课还附有用英、法文编写的中国文化知识介绍专栏——"你知道吗?"。这两册教材的特点比较突出,表现为:(1)听、说、读、写的综合训练全面展开;(2)精心设计语言情境,以突出交际环境(全书以两个汉语学习者,即古波和帕兰卡,在各自国家(一册)和来到中国(二册)的学习、生活、与中国人交往的情况为线索,展开课文的语境、情节和话语的设计);(3)情境、功能相互结合,"语法"部分有详细的解说,"语法小结"有系统的归纳,"替换与扩展"和"练习"不仅有句型和语法练习,还有大量以功能项目、话题或情境为核心的会话操练,从而突出了语言的交际性;(4)汉语文化知识的学习得到强化——文化专栏"你知道吗?"分 28 个话题介绍了外国人感兴趣的中国历史、地理、语言、文字、文学、艺术、教育和社会习俗等方面的知识。中级的三、四册总共 30 课,每册 15 课。每一课由课文、会话、生词、词语例解、练习 5 个部分组成,每 5 课插入一个单元复习,第四册后面附有"词汇表"、"词语理解索引"和"词语例解词汇表"。大部分的课文都是围绕一对外国夫妇(一、二册中出现的一位外国学生的父母)在中国旅游和生活的情形来编写的,通过他们在中国的所见所闻以及跟中国人的交往,展现了中国的名胜古迹、历史文化、政治经济、文化教育、社会习俗等。在通过"会话"继续进行口语教学的同时,三、四册中的"课文"增加了书面语的教学分量。第三册的"练习"分课文、会话、词语 3 个部分进行,第四册另外增加了写作,各部分都以应用性的练习为主,容量大而且方式多样。复习课的重点是词汇,学过的词语分别按照意义、用法、构词特点等标准进行分门别类的整理,使用多种方式进行练习,以帮助促进学生的记忆、理解和运用。每一课的"会话"都以一定的功能项目、情境或话题为中心组织语言材料,保留了一、二册注重语言交际的特点,体现了结构、情境、功能三结合的理念,而且开辟了一条把文化知识传授渗透在语言教学活动之中的新路子。整套教材①以句型、结构、功能、情景和文化相结合的模式为构架,力图通过句型结构训练、功能替换练习之类的综合性训练来培养学习者的实际语言交际能力,而且依照实际交际需要精心设计了接近于真实的生活语境,有意识地对相关文化背景知识进行介绍,在语法注释中也注意汉外对比与交际功能因素的融入渗透。业界行家对此盛赞不已,称其"不但代表了到那时为止的综合教材的最高水平,而且为探索新的教学路子做出了贡献"。②

　　我国最早的对外汉语系列教材是《初级汉语课本》(1986 年出版)。这套教材其实是北京语言学院在 20 世纪 70 年代进行的"关于改革精读课、加强听力和阅读教学的试验"之成果展现。除了主干教材(即精读课本)之外,还有与之配套使用的《阅读理解》、《听力练习》和《汉字读写课本》,听力和阅读等言语技能的训练于是在其中得到凸显和强调,其中的《听力练习》还成了国内第一部真正具有专项语言技能训练特色的汉语听力教材。此外,教材还首创了两种编写体例,即:(1)使用注释的形式来介绍交际文化,安排交际性语言训练,使功能和文化因素在语言结构训练之中得到了较为融洽的渗透;(2)主干教材将所学的语法点化整为零,并使用数学公式的方法来进行处理,结果使其语法注释不仅简明扼要、实用易学,而且具有更强的教学针对性。

　　1987 年出版的《开明中级汉语》是天津南开大学与美国明尼苏达大学国际、校际合作的成果体现。这是一套以生活话题和功能项目为主线的口语教材,其中的对话都是围绕中心大话题和次级小话题来安排,每一段对话都是从语言环境、句子结构和语言功能三个方面入手,而以功能为其主线——这无疑是一种全新的尝试。教材的另一个创新是,所安排的练习不仅数量大而且构成教材的主体——课文为学习者提供了教学的主要内容,但将这些内容转化为他们的语言交际能力,则要靠这些练习来完成和实现。也就是说,该教材以交际活动或交际性练习为其核心,引导学习者在特定语境之中去执行某一特定功能,在实际言语

---

① 高级阶段的五、六册在海外实际使用得很少,所以我们的分析以初、中级的四册教材为主。
② 吕必松:《对外汉语教学发展概要》,北京:北京语言学院出版社,1990 年,第 66 页。

活动之中掌握新的语言结构。学习语言的要旨是掌握该语言"以言行事"的交际功能,语言教学就是引导学生在练习、执行言语功能之中去掌握语言结构。这样的思路,似乎是在为以后的对外汉语教材开发作出某种预示。

第一部体现纯功能理念的对外汉语教材是《说什么和怎么说》(1980 年开始在南京大学校内油印试用,1990 年正式出版发行)。教材以"意向"为主线,用"称呼"、"问候"、"介绍"、"请求"、"同意"、"反对"、"看法"、"感谢"、"致歉"、"打听"、"意愿"、"可能"、"不能"、"喜爱"、"不满"、"担心"、"意外"、"责问"、"申辩"、"困难"、"安慰"、"急切"、"后悔"、"必须"、"相信"、"怀疑"、"希望"、"假定"、"比较"、"插语"30 个"意向单元"(新版中增加了 77 个次级单元)组织全书。各个单元由"语群分类表"、"例句"、"对话"和"练习"4 部分组成。"语群分类表"旨在"可以用它们来说你不会的话,也可以用它们来查你忘掉的话",分为两栏:"表达方式"(按照适用对象和使用场合分类)和"说明"栏(对适用对象和使用场合给予提示)。"例句"部分是"某种意向表达方式的各种用法",旨在通过举例的方式对意向单元所列表达方式的使用场合与使用方法加以说明和解释。"对话"部分设计了一些小情境,目的是通过"对话"来练习说话,并"把正在学的表达方式理解得清楚点儿"。"练习"部分主要包括了这样的内容:学生根据指定的情境来学习说话、进行填空、回答问题、书写对话、应用文写作等,目的是要让学生实际应用在本单元中所学过的那些表达方式。"语群分类表"、"例句"、"对话"、"练习"4 个部分很好地体现了"展示→举例→在情境中模仿→在情境中应用"的语言认知学习过程,每往前走一步,学生的理解就加深一点,日积月累,学习者也就逐渐会获得一定的语言交际能力(尤其是口头语言能力)。对于那些已经完成初级阶段的汉语学习而欲进一步提高自己汉语口头表达能力的学习者来说,这的确是一部相当适合的教材。

教材反映的社会生活尽量贴近当代中国人的真实生活,这样才有可能更好地调动外国人学习汉语的热情和兴趣。这种认识在《中国家常》(1991 年出版)中得到了较好的体现。作为教学主体内容,《中国家常》选取了最易引起外国汉语学习者关注和兴趣的 20 个热门家常话题:从烦恼的大龄姑娘到"小皇帝"独生子女,从出租车司机到安徽小保姆,从自行车王国到家用电器热,中国人当代生活的方方面面几乎都被涉及。对于这样的话题,学习者一般都比较感兴趣而且乐于参与讨论,所以有利于培养其使用汉语进行高一级交际活动的能力。此外,教材在内容编排上也具有特色:每一课都有一篇作者自己编写的千字主课文,对本课中的话题进行概要叙述,为学习者提供了话题的主要内容以及与话题相关的重要词语(以供其精读使用);主课文之后又附有几篇选自中国报纸杂志的原文材料,供学习者课外阅读浏览,学习者从中不仅可以获取足量的相关信息以便参与课堂上话题的讨论,还可以得到快速阅读和查找信息的能力训练。这种将精读与泛读、原著与选编的课文、听说和读写有机地结合起来的教材编写路子,无疑是为今后的中高级对外汉语教材的编写提供了一个很好的样板。

《桥梁——实用汉语中级教程》(1996年出版)是一部针对现代汉语本科专业外国留学生的阶段性汉语教材。教材分上、下两册,共30课(与国内的学期设置一致),两册书后都附有"生词总表"并配有录音磁带,专供听力训练使用。各课皆由正课文、生词、词语搭配与扩展、语法例释、副课文、练习6个部分组成。正课文的选材不仅题材广、体裁多,而且注意将时代性、趣味性和中外文化元素融入其中,以便让学生在汉语言的学习过程中更好地了解当代中国社会——事实上,整套教材都是围绕着"教育"、"职业"、"婚姻家庭"、"经济"、"法制"、"道德"、"文化"、"交通"、"健康"和"环境"10个大话题来进行编排的。正课文之后有侧重于对学习者读、说、听(写还未成为本阶段的学习重点)单项言语技能训练的3篇副课文(阅读课文、会话课文和听力课文)。从内容上讲,它们是对正课文的复现、补充、阐述和拓展;从方式上讲,它们又是就一定话题、结构和文化项目而进行的汉语言语技能综合训练。正、副课文相映成趣,有讲有练,有话题内容又有语言素材,而且听、说、读、写都有所涉及,从而比较好地体现了中级汉语综合教材的特点。"生词"部分对正课文中出现的生词在词性、读音、等级和释义(英法文注释)方面进行了说明,以便让学习者更好地理解和记忆,而"词语搭配与扩展"又根据词语的不同特征为学习者提供了不同的搭配框架,以帮助他们学会在语境之中掌握其用法。"语法例释"部分采用了"化整为零"、分散布点的"细水长流"布局方式(如"把字句(1)、(2)、(3)"、"被动句(1)、(2)、(3)、(4)"等),既体现了汉语知识的零散性和语言学习的分散性,又兼顾到语言的系统性和学习的连贯性。对课文中出现的语法现象都进行了举例说明,而给出的例子大多来自于实际生活,从而注意了语言表达的针对性和真实性。"练习"的内容分成三类:供学习者理解和记忆知识技能的机械性练习、半机械半交际性练习和交际性练习,而三类练习都用示例、提示的方式来加以呈现,以使学习者从机械的模仿训练出发,经过准交际性的替换练习,最终过渡到语言材料的活用并进行真实的交际性语言活动。

以上述 6 种教材为代表的中国对外汉语教材,已经具备了从基础到中级再到高级阶段的全部序列,个别的教材还具有了听、说、读、写各专项言语技能训练的综合序列,而且十分明显地表现出了一种全新的倾向,即:从纯结构型向结构为主功能为辅或者结构功能相结合的编写理念转变。可以看出,"功能"和"交际"的概念已经不可逆转地深入到教材编写者与使用者的心里,个别的教材甚至已经开始有意识地将中外文化和跨文化交际因素也渗透进来。

三、21 世纪的 4 部"探索"型对外(国际)汉语教材

——《新实用汉语课本》、《博雅汉语》、《体验汉语》和《加油 jiā yóu》

中国的对外汉语教学,随着 21 世纪的到来进入一个崭新的发展阶段——汉语"国际"大教育。对外汉语教材编著者也"与时俱进"地开始了新的探索,即:在广泛吸收世界应用语言学和第二语言习得理论研究成果的同时,强调对汉语语言文化自身特点和"国际"汉语教学特殊性的凸显。于是在短短的 10 年间,我们便见到数以百计的新型对外汉语教材,其中不乏一些颇具特色的系列巨制,例如:《新实用汉语课本》(刘珣主编,2002 年)、《博雅汉语》(李晓琪主编,2004 年)、《体验汉语》(刘援总策划,2006 年、2007 年)和《加油 jiā yóu》(许嘉璐主编,2008 年)。此外,还有由国家汉办和孔子学院总部规划与主持的多媒体系列成果《快乐汉语》(*Happy Chinese*)、《易捷少儿汉语》(*Easy & Fun Chinese*)、《汉字王国》(*HaFaLa Chinese*)、《长城汉语》(*Great Wall Chinese*)和《乘风汉语》(*Chengo Chinese*)等等。

《新实用汉语课本》既"继承原《实用汉语课本》深受使用者欢迎、并经过时间考验的一些主要特点",同时"又是一本全新的教材"。[①] 整套课本总共 6 册 70 课,分三级:初级(一、二册,26 课)、过渡级(三、四册,24 课)和中级(五、六册,20 课)。各册均配有"综合练习册"和"教师手册"及录音光盘。"课本"的每一课基本上都由六七个板块构成:(1)课文;(2)注释;(3)语音/会话练习(一册

---

① 刘珣:《新实用汉语课本(1)》,北京:北京语言大学出版社,2002 年,"前言"第 I 页。

前6课);(4)练习与运用(一册第7课后);(5)阅读与复述;(6)语法;(7)汉字。前面两个板块为学习者提供学习材料,后面几个板块为其提供练习与活动。有的课里面还设有"文化知识"专栏。对话或者短文的"课文"为每一课提供一定的话题和情境,"生词"通过对汉字构成语素的分析来方便学习者对词语的理解和记忆,"注释"不仅解说生词和新的语法点而且提供一些文化背景知识。前6课里出现的"语音"或者"语音练习"集中介绍汉语拼音的知识,进行相应的发音、拼音练习,并在第6课里对语音部分做了总结和复习;"练习与运用"和"会话练习"先通过"重点句式"来介绍课文中的重点语言结构及其功能,又通过词组操练、句型替换、会话练习、交际练习等训练形式完成从模仿到运用的语言学习过程;"阅读和复述"通过重现刚刚学过的句型和词汇来逐步培养学习者的口头表达和书面表达能力;"语法"部分对学习者潜在的语言结构难点进行了解说,而且在每册当中都插入两个语法复习课,以帮助学习者对前一阶段所学过的语法点进行总结归纳和复习巩固;"汉字"通过对汉字部件及其组合规律和书写规范的解说来帮助学习者理解、识别和书写汉字;"文化知识"部分则先用英文后来直接用汉语来对与汉语有关的文化背景知识进行解释,以便加深学习者对课文的理解,而随着学习者汉语水平的提高,这样的文化因素慢慢直接融入课文里面。"综合练习册"为学习者提供了大量的课外练习,这些练习既涉及汉字、语音、句型和词语等汉语知识的理解和吸收,又包括了听、说、读、写各个方面的言语技能训练。"教师手册"为教师提供了课本使用的说明和教学建议,对各课所涉及的汉语语言知识都做了简明扼要的介绍和解释,而且包含了一些有益的教学参考资料,如单元测试题和所有练习题的答案。

初级从汉语语音开始,同时介绍一些简易的口语会话和基本句式,之后开始接触基本的句型结构。过渡级里,语法句型和词汇教学得到进一步的巩固、拓展和深化。中级则在强化词语和语法教学之外,又加入了汉语复句和语段语篇教学。从汉语"基本句式"的初步接触,到汉语"基本句型"的系统介绍,再经过"词语—句法"的立体式建构和强化,最终达到"复句—语段"的句群与语篇建构,这样的编排体例既体现了汉语言的结构特点和语言学习的阶段性特点,也与人类认知螺旋式上升的特点相吻合,而且降低了汉语学习的入门门槛,适应了"国际"汉语教学的新形势,因而成为《新实用汉语课本》的一大亮点。

《新实用汉语课本》又注重对语言教学"交际性"的凸显,特别强调对汉语语言功能项目的教和学。初级和过渡级的 4 册侧重汉语语言基本功能和基本话题的教学,旨在培养学习者运用固定表达方式或者基础句型结构来进行基本的汉语交际的能力,五、六册则将教学重心放在了更高级、更深层的功能和话题教学上,旨在培养学习者使用句群和语篇进行成段表达的高一级汉语言交际能力。譬如,第一册的 14 课完全就是围绕着以下 14 个功能和话题而编织、结构起来的:"你好"、"你忙吗"、"她是哪国人"、"认识你很高兴"、"餐厅在哪里"、"我们去游泳,好吗"、"你认识不认识他"、"你们家几口人"、"他今年二十岁"、"我在这里买光盘"、"我会说一点汉语"、"我全身都不舒服"、"我认识了一个漂亮的姑娘"和"祝你圣诞快乐"。见面打招呼、询问对方情况、出行问路、建议提议、购物、看病、祝愿等"功能"意念和"以言行事"的教学项目贯穿整套教材始终。课本里不时地使用实物实景的生活图片和原汁原味的汉语材料(如菜单、车票、广告、车船时刻表等),这使得课堂上的语言交际活动更加逼近真实的中国社会生活。课本所反映的现实生活面明显地有了更大的拓展,不仅展现了学生的学校生活情境,而且走出学校进入社会生活。与此同时,课本还有意识地进行中国文化元素渗透:初级结合校园生活和日常生活,介绍了与汉语表达、理解相关的习俗文化;过渡级围绕着学生感兴趣的一些话题展开对中西文化的对比;中级则对中国社会生活各个方面进行介绍,涉及当代中国的社会文化状况,又包含了中国古代的文化传统成分。

《新实用汉语课本》具有明确的教学理念和指导思想,即坚持"学习者中心",努力培养学习者使用汉语进行实际交际的能力。其具体表现为:在教学内容上尽量满足学习者的需要,选择他们感兴趣、想知道的中国社会生活方面,鼓励他们进行创造性的学习和具有成功感的学习;在教学方法上博采众家之长,既重语言交际功能的学习又不放松对语言结构规则的掌握,而且坚持由易到难、循环往复的内容呈现模式,使学习过程更加便利和容易。

整套教材于是表现出四大特色:(1)以语言功能为主线,通过对功能的学习来掌握语言结构;(2)在汉语语言功能和结构之中加入中国文化内容,有渗透于语言教学内容的隐性文化元素,又有专题介绍的显性"文化知识"专栏;(3)教学内容(功能的、结构的和文化的)都采用了循序渐进、多次复现的方式来加以呈现,以尽可能地与学习者的认知特点和学习风格相吻合;(4)入门更加方便,不以"高级"拒人以门外,努力与海内外汉语教学新形势相适应。可以说,这是"结构+功能+文化"新型"国际"汉语教材的一次可贵的尝试和践行。

语言既是文化的承载工具，又是文化的一个有机组成部分，具有至少四千年历史的汉语自然有着博大、精深、典雅的文化内涵。这样的认识成为北京大学《博雅汉语》系列对外汉语教材名称的由来。

《博雅汉语》将整个汉语学习过程分成4个阶段：初级（"起步"）、准中级（"加速"）、中级（"冲刺"）和高级（"飞翔"），前3个阶段每级两册，第四阶段分3册，总共9册。学习者一旦顺利走完4个阶段，就可能实现一个既定的目标——展翅翱翔于汉语言文化的广阔蓝天。"起步篇"包括开篇的"语音部分"和55篇课文，课文以语法结构为主线，辅助以语言功能，并努力将结构和功能蕴含于语言的使用情境之中，以便为进一步学习打下扎实的语言知识和语言运用基础。"加速篇"开始以语言功能为纲，课文以短文为主，在语境当中呈现语言，旨在培养学习者在多样的情境之中进行语言交际的能力。"冲刺篇"完全以话题为中心，所以课文都由精选出来的人类共同话题与反映中国传统文化和当代现实的话题构成，目的是对学习者运用汉语词、句进行成段表达的语篇能力进行强化和提高。"飞翔篇"则完全选用思想内容和语言形式都有一定深度的汉语原文作品，目的是让学习者直接感受蕴含在汉语言当中独特的人文精神和丰富的篇章表达方式，真切体验到汉语言和中国文化的无穷魅力，最终进入到汉语言文化的辽阔蓝天而自由地飞翔。"起飞"阶段侧重语言结构，"加速"阶段侧重语言功能，"冲刺"阶段侧重话语语篇，"飞翔"的阶段则注重综合技能训练和文化素养提高。4个阶段出现的生词量也相应地分为1000、3000、5000和100004个阶梯。前3个阶段的语言点分别与4个等级水平相对应，即：初级涵盖甲级，涉及乙级；准中级完成乙级，涉及丙级；中级则完成丙级，兼顾丁级。课文的长度也是随着学习进程而渐次增加：初级在600字以内；准中级在1000字以内；中级在1500字到1800字之间；高级在2000字到2500字之间。编著者的设想是，学习者在顺利完成4个阶段的汉语学习之后，可以达到相当于"汉语水平考试HSK"的3级、6级、8级和11级这样的能力水平。

《博雅汉语》力求体现语言教材的系统性、科学性和针对性要求，又努力与人类循序渐进、螺旋式上升的认知特点相符合，以方便课堂教学与学习者的课外自学。整套教材既可以用于来华留学生的正规学历教育，也可以抽出其中的某一级别来用于零起点的启蒙学习或者中、高级的继续学习，于是又具有一定的使用灵活性和"组合式教材"的特点。各册教材均配有教师用书和 CD 录音光盘，为教师的教学提供了相关资料和使用建议，也为学习者提供了自学和参考的帮助。难怪学界给予其以下这样的评价：该教材"注重语言基础知识、语言交际能力和特殊句型、常用词语和成段表达能力的培养，重在体现人文精神，突出人类共通文化，展现汉语篇章表达的丰富性和多样性"。①

《体验汉语》是由国家汉办统一规划、刘援总策划而后分工编成的"立体化系列教材"（2006 年、2007 年，高等教育出版社）。既然是系列，那就包括各级各类的汉语教学类型，于是既有综合课型的"基础教程"、"中级教程"和"高级教程"，又有专项语言技能训练课型的"听力教程"、"阅读教程"和"写作教程"，各课型也分初、中、高三级。因为是立体的，所以有针对来华留学生的对外汉语教材，又有针对海外汉语学习者的国际汉语教材，例如专门为泰国中小学而编写的"体验汉语"系列教材。②

泰国中小学用"体验汉语"教材，是国家汉办与泰国教育部基础教育委员会合作的结果。教材将中小学 12 年的学习划分为 3 个起点：小学起点（1—6 年级），共 12 册；初中起点（7—9 年级），共 6 册；高中起点（10—12 年级），也有 6 册。每册课本包括 3 种："学生用书"、"学生练习册"和"教师用书"，总共 72 本。整套教材贯穿着"体验汉语、体验快乐、体验成功"的思路和泰国外语教学大纲的 4C 要求，即"交际"（communication）、"文化"（culture）、"贯连"（connection）和"社区"（community），处处体现出交际教学、听说教学和任务型教学的理念，"提倡体验式教学方法，创造快乐学习氛围，贴近学生真实生活"以最终"培养学习者的实用交际能力"。③ 为此，在每册前面的"目录"里就已经详细地列出了各课的具体内容和要求。初中 6 册以"话题"、"标题"、"语法"、"主要句型"、"语音"、"认写汉字"、"文化"和"汉语社区"的结构框架来组织教学内容，例如第 2 册第 2 课的"年龄与身份"、"我今年十二岁"、"询问和表达（年龄、年份）"、"'多大'名词谓语句//'有'字句"、"我今年十二岁我有一只乌龟"、"三声变调"、"中//心"、"中国人的数字文化"和"做一张自己的成长卡片"。高中的 6 册以"话题"、"功能"、"句型"、"语法结构"、"语音现象"和"活动"的结构框架

---

① 摘自国家汉办网站：2009 年 9 月 2 日。
② 最近还有幸地见到该系列的"速成教材"和"培训（进修用）教材"。
③ 摘自"体验汉语"系列教材之"前言"。

来组织教学内容,如第 2 册第 1 课的"食品"、"购买食品的常用语//表达想法"、"多少钱一斤? 菠萝怎么卖? 我想吃米饭和鱼"、"数字 50—100 表示法//钱数表达法//能愿动词谓语句"、"声调"和"角色扮演"。在"意念、功能"加"结构"和"活动"的编排体例中间,又不时地穿插进一些简单有趣的与风俗习惯相关的中国文化知识。这样的结构方式不仅凸显了教学内容的实用性,而且让学生在一开始就对学习目标和要求有一个大致的了解。此外,教材在封面和内页的版式上面也下足了功夫,大量绘画、图片和照片的使用和中泰两国传统文化元素的加入,都使课本具有了图文并茂、生动活泼、吸引人眼球的特色。文质彬彬的教材与特定使用对象之间于是呈现出和谐、友好的关系。

《体验汉语·基础教程》(姜丽萍主编)分上、下两册,每册 24 课,总共 48课,每册都后附一套"测验"题、两个"附录"("生词表"和"句子卡片")和一张 MP3 光盘。与之相配套的还有"学生练习册"和"教师参考用书"等。各课的内容都由功能和意念来加以贯连,语言结构则是渗透在功能的学习之中,譬如,上册的 24 课就依据"功能"和"话题"分为:(1)问候[1]"你好";(2)问候[2]"你好吗";(3)问姓名"你叫什么名字";(4)问国籍"你是哪国人";(5)问住址"你住哪儿";(6)问家庭"你家有几口人";(7)问日期"今天几号";(8)问时间"现在几点";(9)问路"地铁站在哪里";(10)买食品"苹果多少钱一斤";(11)买学习用品"你想买什么";(12)买衣服"我可以试试吗"(13)去食堂"我想吃包子";(14)去图书馆"我去图书馆借书";(15)去银行"我换人民币";(16)去邮局"我妈妈给我寄了一个包裹";(17)租房子"我想租一套带厨房的房子";(18)看病"你哪儿不舒服";(19)理发"你想剪什么样的";(20)谈汉语学习"你汉语说得很流利";(21)谈学习生活"你看见我的词典了没有";(22)谈学习方法"你学日语学了多长时间了";(23)上课"上课了,请进来吧";(24)考试"你的口语比我好"。将 23 个"功能"和 24 个"话题"拼合起来,就成为一幅外国留学生来到中国亲身经历的第一学期学校、日常生活全景图。在下册的 24 课里,留学生又开始走出学校来到更为广阔、更为精彩的"外面的世界",各课的"功能"(共 11 个)与"话题"(共 24 个)变成为:(25)兴趣[1]"我对中国书法非常感兴趣";(26)兴趣[2]"你喜欢什么运动";(27)兴趣[3]"你看过这部电影吗";(28)邀请[1]"今天我请客";(29)邀请[2]"咱们带一束花去吧";(30)婉拒"以后再说吧";(31)计划[1]"咱们布置一下房间吧";(32)计划[2]"寒假你有什么打算";

(33)计划[3]"我一毕业就回国";(34)旅行[1]"机票买回来了";(35)旅行[2]"把登机牌拿好";(36)旅行[3]"上有天堂,下有苏杭";(37)帮助[1]"能帮我照张相吗";(38)帮助[2]"我的包落在出租车上了";(39)帮助[3]"我想请她帮个忙";(40)抱歉[1]"真抱歉,我来晚了";(41)抱歉[2]"对不起,我忘告诉你了";(42)推测[1]"看来,你已经习惯这里的生活了";(43)推测[2]"看样子要下雨了";(44)推测[3]"她好像有什么心事";(45)建议[1]"早睡早起身体好";(46)建议[2]"坚持到底就是胜利";(47)赞美"你的汉语进步真大";(48)送别"祝你一路平安"。在设定的功能话题和语言情境之中学习词语和句式等语言结构,让学生时时在有意义的语境中间来进行典型句型的操练和有用词语的掌握。每一课里都有"词语"的标号列举和注音解释,每一册书后又附有总的"词语表",使学生的词语记忆和学习既有分散又有集中;每一课里出现的典型句子都分别标号,如第 1 课里的 5 个句子"你好!"、"您好!"、"你们好!"、"再见"和"明天见!"就分别标号为 001、002、003、004 和 005,最后一课(48 课)里的"请在我的留言本上写几句话吧"等 9 个句子分别标号为 293、294、295、296、297、298、299、300 和 301。每一册书后还带有正面是汉语句子而背面是英语解释和拼音注音的"句子卡片"(一课一卡,可以剪裁下来单独使用),使学生平常注意日积月累而在一个学期(学年)之后获得一种量的突破和质的飞跃的成功感觉。这实在是一种为体现"学习者中心"理念的有益尝试。教学内容"以功能为主,注重功能与结构相结合",分散学习和集中记忆相结合从而积少成多"滚雪球"的学习模式,可以说是这套教材最为显著的特色,而这种模式无不与交际性语言教学和人本主义教育理念相吻合。

"学习者中心"的理念又体现在上册正式课文开始之前的"语音"概要学习和每一课后面的"汉字"介绍与学习上面。教材避繁就简,抓住要点,从"音节"的组成(声母+韵母+声调)开始,通过介绍"声母"(21 个)、"韵母"(38 个)、"声调"("四声"加"轻声")、"变调"(三声变调、"一"的变调和"不"的变调)和"儿化韵",再进入到"拼写规则"(总结为 9 条)的介绍,仅仅用了 6 页书就把"汉语拼音方案"比较清楚地展示给汉语初学者。汉字从第 1 课开始出现,出现的方式是由"笔画"来带动"书写",譬如由"横、竖、撇、捺"带出"一、十、人、王"(第 1 课),加上"点、横折、竖折折钩"带出"八、六、五、马"(第 2 课),加上"撇点、横折弯钩、竖弯钩"带出"女、九、七、不",这不仅能使学生在一开始就摆脱对汉字的畏惧感,而且还会(再加上教师创造性的教学,如即时书法表演和造字形象解说)激发学生对于汉字、汉文化的好奇和兴趣,从而化弊为利,促进学生的汉字学习进程。此外,课文内容的安排和印刷版式的设计也充分考虑到学生的实际需要。首先呈现带有标号的"典型句子",接下来是两个"课文",每个课文都依照"词语—课文—注释—句型操练—趁热打铁"的顺序来编排。"词语"有英文翻译和拼音注释,课文都是将"典型句子"用于其中并带有情境的真实汉语会话("课文二"是对"课文一"的拓展和深化),"注释"包括语用文化和语法结构,"句型操练"对本课的典型句式进行强化,"趁热打铁"则是对这些句式的交际性使用。紧随其后的多种练习活动是对汉语语言知识和言语技能的训练:"词语扩展"是课文词语的拓宽,拓展的词语都以图画形式呈现;"汉字"是对笔画与相关汉字的识别和仿写练习;"听与说"以多样化的活动(如"看图回答问题"、"双人练习"、"根据情景作出回答")对本课的功能和句型进行口头训练;"读与写"则使用多种方式(如"填写并完成对话"、"汉字练习"和"语音练习")来进行阅读和书写的训练。显然,各课的设计都以语言活动为中心,活动内容都围绕汉语语言知识、言语技能和语用实际,例如:"趁热打铁"是侧重于理解和模仿的口语练习,"听与说"是侧重于交际和表达的口头表达活动,"读与写"是侧重于汉语知识的书面练习,而其中的"语音"(下册变为"朗读短文")和"汉字"练习则贯穿整个教材。教师的讲授主要出现在"句子"和"课文"里,知识文化与交际文化因素渗透在课文之中,语法项目不单独列出而是以表格或者公式的形式出现在课文"注释"之中,便于教师的讲解与引导和学生的亲身"体验"与快捷记忆。教师少讲、精讲,学生多体验、多练习,体现比较强的任务型、活动型的语言教学理念。此外,在排版方式的安排、字体字号的选择、图画图表和照片的大量使用上也都表现了简明生动、清新淡雅的特点,而这无疑增加了教材的可读性与趣味性。

　　汉语写作一般只是在高级阶段才开设,所以长期以来汉语学习者的书面表达能力一直比较薄弱和滞后,这种状况影响了其汉语综合交际能力的培养与提高。于是有识之士开始探索从汉语学习一开始就分阶段、有计划地进行汉语写作专项技能训练的新路子,陈作宏主编的《体验汉语·写作教程》就是这种探索的结果。《写作教程》将整个汉语写作训练过程分为初、中、高3个阶段,每个阶段各有其训练的侧重,即:初级阶段是帮助学习者逐渐把综合课上所学的汉字、词汇、语法等各种汉语知识转移到书面语句的表达上来,以形成初步的书面表达能力;中级阶段是丰富、拓展学习者的语段写作经验,培养其进行比较准确的书面表达能力;高级阶段则是帮助学习者完成从语段、语篇到真正意义上的多文体写作的过渡,培养他们进行得体、有效的汉语书面表达的能力。教学等级、内容和难度的确定基本上以《高等学校外国留学生汉语教学大纲·长期进修》中的词汇、语法和功能项目为依据,所以整套教材具有比较强的兼容性和灵活性,也就是说,可以与多种汉语综合教材配合使用。3 个阶段都包括了上、下两册课本,每一册都由 15 个正课和 3 个复习课组成,每 5 个正课插入 1 个复习课,基本上对应于国内每学年、每学期的教学周数。

写作即用书面形式来进行意义表达活动,是一种更为复杂的语言输出形式。使用母语完成写作和使用第二语言进行写作,其间的分别又是非常显著的。最大的问题就是:第二语言学习者的第二语言能力与其思维力和智力状况极不相称,前者远远落后于后者。此外,两种语言(以及文化背景和表达习惯)之间又存在着不同程度的差异和冲突。如何在学习者已有成熟思维、生活经验和表达能力的基础之上,集中力量去解决他们第二语言运用的问题,如何想方设法把学习者的一些第一语言写作能力(如语篇结构、写作习惯、依据话题而确定内容等)转化为第二语言的写作能力,便成为第二语言写作教材的编写者与使用者必须考虑的问题。通观《写作教程》,我们可以发现五大鲜明的特点:(1)致力于经过初级到高级共 3 个学年的连续教学,帮助、带动学习者沿着"字词—句子—语段—语篇"的路子循序渐进地习得并逐步提高其汉语写作水平,这种做法既符合汉语语用的内在规律又与学习者本身的认知特点相吻合;(2)完全采用体验式的任务型教学模式,所布置的任务往往与学习者的学习生活息息相关,使其觉得有话可说又有内容可写,写前"热身活动"和"语言形式"的准备,又使其能够把可说可写的内容用文字表达出来,以此在其成熟的思维力和表达力与其滞后的汉语语言能力之间找到一个平衡点;(3)大力倡导学习者的自主学习和学习者之间的合作学习,无论是写作过程中的"组织材料"和"整理思路"还是初稿之后的"讨论修改"和"课外阅读",都要求他们将个人思考与小组讨论结合起来,集思广益而共同提高汉语书面表达能力;(4)每课所选取的讨论话题几乎都是学习者自己的学习生活或者是他们比较关注的与中国相关的内容和普适性的共同问题(如"手机的利与弊"、"网络与生活"等),所选语言材料中相当一部分都直接或间接地来自外国汉语学习者自己的习作,以便给予他们某种亲近感和"跳一跳就够得着"的(即"可理解的输入")感觉,从而调动其写作热情和写作动机;(5)为教师提供了"使用建议"(前言中)和"说明提示"(穿插于课文中),在课数和课时的安排上与教学实际基本吻合,在练习环节的安排上既有序可依又给了教师灵活处理的空间,方便了教师对教材的使用。与此同时,教材又通过"给学生的信"(前言中)、"学习目标"(每课前)、"小贴士"(课文中)和"附录"以及使用通俗易懂的一般词语(而非汉语作文专门术语),为学习者提供了各种各样的贴心服务,尽量地方便了学习者的使用。可以说,这是一套比较科学、实用、"使用者/学习者友好型"(*user-friendly*)的汉语写作教材,基本上实现了编写者的初衷,也就是:让学习者在使用教材这一学习过程之中"体验汉语,体验写作,体验愉悦,体验成功"。①

　　人类的交际主要依靠语言,交际的内容总是打上特定文化的烙印,好的语言教材因此应同时具有丰富的文化内涵,为学习者提供多样化的练习和素材,并让他们得到尽量多的使用目的语的机会。基于这种认识,许嘉璐和陈绂等编写出了《加油 jiā yóu》(2008 年)这部真正具有"国际"意义的对外汉语教材。其一,这是由北京师范大学出版社与国际出版机构 CENGAGE Learning 合作的结果,不仅带有详细的英文解说,而且教材内容都是(中文)简繁体对照,其二,这是一部"世界看中国"和富含中国文化元素的汉语言教材,事实上,其英文名就是*Chinese for the Global Community*,亦即"地球村用汉语"。

　　《加油 jiā yóu》具有明确的针对性,即为有英文背景的中级汉语学习者提供为期一年的中国语言文化研修材料,又具有明确的指导思想,即外语学习目标的五个 C(包括 communication 交际、culture 文化、connection 贯连、comparison 比较、community 社区),目的是为教师提供多文体、多话题的有效教学资源,为学习者提供全面的参与性、互动式语言文化交流实践机会。

　　整套教材分为两册,每册都包括三种:课本、教师手册和学生练习册,每一种都配有 CD 光盘。每册课本都分为 5 个单元,每个单元包含两课,总共 10 个单元,20 课,每一课又分出主、副两篇课文。单元围绕着一个特定的话题展开,10 个单元话题依次为:"体育与健康"、"饮食与服装"、"学校与家庭"、"节日与风

---

① 　关于《写作教程》与"汉语写作能力培养"的问题,可以参考本书第三章的第三节。

俗"、"旅游与交通"(1 册)和"人类与自然"、"民族与社会"、"语言与文字"、"名人与历史"、"文学与艺术"(2 册),10 个话题汇总即编织成为中国文化的一个微缩景观图。显然,教材的目的就是让学习者通过一年的汉语进修对中国文化有一个总体的了解。各个单元中的两组(4 篇)课文都是对单元话题的分解说明,如第一单元"体育与健康"中的"少林功夫//你喜欢姚明吗?"(第 1 课)、"你喜欢什么运动? //乒乓球俱乐部"(第 2 课)和第八单元"语言与文字"中的"汉字与动物//汉字的故事"(第 15 课)、"'福到了! '//学汉语的趣事"(第 16 课)。每个单元都有各自的总体教学目标,即 5 个 C,例如第一单元,"交流//沟通"的目标为"1.掌握与体育运动这类话题相关的重点词语即语言点,并理解一般词语,学会将这些语言知识运用于日常交际之中;2.学会就某一事件询问以及说明原因的表达方式;3.学会清楚表达自己的观点";"比较"目标为"通过比较,理解并诠释不同国家青少年运动爱好的特点及流行运动项目的不同";"文化"目标为"了解中国学生的运动爱好以及中国传统的运动项目,诸如少林功夫、太极、踢毽子、放风筝等";"贯连"目标为"与历史课相贯连,了解乒乓球运动在中美关系史上曾经发挥的作用";"社区//社会"或者"实践活动"的目标则是"通过实际的体育活动,运用所学到的汉语和文化知识进行交流和表达"。每个单元都由 9 个板块结构而成,即:(1)"总体目标"(包括"交际目标"和"文化信息"要求);(2)"热身活动"(通过对体现单元话题的图片进行讨论而引入单元话题);(3)第 1 课课文(包括"读前讨论"、"课文"和"生词表"3 个部分);(4)"练习与活动"包括 5 个部分:"语境中的词语"(用课文中的重点词语来造句或完成语段的练习)、"语言贯连"(即语法结构和句型的练习)、"常用的表达式"(在给定的情境中运用这些表达式的练习)、"交际角"(就某一话题进行问答的交际练习)和"写作任务"(补全具体信息而完成全文的书面表达练习);(5)第 1 课的"副课文"(也包括"读前讨论"、"课文"和"生词表"3 个部分);(6)第 2 课课文(包括"读前讨论"等 3 个部分);(7)"练习与活动"(也包括"语境中的词语"等 5 个部分);(8)"副课文"(也有"读前讨论"等 3 个部分);(9)"学习小结"(包括本单元需要掌握的"重点句型"、"交际功能"和"常用表达式"3 个板块)。开头的"总体目标"和"热身活动"与最后的"学习小结"针对的是整个单元,中间的两课结构基本一致,都包括"课文"、"练习与活动"和"副课文"三部分,"副课文"是对"主课文"的内容拓展,可以作为泛读(或者补充阅读)来加以使用。课本前面有对教材"结构特点"的英文解说、对教材"范围序列"图表式的简介,为的是让学习者对所要学习的内容心中有数。课本后面有"生词索引",中文简繁体对照并带有英文解释,为的是方便学习者的查阅、记忆和复习。

学生练习册,是与课本配套使用的"同步训练",旨在"让学习者将新学到的词汇、句型和文化知识应用到新的、有意义的任务之中",同时让教师能够对学习者对于学习材料的掌握情况进行评估以便进一步提高学习者的交际语言能力。训练的使用具有一定的灵活性,可以用作在教师指导下的学习活动,也可以用作课后家庭作业,还可以用作计时性的自我测试。训练的内容涉及听、说、读、写言语技能的各个方面和交际沟通的三种模式(解释、人际和呈现)以及相关的文化知识。每一课都相应地包含了一份测试题,试题包括两大部分:第一部分为理解性的"选择题",包括(1)听对话、(2)听文段、(3)阅读(有信件、新闻、海报、通告、便条、广告、标识语、短文等各种使用文体形式);第二部分为表达性的主观试题,包括(1)书面自由应答(有"看图写话"、"写信"、"回电子邮件"、"电话内容传达"等应用文写作)、(2)口头自由应答("模拟会话"、"文化呈现"、"活动计划"等实用口语表达)。"听对话"要求学习者在听完简短对话的录音之后从所给4个选项中选出一个合适的续话,用以检测他们的人际沟通技能;"听文段"要求学习者在听完通知、会话、指示、广播、口信、报道之类文段的录音之后(可以边听边记录)为提出的问题选择合适的回答,用以检测他们对主题和细节的理解和解释性交际能力。"阅读理解"要求学习者阅读各种不同的文本(如信件、通告、便条、标志语、电子邮件、故事等)然后为提出的问题选择合适的答案,用以检测他们的解释性交际能力。"写作(自由应答)"的4个题目要求学习者使用4种不同的文体形式进行书面表达,用以检测他们的人际关系、呈现的书面交际能力。"口语(自由应对)"的3个题目要求学习者就一定的话题进行口头表达,用以检测他们的人际、呈现交际口头能力。每一份试题的"第一部分"(客观选择题)都带有专门的"答卷纸",口语部分还附有CD录音光盘(每册3张),以方便学习者参考或者自测。测试题目的设计是在参考美国"AP中文考试"模式的基础上完成的,旨在让学习者得到大量的针对性练习,为以后参加此类考试做准备。与课本学习同步,与AP中文考试同形,全面考查言语技能,设计和使用方便使用者,这都体现了"学习者中心"的教学理念。

学习者到了中级阶段,已经具备了初步的使用汉语进行交际和沟通的能力,但如果要进一步提高这种能力，那就必须加强语言内容，亦即文化内涵的学习。《加油 jiā yóu》基于这种认识以中国文化的 10 个方面作为话题来组织教材内容，将词汇、句型等语言结构知识编织在文化知识的介绍和学习之中，这无疑为如何在汉语言教材中渗透和体现中国文化元素这一难题作出了有益的探索。将学习汉语和了解中国文化的长远"融入性"目的与应对 AP 中文考试的短期"工具性"目的结合在一起，将教材结构的稳定性与教材使用的灵活性结合在一起，将方便实用的英文解释和简繁体中文对照融入课本并且将课本学习与"同步训练"结合在一起，这些做法又在很大程度上满足了不同学习者的需求，从而体现了"学习者中心"的人文主义教育理念。将总体目标与单元目标、各课目标明确标识出并紧密结合在一起，通过"教师手册"对教学设计和具体操作都给出指导和建议，而且提供了丰富的教学参考资料和期中、期末测试题，这些努力又为教师的教学提供了很大的便利。可以说，把语言学习寓于文化学习之中，将 5C 目标贯穿整个学习过程，力争成为"使用者友好型"的汉语教材，就是《加油》的主要特色。

对 21 世纪头 10 年里出现的 4 套对外（国际）汉语教材的分析，让我们看到了新一代国际汉语教材应该具备的一些特质，例如：（1）将结构、功能和文化有机融为一体：结构是基础，功能是目的，文化是内涵。基础阶段可以是凸现结构而牢记功能，将结构、功能、词语文化渗透在语言使用情境之中，培养学习者使用汉语的准确性；中级阶段以功能为主、以结构为辅，将功能、结构与语用文化结合在一起，培养学习者使用汉语的得体性；高级阶段则以反映原汁原味中国文化的多样化原文、原著为讨论话题，将功能、结构与文化渗透于其中，培养学习者综合的汉语交际能力；（2）牢记"学习者中心"原则，时时处处体现方便学习者学习的教育理念，在内容编排上尽量与其认知特点相吻合，在资料的数量安排和提供方式上尽量使他们感到生动有趣而且便于掌握；（3）贯彻"实践（交际）性"原则，教师的讲解简明扼要且英汉结合，学习者的练习活动生动多样且富含意义，师生之间和生生之间的互动以交际性、任务型为主旨，以使学习者在意义协商的交际过程之中学习和掌握汉语；（4）坚持"使用者友好型"的编写路子，使教材不仅让学习者（学生）感到方便使用，而且让教学者（教师）也觉得乐于使用，教学设计的指导、教学方法的建议、教学资料的提供，都以此为鉴。

第三节　展望:"适合于特定教学语境"的国际汉语教材

教材可以有狭义和广义两种理解,狭义的教材即"课本"(textbook),专指教科书;广义的教材即"教学材料"(teaching materials),在教科书之外还包括教学参考书、讲义、讲授提纲、教具、图表、音像资料、计算机软件和网络资源等教学辅助材料。无论是狭义的还是广义的理解,教材在学校教育或者整个课堂教学活动中重要的地位都是不容置疑的,因为它既"是总体设计的具体体现,反映了培养目标、教学要求、教学内容、教学原则;同时又是课堂教学和测试的依据"。①语言教材则不仅是语言课堂教学得以顺利进行的依据,而且是实现语言教学目标的重要途径,也就是"用特定的教学理论将目的语的语音、词汇、语法、语篇等要素通过文本形式科学、合理、有序地编排起来的可操作的文本"②。国人习惯于把课堂教学(即西语之 teaching)叫作"教书",作为教材的"书"在学校教育中的重要性,由此可见一斑。

一、衡量语言教材的尺度和标准

好的语言教材总是体现着某种先进的语言教学理念和教学途径。是否包含了特定的语言教学理论与体现这种理论的教学程序(即践行一定的语言教学法),是否包含了通过一定文本的编排组织而表现出来的、系统的目的语语言知识(即关于目的语的语音、词汇、语法、语篇等规则或知识),于是成为衡量一部语言教材好坏的两个重要尺度和参数。把两个尺度和参数做一个逻辑上的排列组合,我们可以得到下面四种理性的价值判断:

---

① 刘珣:《对外汉语教育学引论》,北京:北京语言大学出版社,2000 年,第 312 页。

② Brown,H.D.,*Teaching by Principles:An Interactive Approach to Language Pedagogy*.Beijing:Foreign Language Teaching and Research Press,2001:139.汉语译文为作者自制。

表 9 　教材衡量参数的逻辑组合①

尺度和参数(1)	尺度和参数(2)	衡量结果
语言知识系统和规则的正确表达	行之有效的教学法理论或思想	
+	+	很好
+	−	不很好
−	+	不好
−	−	很不好

　　"很好"的语言教材是二者兼备;"不很好"的语言教材只具备准确的系统语言知识;"不好"的语言教材只具备有效的教学法思想;"很不好"的语言教材二者都不具备。可以说,语言学理论、教育学与语言教学理论和目的语本体知识是语言教材编写和选用的四大支撑点。

　　现代语言学理论告诉我们,语言是"人类独有的以言语形式进行表达和理解的音义结合系统"②,是人类最重要的表情达意、进行思维的交际工具,是文化的主要载体和发展基础,同时又是文化的一个有机组成部分,因而又是人类生存与发展的基本手段之一。对语言的这一基本认识,要求我们的语言教材必须充分地体现目的语的系统性、交际性特征与隐含于其中的文化内涵。

　　教育学理论的演变告诉我们,现代教育理念已经发生了一个根本性的转向,即:从重"教"转向重"学"、从"教师中心"转向"学习者中心"。这就要求我们的语言教材尽量满足不同学习者的多样化需求,教材的编写和选用都必须从学习者的现有水平及其认知、情感和个性特点出发,切实做到"一切为了学生"。换句话说,语言教材必须具有很强的实用性、针对性和趣味性。

　　语言教学法的更迭告诉我们,语言教材其实不过是一个时期教学法理论研究成果的一种展现。中国的对外汉语教学最先是与语法—翻译法结缘,并与直接法和听说法有一些瓜葛。后来又受到交际法的影响而试图将结构与功能结合起来,目前,正在尝试将文化介入其中而探索出"结构—功能—文化"三结合的路子。在世界第二语言教学业已步入"后方法"时代(post-methodology)的今天,没有哪一种教学方法是绝对的"最佳",一种现实可行的思路或许就是:以结构

---

① 　金立鑫:《"教师、教材、教法"内涵和外延的逻辑分析》,《语言教学与研究》2009 年第 5 期。

② 　吕必松:《对外汉语教学概论》,内部资料 02000,第 16 页。

与功能相结合为主,将文化渗透于其间,将历史上出现过的各种教学法都兼收并蓄,因时、因地、因教学内容不同而灵活加以选择和使用。

对汉语本体的研究告诉我们,在以表音为主的语言(印欧语系中的主要语言)一统天下的世界语言格局之中,以表意为主的汉语是相当独特的一种语言,这种独特性体现在汉语的各个层面,尤其是文化语用规约和汉字书写方式。汉语在语句构建上缺少显性的法则,语句的使用具有较大的灵活性,有效的传情达意对语境的依赖程度因此就相当大,①一如刘伯奎所说:"(汉语)非常注重紧密贴近语境,并从语境中寻求最佳关联。"②汉语使用的音节数量非常有限(1300多个),同音现象十分普遍,然而使用汉字书写出来一般又不会造成语义的模糊。汉字因其数千年的演变发展而富含文化底蕴,已然成为汉文化的"活化石",然而又因为其"笔画、笔顺"、"偏旁、部首"等书写成分与拼音文字大相径庭,所以成为"汉字文化圈"以外广大的汉语学习者的"拦路虎"。汉语本身的这些特点要求国际(对外)汉语教材必须反映出汉语文化语用的特点,必须对汉字进行化弊为利、化难为易的处理。

作为第二语言教学的国际(对外)汉语教材应当具有多种功能,如作为课堂教学的主要依据、课堂内外的贯连媒介、文化交流与传播的重要载体、学习兴趣的激发与学科建设的促进机制等,因而也需要包括各种不同的类别,如汉语知识类教材、中国文化介绍类教材、汉语言语技能类教材和特殊用途类教材。然而,无论是哪一类的教材都必须将上述因素考虑在内,也就是贯彻以下的"五项基本原则":(1)以熟练运用和实际交际为基本导向,以培养汉语交际能力为根本目标,以任务型交际性活动为主要教学形式,即交际性的原则;(2)以学习者为中心,体现汉语语言习得的过程和规律,尽量满足各类汉语学习者的要求和愿望,同时也为学习的促进者和组织者(教师)提供教学使用上的便利,成为"使用者友好型"教材,即学习者中心的原则;(3)以汉语语言本身的特点为出发点,从口语(拼音)到书面(汉字),由字词到语句再到句群、语篇来组织汉语语言知识的学习和汉语言语技能的训练,特别注意对汉语语用和汉字习得的得当处理,即符合目的语特点的原则;(4)以"结构、功能、文化"的三结合为最高追求目标,做

---

①　有学者认为,印欧语系的语言大多是"低语境语言"(low-context)而汉语是一种"高语境语言"(high-context)。

②　刘伯奎:《中华文化与汉语语用》,广州:暨南大学出版社,2004年,第4页。

到三者同时并举却也分阶段有所侧重,如初级侧重结构、中级侧重功能、高级侧重文化,即结构、功能、文化三结合的原则;(5)与时俱进,因地制宜,向"立体化"(即教学用书、音像文本的配套与多媒体和网络等现代化教育手段的运用)和"组合式"(教学资料多样化以利于教师和学习者"各取所需"、"各取所爱",满足多种教学环境和学习需要)的方向发展,即系统性和灵活性的原则。概言之,新型的国际(对外)汉语教材应当是以实际的交际为教学目的、以汉语学习者为中心的语言教材。

二、"交际法"与"学习者中心"

语言"交际法"(或者"交际教学法")在海姆斯提出"交际能力"概念和威尔金斯发表《意念大纲》之后,经过魏豆森(H.G.Widdowson)和亚历山大(L.G.Alexander)①等应用语言学家的研究和实践而逐渐成为第二语言(外语)教学的主流。"交际法"又被称为"意念—功能法"或者"功能法",其主旨就是培养学习者使用目的语进行交际的那种能力。将"交际法"运用在外语(第二语言)教学中,则往往表现五大特色,即:(1)特别强调以学生(学习者)为中心(student/learner-centred)的理念。开始教学活动之前,要做学生需求的调查和分析;教学活动展开期间,要根据学生需求为他们提供大量的可理解的语言信息,并使他们在理解教学内容的基础上积极参与交际性的语言活动。(2)教师在语言教学中的作用有所改变,即担当"需求分析师、(学习)促进者、(问题)咨询师、小组(活动)管理人"(needs analyst,facilitator,counselor,and group manager)②的角色,去分析和研究学生的需求,组织学生参与交际性的语言活动并随时为学生的活动提供建议和帮助,使活动顺利有效地进行下去。(3)采用意念—功能大纲,教学材料包括课本材料、任务材料和实物实景,教材要使用自然、地道和真实的原文,如火车票、菜单或从书籍杂志中节选出来的文段或影视音像作品中的片段。(4)语言情境的设计要力争做到真实、可信,可以采用多媒体教学模式或者组织

---

① Widdowson 为 *Teaching Language as Communication* 的作者;Alexander 是 *New Concept English* 与 *Follow Me* 等英语教材的编著者。

② Breen,M.,and C.N.Candlin."The essentials of a communicative curriculum in language teaching".*Applied Linguistics*,1980.1(2):99.

本族语使用者来与学生交谈乃至辩论,甚至组织学生直接进入目的语社会生活而进行真实的任务型交际活动;(5)以具有流利性和可接受性的语言为其主要目标,这种语言是学生通过"尝试—错误"的学习途径而产生的,所以错误在学习过程中在所难免,无须进行特别的纠正或者指责。可见,"交际法"只是一个方向或者路子(approach),而不是某种具体的方法(method)。事实上,交际法里蕴含了多种解释、变异和多种具体的方法、技巧,但其基本精神一直是开展师生之间和生生之间有意义的语言活动,即所谓的"意义协商"(negotiation of meaning),所以在课堂上经常采用结对子的对话(pair work)、数人组成的小组讨论(group discussion)和全班集体活动(class work)的教学模式。交际法并不绝对地排斥语法结构的教学,而是鼓励教师正确处理交际活动与语法结构教学之间的关系,找到它们之间的最佳结合点。我们因此认为,在"交际"和"功能"的理念下面其实已经涵盖了"结构"、"文化"的内容和"学习者中心"的精髓,而"立体化"、"组合式"、"使用者友好型"教材的设想也不过是"学习者中心"的具体体现。是否很好地体现了"交际法"的思想,于是成为新型国际(对外)汉语教材编写和选用的"一票否决"。

以《汉语教科书》、《基础汉语》、《汉语课本》和《基础汉语课本》为代表的"纯结构式"对外汉语教材已经为我们构建起现代汉语教学语法的框架,以《实用汉语课本》、《说什么和怎么说》、《中国家常》和《桥梁——实用汉语中级教程》等为代表的"功能—结构式"对外汉语教材为我们摸索出了语法结构与功能意念互助互补的交际性教学路子,以《新实用汉语课本》、《博雅汉语》、《体验汉语》和《加油》为代表的新世纪(国际)对外汉语教材又为我们在"任务型交际活动"、"汉字汉文化教学"和"学习者中心"的教学模式方面作出了有益的探索和表率。这些在国内外曾经产生过相当影响的对外(国际)汉语教材给予了我们很多有益的启示,至少可以包括以下的四点:(1)结构是基础,功能是目的,文化是内涵,所以在"结构、功能、文化"三者结合的前提下,可以采取阶段侧重的教材编写思路,即基础阶段注重结构,中级阶段强化功能,高级阶段凸显文化,最终实现国际汉语教学的综合交际能力培养目标;(2)"学习者中心"是统率一切的总原则,"一切为了学生"在教材的编写中要落到实处,教学内容的编排、学习资料的提供、教学活动的组织和学习策略的训练等各个方面都做到有利于其学习兴趣的激发与学习热情的保持;(3)"交际(实践)性"是另一个重要的原则,要让有意义、任务型的准交际性和交际性活动在国际汉语教学中唱主角,使学习者在"游泳中学会游泳","在做中学",在意义协商的汉语交际过程之中掌握汉语;(4)"使用者友好型"的教材编写思路必须坚持,教材使用者既包括学生也包括教师,要在充分考虑学生因素的前提下尽量为教师也提供使用上的便利,使教学双方都喜爱教材因而乐于使用。这是 60 年对外汉语教材编写给我们留下的宝贵遗产和重要启示,也是新型国际(对外)汉语教材的编写和选用的基础与出发点。

三、"适合于特定教学环境"

然而,世界上并不存在一种放之四海而皆准、用于任何学习者都有效的"万能教材"。语言教材更不例外:一种在此地使用或者用于这类学习者很有成效的语言教材,换个环境或者换个学习对象就可能变成十分糟糕的教材。这种情况在国际汉语教学中可以说是屡见不鲜。国际汉语教学所面对的是不同国家和地区的汉语学习者,①他们在母语母文化上千差万别,而即便处于同一语言文化背景也有在校学习与社会学习、儿童与成人、专业学习和自由选修之类的区别。他们学习汉语的目的和动机更是五花八门:仅仅是来华学习汉语的留学生就有了解中国、便于工作、接受更多的教育、融入中国文化和便于在中国旅游五大类目的动机,②广大的海外汉语学习者群体理应更加多样化。很难想象,对这样一个复杂多样的汉语学习群体采用同一种教材、同一种教法,会取得一个怎样的实际教学效果。因地制宜、对症下药于是成为国际汉语教学用教材编写和选用的首要标准。换句话说,"学习者中心"和"交际性(教学活动)"在国际汉语教学材料中最突出的表现就是:恰当的针对性和浓厚的趣味性。有了针对性和趣味性,这样的教材就可以称作是"适合于特定教学环境的"国际汉语教材。

针对性至少表现为三个方面的考虑:学习者的第一语言文化背景,学习者的

---

① 作者曾根据地理位置、文化心理距离等因素将海外的国际汉语教学分成五大类型:(1)韩、日、东南亚、中亚(汉字文化圈)的汉语教学;(2)欧、美、澳(西方发达国家)的汉语教学;(3)西亚、北非、中亚(阿拉伯国家)的汉语教学;(4)撒哈拉以南非洲地区的汉语教学;(5)拉美地区的汉语教学。仅此也可见国际汉语教学的多样性和差异性。

② 王志刚、倪传斌、王际平、姜孟:《外国留学生汉语学习目的的研究》,《世界汉语教学》2004 年第 3 期。

不同动机和需要,学习者的年龄层次和学习时限。我们不能只有那种"粗放式"的英语国家与非英语国家用汉语教材,还应有使用不同语种(尤其是一些小语种)来进行注释说明和内容编排的汉语教材。国家汉办近年来的努力已经初见成效:我们有了如《快乐汉语》、《汉语乐园》、《当代中文》等多语种解释的汉语教材和《泰国人学汉语》、《韩国人学汉语》、《日本人学汉语》等国别类专用汉语教材。我们不能只有"汉语课本"之类的"通用型"汉语教材,还应有"儿童汉语"、"中学汉语"、"大学汉语"、"社区汉语"这样的具体细化、针对不同学习对象的汉语教材和类似于 ESP 的 CSP"特殊用途汉语"(如"旅游汉语"、"商务汉语"、"金融汉语"、"医用汉语"等)教材。国家汉办与泰国教育部基础教育委员会的合作成果——"体验汉语"系列教材,从小学、初中、高中三个不同起点,进行从内容和形式上都比较符合泰国学生特点的汉语言教育教学,①无疑是一次意义深远而卓有成效的尝试。《卓越商务汉语教程》和《汉语商务通》也为 CSP"特殊用途汉语"教材的编写开了一个好头。

由董瑾主编的《汉语商务通》,由《中级听力教程》、《中级口语教程》和《中级阅读教程》三种教材组成,听力和口语均配有 CD 录音光盘,所针对的是具有一定的汉语基础、从事对华商务活动的非学历成人学习者。整套教材"在以经贸话题为纲、突出交际功能的同时,注重商务汉语词汇的学习"。《中级听力教程》共 18 个单元,每个单元围绕一个话题,包括 4 篇课文和一个"扩展练习",前两篇课文为对话体,后两篇为叙述体短文,各篇都带有相应的练习(即"生词与练习"册),"扩展练习"对课文中的知识点进行复练。话题所表现的是人们日常的经贸生活,课文选材和练习方式力图生动多样,而且比较注重听力技巧(如掌握大意和细节、理解词义句义、猜测和速记等)的训练。《中级口语教程》采用惯常的角色设置和话题组织的编写方式,以留学生朴淑英、田中由美、杰瑞、金在旭和中国学生王浩、丁红、张志城与中国教师张老师之间发生的事情来结构整个课文,将经贸生活的内容与日常生活的内容结合在一起(如"在中国工作"、"市场调查"等),特别强调对经贸词汇的学习和掌握。教材总共 15 课,每课包括 5 个部分:课文、生词表、语言点注释、练习和课后小幽默。课文分两块,第一块反映日常的经济生活,第二块反映深层次的中国当代经济问题。练习包括 10 个左右

---

①　关于泰国中小学用"体验汉语"教材分析,可以参考本书的相关内容。

的题型,旨在对课文中出现的重点、难点进行针对性的训练。《中级阅读教程》包括 16 课,每课都由"热身话题"、"生词、词语练习"、"课文"、"综合练习"和"相关链接"6 个部分组成,阅读材料包括两篇主课文、两篇补充阅读和两篇相关链接——在主题内容上相近或一致,在使用上可以有所选择。练习包括课前的词语练习和课后的综合练习,综合练习有理解性的和活用性的,如课堂讨论和课后调查。其目的是在对学习者进行汉语阅读技巧训练的同时引导他们掌握常用的汉语经贸词语和句式、语篇特点,加深他们对汉语经贸语篇的理解,增进他们对中国经贸现状的了解。可以看出,《汉语商务通》是在用话题来经纬结构,在日常生活情境中注入经贸生活内容,在进行听、说、读的专项技能训练的同时渗入相关的汉语经贸词汇、句式和语篇知识,以便从听、说、读三个方面对学习者使用汉语从事商务活动的综合能力进行强化和提高的训练。

我们已经有了一批经过实践和时间考验的优秀对外汉语教材,我们又有了一些颇具国际汉语教学针对性和趣味性的立体式教材,我们还有了各式各样的国际汉语教学标准和大纲,如《国际汉语教学通用课程大纲》。该大纲将 4 个层次的教学内容目标(语言知识、语言技能、策略和文化意识)从 5 个等级上进行了详细的规定和说明,又用"附录"的形式对"汉语教学话题及内容"、"中国文化题材及文化任务"和"汉语教学任务活动"做了建议、举例和示范,把"汉语拼音声母、韵母与声调"、"常用汉语 800 字"、"常用汉语 1500 高频词语"和"常用汉语语法项目分级"都用表格列举出来。我们据此可以提出一个解决国际汉语教学"教材荒"的现实方案,即:大力加强对国际汉语教师的选拔和培训,充分发挥他们的主观能动性,使他们在广泛掌握汉语教材资源和认真分析教学对象的基础之上,因地制宜、因人而异、因时而变地选编出"适合于特定教学环境"的国际汉语教材。① 下一章(第六章)中的"交际汉语"②课程教材架构算是这样的一种尝试。

一部语言教材是否合格甚至优秀,我们可以设定一些固定的标准来对它进行衡量和评估。牛津大学在 1996 年就曾经颁布过衡量语言教材优劣的"十九

---

① 制约对外(国际)汉语教学发展的瓶颈——"三教问题"的根本其实是"教师",有了合格乃至优秀的教师,自然就会有适合实用的教材和科学有效的教法。

② 关于本书作者为泰国乌隆他尼皇家大学语言中心的"交际汉语"课程所编写的《跟我学汉语》教材构架,可以参考第六章的第三节。

条",即:(1)目标明确;(2)途径和方式适合于目标群的教育和社会背景;(3)清楚、诱人的版面设计;(4)提供合适的音像资料;(5)有趣的话题和任务;(6)话题、任务多样化,满足不同水平、不同认知风格和兴趣;(7)指示说明语清楚、明白;(8)系统覆盖大纲所规定的内容;(9)内容组织结构明晰且有难度分级;(10)定期复习和检测;(11)富含知识的语言;(12)语音方面的解释好、练习好;(13)词汇方面的解释好、练习好;(14)语法方面的解释好、练习好;(15)有听、说、读、写技能流利性的训练项目;(16)鼓励学习者掌握自己的学习策略、独立自主地进行学习;(17)为教师的使用提供有效的指导,减轻教师的备课压力;(18)配有录音;(19)容易在本地获得。①

　　依照这样的尺度来观照我们的对外汉语教材,会发现一批可以称之为合格的教材。再本着"覆盖面"、"课文编排"、"任务练习"、"教辅材料"和"教学管理"的指标来对这些教材作出批判性的选择,我们也可以挑选出一些实用的好教材。但是,真正"适合于特定教学环境"的国际汉语教材还只是掌握在国际汉语教学从业者的手里,真正有效和管用的教材使用经验也都只是缄默地存在于教师的心里。这种教材及其使用一定贯穿有两根红线:"交际"和"学习者中心"。我们必须按照学习者不同的需求和学习时间来安排教学的内容,采用情景—功能—任务为纲的内容编排方式而又兼顾到语法点呈现的系统性和科学性(如将"吃饭"、"购物"、"问路"等与生存直接关联的言语行为优先安排),在学习内容上尽量贴近学习者的生活实际和兴趣爱好(如使用其母语解释语言知识点,用真实而富含趣味的任务与活动来展开教学)。一旦其学习热情和学习兴趣得到有效激活和充分发挥,学习者就产生出"我要学"的强烈愿望,而将这种愿望在体验成功、享受快乐的学习过程中持续下去,国际汉语教学就一定能取得良好的效果,国际汉语教学的培养目标就一定能最终达成!

---

① 资料来源:J.C.Rodges & T.S.Rodges.*Approaches and Methods in Language Teaching*.(Module 13:.Materials,p.186)Beijing:Foreign Language Teaching and Research Press & Cambridge University Press,2000.赵金铭(1998)在调研的基础上,也曾拟定一个对外汉语教材评估表,内容包括:前期准备、教学理论、学习理论、语言材料、联系安排、注释解说、教材匹配等项目。

第六章　国际汉语语言交际能力的培养(二)

——国际汉语课堂教学的实施

学校教育是一种有计划、有组织的教育活动,依照计划确定下来的教学内容绝大部分都要在有组织的课堂上呈现出来。课堂上所有教学活动的目的就是引导学生感知和理解教学内容,并通过操练和实践来帮助和促进他们记忆、掌握这些内容,进而逐步转化为某种技能和能力,最终把获得的技能和能力创造性地应用于生活实践之中。可以说,课堂教学是帮助学生学习知识、掌握技能与获得能力的主要场所和重要形式。语言教学,尤其是第二语言教学,更是无法离开课堂,因为在大多数情况下(如国人学习英语),学习者都不得不借助课堂这一媒介来学习目的语的语言文化知识、掌握目的语的言语技能,进而获得那种使用目的语进行实际交流和沟通的能力。

第一节　第二语言习得研究与课堂教学

兴起于20世纪60年代末、70年代初的第二语言习得研究(SLA),一直在试图完成两大任务:(1)对学习者如何习得第二语言进行描述;(2)对学习者为什么能够习得第二语言进行解释。研究的范围主要涉及四个领域:对比分析、偏误分析和中介语;语言习得环境(尤其是"可理解性输入"的问题);学习者个体因素及其差异;课堂教学与第二语言习得的关系。学校教育环境中的有意识学习与自然环境下的无意识习得在第二语言发展和习得过程中究竟扮演着什么样的角色,这是一个让许多研究者都困惑不解又沉溺于其中的问题。

在对"第二语言究竟是怎样习得的?"这个问题的回答上,学者分成了三类:先天论派、环境论派和互动论派。先天论者(如乔姆斯基,Noam Chomsky 和克拉申,Stephen Krashen)主张,人先天遗传的生物禀赋使第二语言习得成为可能,亦即 It's all in your mind(全在你的脑子中)。环境论者(如舒曼 Schumann 等)主张,有机体后天的教养(nurture)或经验对于语言的发展(包括第二语言的习得)比自然(nature)或者先天禀赋更为重要,所以要求学习者多模仿,即 Say what I say(我说什么你就说什么)。互动论者(如吉文 Givon 等)则主张,应该同时调用先天的和环境的因素来对语言学习进行解释,因为语言习得是 Learning both inside and outside(学习发生在内部也发生在外部)。对课堂教学与语言习得关系问题的认识上,学者们也因此表现出众声喧哗的局面:有的认为没有影响,有的认为影响巨大,有的则主张有影响但影响有限。

认为课堂教学对第二语言习得没有影响的人,其实是将第二语言习得等同于第一语言习得:既然是人都可以不用教而自然习得自己的第一语言,那么为什么还要到学校去专门学习呢?认为课堂教学对第二语言习得影响巨大的人,一定是忽略了有机体生物遗传基础所具有的强大制约力:人之初,性本善,人生下来就是一块"白板",环境在"白板"上想画什么就画上什么!这一"内"一"外"两种观点恐怕都失之于偏颇。我们更乐于接受互动论的观点,亦即:先天遗传和后天环境相互作用,共同造就一个人的脾气秉性及其语言发展。我们毕竟一直信奉这样的哲学观点:内因是基础,外因是条件,外因只能通过内因而起作用。语言发展的基础是类似于乔姆斯基的 LAD(语言习得机制)或者 UG(普遍语法)的先天遗传因素,但后天的具体语言环境为语言发展提供了需要、条件和内容(如 PG,具体语法),二者相互影响、相互作用而成就人的语言习得和语言交际能力。我们不能因为先天遗传的基础地位而轻视甚至忽略后天环境对人类语言发展的影响作用,而在这不可或缺的后天环境里面就包括了学校教育和课堂教学。对此,拉尔森—弗里曼和朗格曾有过非常形象的比喻:

> 因为有一些植物在沙漠中生长,于是认为给花园里的植物浇水简直是浪费时间。这显然是错误的,因为虽然沙漠能够为植物的生长提供起码的条件,但浇灌会使植物更加迅速地茁壮成长,亦即让其全部潜势得以实现。[1]

---

① LARSEN-FREEMAN,DIANNE & LONG,M.H.*An Introduction to Second Language Acquisition Research*.Beijing:Foreign Language Teaching and Research Press,2000:304.汉语译文为作者自制。

语言发展的"浇灌"任务自然而然地就落在了语言教师这个"园丁"的肩上。

有限的第二语言研究成果表明：正式的课堂教学似乎不能真正改变语言习得的顺序，但可能对第二语言习得过程(尤其是习得速度)产生积极的影响，甚至还有可能促成学习者的最终语言水平。[①] 也就是说，课堂教学这种"有指导的学习"(tutored learning)可以加快语言习得的速度，并对语言习得的过程产生积极的影响，虽然它无法改变语言习得的自然途径——决定这一自然途径的是先天的遗传机制，就像科德所说的："人脑有一种特性，这种特性决定语言学习者对其所接触的语言数据进行加工处理的方式。"[②]人们学习语言的过程因此成为一个创造性的建构过程(creative construction)。这些研究有力地促成了语言教学从教学过程朝学习过程的重心转向，使得语言教师开始摒弃对结构的分级、对形式和纠错的专注，转而倡导为语言学习者提供"自然的"语言学习经验或者体验。于是语言学习者主动性的发挥在语言习得过程中显得至关重要，语言教师的角色也就需要重新进行定位，定位的基点就是：第二语言学习过程是一个师生共同经营的"合资企业"(a joint enterprise)，教师和学生之间是合作伙伴的关系(partnership)，而不是主宰与被主宰的关系(master/being mastered)。

"教"只有通过"学"才能显示其是否具有作用或者作用有多大，所以我国自古就有"教学相长"之谓。然而，抛开影响第二语言学习千差万别的环境因素不说，仅仅从第二语言学习者的个体差异上看就很难有一个完全相同的固定学习或习得模式了。个人的脾气秉性不同，认知风格不同，语言潜能不同，需要动机不同，非智力的情感、意志因素更是大相径庭。面对如此多样化的学习者群体，第二语言课堂上的教师还有可能完全做到"有教无类"和"因材施教"吗？针对这一悖论，拉尔森—弗里曼和朗格提出三个基本原则，即：(1)可能的话，实施分类施教，即根据个体的特点对学习者分类，对不同的学习者使用相应的方法；(2)对学习者的差异有明确的认识，并使用多样化的教学方法来满足不同个体的需求；(3)帮助学习者适应教师的风格，并对学习者进行学习策略的培训辅

---

① LARSEN-FREEMAN,DIANNE & LONG,M.H.*An Introduction to Second Language Acquisition Research*.Beijing：Foreign Language Teaching and Research Press,2000：321.

② CORDER,S.*Error analysis and interlanguage*.London：Oxford University Press,1981：72.原文为：there is a property of the human brain which determines the way language learners process the data of language to which they are exposed.

导,以帮助他们应对课堂的要求,更好地利用课堂机会。① 明白了学习者的多样需要和特点,然后自觉地使用多样化的方法开展课堂教学,尽可能使学习者各取所需,同时鼓励和引导他们逐渐适应教师的风格特点,最大限度地利用已有资源环境,从而充分发挥教师和学习者之间的"互动"和"互学",这也许就是解决悖论的一种现实途径吧。

课堂教学能够使学习任务变得简捷,还可以加快习得的进程并提高第二语言的最终成就水平。然而,课堂教学在语言习得中发挥作用是有条件的,也就是说,只有当学习者在心理上做好了准备的时候,他们才有可能从教学之中学到东西,因为结构上的可学性相应地制约着教学的有效性——皮尼曼(Pienemann)因此提出"可学性"(learnability)与"可教性"(teachability)的概念。按照皮卡(Pica,1983)的说法,课堂教学对语言发展和语言运用的影响,主要表现为两个方面:(1)引发语法和词汇的大量供应(即语言输入);(2)限制不合乎语法的(尽管在交际上是有效的)结构的出现。对第二语言习得起决定性作用的是学习者自己,利用课堂教学培养出来的第二语言能力,只不过是一种"中介性"或者"过渡性"(intermediate)的能力。具备这种能力,学习者便开始理解他在课外听到和看到的语言,开始寻求积极主动的发展。基于这样的认识,克拉申为美国的在校外语学习者提出一个三级语言学习的方案,即:在"初级"阶段应开设第二语言课程,课程为学习者提供可理解性的输入;在"中级"阶段应注重"有遮盖的主题材料"(sheltered subject matter)之类的课程,就像加拿大的"浸润式语言学习项目"(immersion programmes)那样;在"高级"阶段则需要补充性的第二语言选修课程,将语言学习融入到日常主体材料课程的主流之中。②

学校教育或者课堂教学对第二语言习得有促进作用,但只有当教学的内容和手段与学习者主体的心理状态相吻合之时这种作用才能够发挥出来,这种认识与"学习者中心"的人本主义教育理念不谋而合。课堂教学对语言发展的作用有限,主要只是给学习者提供足量的可理解性语言输入和一些语言活动机会,所培养的只是一种"过渡性"的语言能力,真正的语言交际能力需要在交际实践

---

　　① LARSEN-FREEMAN,DIANNE & LONG,M.H.An Introduction to Second Language Acquisition Research.Beijing:Foreign Language Teaching and Research Press,2000:313-314.

　　② 三位学者的观点参见 LARSEN-FREEMAN,DIANNE & LONG,M.H.*An Introduction to Second Language Acquisition Research*.Beijing:Foreign Language Teaching and Research Press,2000:303.

之中自主地发展,这种认识与"交际性语言教学"理念也可以说是并行不悖。于是,我们从第二语言习得研究之中得到两点启示:(1)语言课堂教学绝对不容轻视,反而要大力加强和巩固;(2)语言课堂教学务必始终贯穿"学习者中心"和"交际性语言教学"的理念。

第二节　关于国际汉语课堂教学的思考

一般认为,第二语言习得过程包括了6个阶段:"课堂语言输入"→"语言表达训练"→"语言规则内化"→"语言(言语)技能形成"→"社会自然语言接触"→"语言交际能力形成",前4个阶段都与第二语言课堂教学相关。汉语作为第二语言的习得和学习自然也离不开课堂教学。

汉语作为第二语言教学,或者国际(对外)汉语教学,旨在培养汉语学习者的汉语综合语言交际能力,获得该能力的基础和前提是关于汉语言文化的知识、听说读写等方面的汉语言语技能、汉语文化语用规则和汉语学习及交际策略等,而知识的获得和技能、规则与策略的掌握在很大程度上都需要在课堂上进行和完成。我们固然强调"社区(交际实践,即 community)"和"(真实)交际沟通"(即 communication),因为这代表着"社会自然语言的接触"和"语言交际能力的形成",但是国际(对外)汉语教学的主阵地还不得不放在课堂教学之中,教学总体、具体目标的实现也都得依赖于每一节课之中教学任务的顺利实施和有效完成。上好每一节课,完成其各个具体教学目标,日积月累,知识和技能才会像滚雪球一样慢慢地增长起来,语言知识到言语技能、言语技能再到语言交际能力的转化才会发生和渐趋完成,语言能力的种子也就会发芽、生根、成长并最终开花、结果。

课堂教学包括了教师的"教"和学生的"学",因而是师生共同参与和经营的活动(a joint enterprise),这种"教学相长"总是要受到一定时代教学理论的制约和影响。换句话说,一定的教学理论产生一定的教学原则,而教学原则又会涉及相应的教学方法、教学手段和教学技巧。[①] 语言教学尤其如此。从二战前长盛

---

① 参见盛炎:《语言教学原理》,内部资料,03000,教育部汉语作为外语教学能力认定工作委员会办公室,第256页。

不衰的"语法翻译法"和新兴的"直接法"、"口语法或情境语言教学"、"听说法"之类的传统语言教学法,到二战后出现的"认知法"、"交际法"、"全身反应法"、"沉默法"、"社团语言学习法"、"自然法"、"暗示法"等现代语言教学法,以及包括了"沉浸法"、"整体教学法"、"基于内容的教学法"和"任务型教学"等近一二十年兴起的"新型"语言教学法,西方语言教学界从来就没有停止过对教学理念和教学法的探索和革新。教学理念和教学法的更迭变换,直接或间接地改变了语言课堂教学的景观。传统的语言教学法注重对语言内部结构和语言知识的传授,以认知法和交际法为代表的当代语言教学法从语言的心理和社会属性出发,试图依照学习者的语言习得规律来培养其实际运用语言的交际能力。可以说,一个主"内",一个向"外",各有侧重又各有所长。身处"后方法时代"的国际汉语教学应在坚持"学习者中心"和"交际性语言教学"理念的前提下,对历史上出现过的各种语言教学法都采取一种"兼收并蓄、各取所长"的态度,在不同层面、不同阶段、针对不同学习者的汉语教学过程之中采取多样化的教学方法或手段,来促成由知识到技能、由技能再到交际能力的几次转化和"蜕变"。

　　"学习者中心"和"交际性语言教学"在第五章已有交代,这里我们对后者再做一些说明。"交际性语言教学"或"交际法"是一种从"(意念)功能法"中派生出来、以语言功能和意念项目为纲、旨在培养学习者在语境中运用语言进行交际那种能力的教学思路(approach)。所谓"功能"即以言行事、完成一定的交际行为,例如"传达与了解实际情况"、"表达或了解理智性的态度"等;所谓"意念"则是功能作用的对象或具体内容,包括与功能相关的表示时空、数量等关系的普通意念和由话题直接决定的词汇项目所表达的特殊意念,如"身份"、"住处"、"业余爱好"和"旅行"、"购物"、"问路"等。这一思路或者理念的要旨在于:(1)明确地提出语言教学目标是培养学习者创造性运用目的语进行交际的能力;(2)强调依据学习者的实际需要和兴趣愿望来选取真实、自然的语言学习材料;(3)讲究通过大量的言语交际活动来培养交际能力,并力图将课堂内外的交际活动都结合在一起;(4)坚持按照话题来对语言材料进行螺旋式的编排,将功能、结构融入话题来循环往复、循序渐进地实施语言教学。任何教学方法,只要符合这一思路或者理念,都可以拿来用于语言学习和训练之中。在语言课堂上,可以首先使用图片、实物、身体语言等表达媒介将真实、自然、连贯的对话通过一定的情境而展示,以凸显语言材料的功能与使用情境;可以使用包括个人朗读、组对读练、情景问答、结合话题与个体经验进行真实问答之类的方式来对会话内容进行多样化的模仿性与准交际性的口头练习;可以把对话中出现的基本表达式和使用的语言结构挑选出来组织巩固性练习活动,引导学生自己发现并总结出那些用以表达意图和功能的结构规则;然后,可以引导他们在所提供的情境之中运用所学过的语言形式来进行一些准交际性的练习,并鼓励和帮助他们自由灵活地表达出自己的真实思想情感。① 概言之,课堂教学的目的就是帮助学习者逐步从"起步"到"加速"、"冲刺",最后进入"飞翔"的境界。

根据崔永华的分析②,对外汉语课堂教学的总体结构一般包括 4 个组成部分:教学过程、教学单位、教学环节和教学步骤。教学过程是课堂教学的总称,亦即课堂上进行的所有教学活动。教学单位是对教学过程的单元划分,划分的目的是保持教学内容的相对完整性和统一性,一节课、一课书、几课书(单元)都可以成为一个教学单位。教学环节是教学单位的细化,细化的目的是将教学单位的层次性显现出来,一个教学单位可以粗略地划分为"开头—展开—总结"三大环节,也可以再细化为更多的小环节,每一环节所针对的都是该教学单位中某个具体的任务或项目,譬如,生词处理、语法点讲练、交际性活动、检查复习等。如果对教学环节再作进一步的细化,结果就是教学步骤,划分教学步骤的目的是让各个环节中的每一小步都有一个具体细微的任务,譬如,将某一语法点的处理分解为"展示、解释、操练、归纳、活用"等小步骤,以使学习者通过对其感知、理解、记忆、巩固和应用达到对该语法点的掌握。4 个部分依次排列,构成课堂教学的自然流程。教学准备和课堂操作都须遵循着这个流程,不过二者行进的方向完全相反:备课按照"教学过程→教学单位→教学环节→教学步骤"从大往小的次序来实施;操作则依据"教学步骤→教学环节→教学单位→教学过程"由小向大的次序进行。也就是说,教师备课走的是分析型的路子,先从全局出发,然后再具体剖析,层层细化,直至最小的细节;而课堂教学走的是综合型的路子,先从细节入手,然后再步步为营,通过步骤完成环节,通过环节完成单位,最终完成整个过程的教学任务和目标。好的备课是既有总体布局而又条分缕析,好的上课则是环环相扣、步步为营。

---

① 刘洵:《对外汉语教育学引论》,北京:北京语言大学出版社,2000 年,第 273—278 页。
② 崔永华:《基础汉语阶段精读课堂教学结构分析》,《世界汉语教学》1992 年第 3 期。

　　课堂教学任务的完成需要教学双方的密切合作,更需要教师创造力的发挥,而教师的创造性突出地表现在他对课堂教学技巧的运用上。我们常说"教书有法却无定法",这个"法"指的就是教师在课堂教学过程中所使用的各种教学技巧。譬如:怎样引入新的语言点? 怎样设计板书? 怎样使用直观教具? 怎样加深学生的印象? 怎样吸引他们的注意力? 怎样掌控教学的节奏? 怎样调节学习气氛? 怎样应对突发事件? 怎样进行归纳复习? 怎样有效地布置课后作业? 灵活使用各种技巧才有可能取得良好的效果。吕必松在《对外汉语教学概论》中就对五种常用课堂教学技巧作过探讨:"怎样编排一个教学单位的课堂教学程序"、"怎样组织交际性练习"、"怎样稳定课堂教学秩序"、"怎样使学生集中注意力"、"怎样使学生积极主动地、有创造性地去学习",其中有很多值得借鉴的东西。①

　　语言课堂教学的直接依据是体现语言教学大纲或标准和现代语言教学理念的语言教材。在课堂上使用教材来引导和组织学习者的学习和训练活动,并逐步培养其汉语交际能力,是现在通行的做法。这就要求语言教师:第一,精心选择或者编写出具有较强针对性、系统性和趣味性的汉语教材,确定"教什么";第二,使出浑身解数来使我们的汉语课堂充满生动有趣、富含意义的语言交际性活动,即解决"怎么教"的问题。教材的编选已有论述,以下仅从课堂教学的角度来讨论如何生动、有效地完成语言交际能力培养的目标。

　　国际汉语教学一般采用分级(如"入门"、"初级"、"中级"和"高级")、分单元(如一个单元包括五六课,最后一课是单元复习)、分课分节(一课分成三五节不等)和分技能(听、说、读、写单项技能或者听说、读写甚至视听说等多项技能)的教学形式,这在选择和编写教材的时候就已基本确定下来。需要我们教师充分发挥想象力和创造力的则是课堂教学的具体实施,也就是"怎么教",教学方案的准备(备课)和教学技巧的活用(上课)因此成为实现和提高国际汉语教学效果的关键所在。在国际汉语课堂教学中,最为常见的是综合性质的汉语课,每个单元、每课书、每节课基本上都有一个"开头(导入)"、"展开(呈现)"和"总结

---

　　① 北京大学出版社"汉语作为第二语言教学丛书"(2010 年)中的三部——《汉语作为第二语言课堂教学》(姜丽萍)、《汉语作为第二语言技能教学》(翟艳、苏英霞)和《汉语作为第二语言要素教学》(毛悦)——中都涉及许多课堂教学技巧、微技巧。

(复习)"，①其中的每一个环节都需要我们细心思考与精心准备。很多教师，如新加坡英华学校的老师们，都有自己的一套"导入单元教学"法。其主要特色有：从口语到书面语；从词语到句子；多样化的课堂活动；频繁的复习与巩固。具体操作程序为：(1)用图画、歌曲、故事等方式来导入课；(2)用活动、多媒体、字卡、实物等形式来学习词语；(3)通过个人与小组游戏和活动的方式来间隔性地进行词语复习与巩固；(4)将词语应用于句子中的句式教学；(5)通过模仿、操练、表达的形式进行综合词语与句型句式的复习与巩固(6)将所学、所练的知识和技能应用于课堂内外的日常生活之中。学、练、用相互融合，趣味性因素和情景、语篇因素都渗透于其中，这种"导入单元"的教学样式自然值得我们借鉴和吸纳。

第三节　一个国际汉语课堂教学的实例

一、教学语境分析

2010—2011 年度，本书作者赴泰王国乌隆他尼皇家大学承担汉语教学工作，具体任务包括两项：(1)协助该校制定即将开办的汉语言本科专业课程大纲；(2)在学校语言中心承担两个班的"交际汉语"教学工作。汉语专业正处于筹建阶段，所以"交际汉语"课程为自由选修课(free selective)，而选修者都是其他专业的三年级学生，没有任何汉语基础。教学时限为一年、两个学期，除去节假日，共约 32 个教学周(包括两次考试)。每周 4 个课时，集中在一个下午(1 点到 5 点)，但实际上一次只能保证三个半小时的上课时间。学生是零起点，教师也只懂得几句日常用泰语，师生之间的交流主要依靠英语(但学生的英语水平也极其有限)、身体语言、图片实物和少许的泰语。

两个"交际汉语"教学班包括了 20 名商务英语与工程信息专业的大三学生

---

① 蒋丽萍在《汉语作为第二语言课堂教学》(第 283 页)一书中将综合课的教学流程解析为："复习旧课"→"学习新课"(包括词语学习、课文学习和语法学习三个环节)→"布置作业"，其中的"学习新课"相当于这里的三大环节。所以，综合课的流程其实可以扩充为五大环节，构成"五步教学模式"。

和两名社会学习者（与中国有业务往来的公司职员：沙朗和沙西巴），年龄均在20岁以上，其认知能力、思维能力等智力因素和情感、意志、社会经验等非智力因素都已达到成人水平。学生的智力因素和非智力因素与其汉语作为第二语言的"零"能力之间呈现出强烈的反差。他们选修汉语课程的目的动机不尽相同，但一个普遍的愿望就是想通过一学年汉语课的选修而掌握一些走出学校就能够用得上的日常交际用语，也就是能够和说汉语的人搭上话并进行基本的人际交流。他们基本没有汉语学习的经验，对汉语的认识还停留在"很难"和"不好学"的水平，一旦遇到困难就有可能选择退出（即所谓 withdraw）。

　　泰国大学的教学氛围一般来说是比较随意和自由的。其一，上课时间固定而又灵活。课表安排的是 1 点到 5 点 4 个学时，但一过 4 点学生就坐不住了，甚至还会要求下课放学，因为他们还得骑摩托车回家（或校外住所），甚至做校外的兼职。课间休息与否、休息多长时间都由师生协商安排。其二，教学课堂有秩序而又比较随意。学生对老师非常尊敬，见到老师都会低头叫"阿藏"（"老师"的尊称），接受老师发给的材料都是先行"合十礼"，然后表示感谢（"科布孔卡"），但在课堂上他们则是随意出入，迟到不是个别现象（经常见到学生迟到二三十分钟甚至一节课），旷课也是时有发生的事情（社会学习者更是如此）。让学生在没有太大的压力下轻松、愉快地学习和生活（即所谓的 San law"享受快乐"），是泰国学校里一种普遍的生活和教育理念。事实上，学校一些设施的建立（如每栋教学楼的一层几乎都是开放、通透式的"茶座"，可以在那里随时享受冷饮、聊天和上网，此外还有很多露天的学生活动场所），学校组织的很多活动（例如"河灯节"、"国王诞辰"、"宪法日"、"宋干（泼水）节"、"圣诞"、"元旦"等大型庆祝活动和"体育节"、"艾利斯英语吧"和"国际美食节"等学生娱乐活动）都是为丰富、活跃学生的校园生活而举办的。

　　这样的教学语境，对践行"学习者中心"和"交际性语言教学"的国际汉语教学理念无疑提出了特别的要求。学校的"语言中心"虽然也有一些零散的教材，但其预设的使用对象要么是来华的（汉语专业或者短期进修）外国留学生，要么是泰国大学里的汉语专业学生或者泰国中小学生，没有一部现成的汉语教材可以直接拿来使用。于是，我们首先要做的事情就是：利用现有的材料和以往的教学经验制订和编制与教学语境尽量相吻合的汉语课程计划和"汉语教材"。

二、教学课程计划

根据特定的教学环境和学习者的实际状况,根据现有的教学资源配置情况,我们对一学年的"交际汉语"教学过程做了如下安排:(1)以"话题"和"功能"来结构和组织教学,整个教学过程由五大话题构成,即"我和你"(自己介绍)、"在校园"(一)、"在校园"(二)、"走出校园"(一)、"走出校园"(二),外加一个"结尾"(师生告别),话题的具体内容最大限度地与学生生活实际相吻合,当然还要符合汉语的语言结构和语用规范;(2)每一个"话题"安排为一个单元,每一个单元分为6课进行,前5课从5个方面对单元话题进行细化和展开,第六课为单元复习,主要对本单元里所学所练的汉语表达式和汉语语言文化知识进行总结归纳,并将所学的词语和句式串联起来组成一个叙述单元话题的简短语篇,引导学生进行巩固性和实用性的综合语用复练;(3)对应于每周4个学时连续上的教学要求,将每一课都分为4节,第一节为话题或功能引入,第二节为话题或功能拓展,第三节为汉语拼音方案(声韵拼合总表)讲解和练习,第四节为汉字简要介绍和书写练习。第一、二节是重点,教学时间必须充分保证,第三、四节(尤其是汉字部分)具有一定的灵活性,可以根据学生的要求而随时对其具体学习内容进行浓缩处理。

为期一学年的"交际汉语"课程教学内容,于是有了如下安排:

第一单元　"我和你"　　　　　　　　　　　　　(介绍)
　　　第1课　你好!我是陈国泰。　　　　　　　(见面打招呼)
　　　第2课　你好吗?你爸爸妈妈好吗?　　　　(寒暄问候)
　　　第3课　你叫什么名字?　　　　　　　　　(询问姓名)
　　　第4课　你家有几口人?　　　　　　　　　(询问家庭情况)
　　　第5课　你住哪儿?　　　　　　　　　　　(询问住所)
　　　第6课　单元复习(一)　　　　　　　　　　(自我介绍)
第二单元　"在校园"(一)
　　　第7课　现在几点了?　　　　　　　　　　(钟点的表达)
　　　第8课　明天是国庆日。　　　　　　　　　(日期的表达)
　　　第9课　今天星期几?　　　　　　　　　　(星期的表达)

第 10 课　一瓶多少钱?　　　　　　　　　(询问价格)

第 11 课　他今年二十岁。　　　　　　　　(询问年龄)

第 12 课　单元复习(二)　　　　　　　　　(我的校园生活1)

第三单元　"在校园"(二)

第 13 课　那是你的书吗?　　　　　　　　(指称事物)

第 14 课　到图书馆怎么走?　　　　　　　(问路)

第 15 课　我想吃米饭,不想吃米粉。　　　(就餐)

第 16 课　这儿办手机卡吗?　　　　　　　(打电话)

第 17 课　你喜欢打羽毛球吗?　　　　　　(介绍爱好)

第 18 课　单元复习(三)　　　　　　　　　(我的校园生活2)

第四单元　"走出校园"(一)

第 19 课　乌隆的冬天很舒服。　　　　　　(天气)

第 20 课　他感冒了。　　　　　　　　　　(看病)

第 21 课　你是要剪头发吗?　　　　　　　(理发)

第 22 课　包裹是在这儿取吗?　　　　　　(邮局)

第 23 课　你家可真干净!　　　　　　　　(做客)

第 24 课　单元复习(四)　　　　　　　　　(我的乌隆生活1)

第五单元　"走出校园"(二)

第 25 课　你去弄布拉加公园吗?　　　　　(休闲)

第 26 课　晚上去看电影,怎么样?　　　　(娱乐)

第 27 课　想吃点什么?　　　　　　　　　(就餐)

第 28 课　这儿的兰花园很有名。　　　　　(旅游1)

第 29 课　西安可是个有名的古都。　　　　(旅游2)

第 30 课　单元复习(五)　　　　　　　　　(我的乌隆生活2)

结尾　"时间过得可真快啊!"　　　　　　(惜别)

　　教学过程和教学单元确定之后,接下来就该是精耕细作的课堂教学了。对于零起点的初学者,教学的首要目标应该是让他们在形象感知的基础上完成对汉语语言材料的理解,在基本理解的基础上产生对汉语语言的初步兴趣,在初步兴趣的基础上产生"我要学汉语"的欲望,从而使我们的汉语教学能够持续开展下去。"学习者中心"和"交际性语言教学"在这里要体现为细微的教学行为和活动,也就是一节一节的师生互动经历与体验。

一节国际汉语课,可以分解成"开头"、"展开"和"总结"三个阶段,也可进一步细化为"热身(或导入)"、"呈现新内容"、"操练新内容"、"归纳与总结"和"课后作业布置"5个环节。还可以把每一个环节细化为更为具体的教学步骤,每一个步骤都借助于教学技巧的活用来保证本节课教学任务和目标的顺利完成。例如,单元导入使用"图片/实物/影像引入"和"话题讨论"的形式进行,一节课的导入以复习旧课、检查预习或者二者结合的形式进行;新内容可就讨论过的话题设定情境然后引入,再通过朗读、解说的方式来加深理解;练习从机械性的模仿开始逐渐向半机械性的意义表达过渡,然后开展合乎实际的灵活信息交流;总结归纳则尽量启发学生自己来完成,可以用提问的方式引导他们去发现规律,也可以做一点画龙点睛式的讲解来帮助他们归纳要点。课后作业的布置更是要灵活多样,根据海外学生的特点,我们可以使用"下课纸条"(exit slip)的方式,让学生就本课主要内容完成一个小任务,写在纸条上交上之后再离开教室,也可以要求他们结对子(pair work)或分小组(group work)完成一定的口头、书面表达任务,然后以"语言文件包"(linguafolio)或者"角色扮演"(role play)的形式在下一课上面对全班展示出来。课后作业是学习内容从课堂向社会的延伸,也是语言交际能力培养和形成的重要途径,所以要体现出"有趣味、有意义"、"交际性"、"活动型"和"合作学习"的理念和元素。

三、课堂教学实例:启蒙单元"我和你"

万事开头难,但好的开端又是成功的一半。零起点国际汉语教学的开头总是一个颇具挑战性的教学单元。好的开头,要让学生直观感受到汉语的美妙、汉语的可学,克服他们对汉语的畏惧感和疏远感,更要激发他们对汉语的兴趣和学习汉语的热情,所以无论在内容的安排、方法的选择,还是在技巧的应用上都需要我们下功夫、动脑筋。在乌隆他尼皇家大学"交际汉语"(跟我学汉语)的教学过程之中,我们对此做了一些实践上的探索。以下便是我们为该课程第一单元所作出的实际教案设计。限于篇幅,仅列出第一课(导入)和第六课(复习)。

跟我学汉语
第一单元　"我和你"
Unit I *You & Me*

单元目标:1)师生相互认识和熟悉起来

2)学生对汉语有一个初步直观的认识

3)师生之间、学生与汉语之间建立起友好的关系

单元进度:1)总共6课,1—5课各围绕一个话题和一至两个汉语表达式展开,第6课为单元复习,将本单元所学的表达式串联成为一个简短的"自我介绍"的语篇,以进行综合的巩固训练和真实的人际沟通;

2)每一课分4节完成,一、二节围绕"功能"会话,为各课之主体,第三节是汉语拼音(方案)的讲练,第四节是汉字介绍和了解;

3)单元复习中的"自我介绍"展示,构成课程成绩的一部分:课堂表现(30%)的三分之一(10%,即课程总成绩中的10分)。

第一课
你好！我是陈国泰

教学内容:1)语言功能——打招呼与告别;简单的自我介绍

2)语言知识——简单介绍现代汉语的音、形表现形式,包括:汉语的标音符号(拼音);汉语的书写形式(汉字)

教学目的:1)让泰国初学者对中国和汉语有一个直观的认识和初步的兴趣;

2)帮助学生学会用汉语与人打招呼和告别的表达方式;

3)了解汉字"好"的文化内涵。

教学用具:身体动作;汉语书法;汉字/拼音卡片;中国/泰国地图;"快乐汉语"视频片段(中国/泰国地图各1幅;"汉语拼音图"1幅;中国书法作品1幅;中国春联1副;"文房四宝"1套;视频课件1套)

教学环节/教学步骤:

第一节　打招呼与告别

步骤一:见面打招呼

在讲台上用"合十礼"与同学们打招呼:Sawa dii!

然后与同学们一一握手,一边握手一边说:你好! 重复数遍之后,让学生慢慢地猜出"你好"的意思。

在黑板上用拼音标出"你好"的读音:

Nǐ hǎo!

领着学生读四遍。

然后跟学生说:你好! 引导学生回答:你好!

让学生学着刚才师生见面的方式相互握手问好。让每一对学生都站起来练习一遍。然后,师生之间再将"见面问好"的言语行为操练两遍。

展映视频(1)(《快乐汉语》第一课中"北京机场见面"的一场)。要求学生特别注意以下的对话:

——迈克,你好!

——小海,你好!

——小红,你好!

——安妮,你好!

观看之后,作一定的解说:

"好"由"女"(女儿)与"子"(儿子)两部分组成,一个家庭里既有女儿又有儿子,就是"儿女双全",自然是件大好事(blessing)。中国人见面问一声"你好!",其实就是在向你表达一种美好的祝愿(a good wish for you),祝你今天顺利、开心。

步骤二:告别

一节课快上完的时候,先跟学生行"合十礼",同时说:Laa kàwn! 然后跟学生挥手或者抱拳说:再见! See you! 重复三遍,让学生自己猜出意思来。

在黑板上用拼音标出读音(拼音):

zài jiàn!

领着学生读四遍。

跟学生说:同学们,再见! 学生回答:老师(Aj.),再见!

然后要求学生相互挥手告别,一边挥手一边口说说"再见!"。让每一对学生都站起来练习一遍。

师生之间再一次操作告别"再见"的言语行为。

步骤三:文化熏陶

在播放中国民乐("新年好!")中结束第一节汉语课。

第二节　我是谁?

步骤一:问好的拓展

在讲台上鞠躬问候:同学们好!

Tóngxué men hǎo!

引导学生作出适当的回应:老师好!(Sawadii, Aj.)。

Lǎoshī hǎo!

将如此问好操练数遍,以便让学生体会到"你好!"的变体形式。

步骤二:自我介绍

(播出自己的一张照片)问道:Who is it?

Yes, It's me. 我(手指向我自己)是陈老师, Aj. Chen。同学们猜猜我(I)从哪里来。Where do you think I come from? Now, let's look at the map.

(展示"中国地图"——包括了中国与泰国)China here; Thailand here. Beijing-Shanghai-Xi'an——<u>中国/北京/上海/西安</u>。

——Chai 是的,老师从<u>中国</u>来,从中国的<u>西安</u>来到泰国 Udon Thani 的。Here, 西安, here, Bangkok, here, Udon Thani. See, we are not far away!

展映视频片段(北京天安门、长城;西安钟楼、兵马俑、大雁塔、大唐芙蓉园),以便让学生直观感受中国和西安。

So, you see.

<u>我是</u>老师,陈老师 Aj. Chen,<u>我是</u>中国人,<u>我是</u>西安人。

在屏幕上呈现拼音:

<u>Wǒ shì</u> lǎoshī, Chén lǎoshī. <u>Wǒ shì</u> Zhōngguó rén. <u>Wǒ shì</u> Xī'ān rén.

引导学生练习:

<u>我是</u>……(学生/泰国人/乌隆人)。

<u>Wǒ shì</u> … xuéshēng(Tàiguó/Wūlóng rén).

步骤三:让每个学生来模仿做简单的自我介绍:

我是……(学生原名/泰国人/乌隆人)。

为每一位同学取一个读音与其泰国本名相近的中国名字(如萨朗、布拉东、

西哈娜等,汉字上面注上拼音),解释所用汉字的正面含义并教其学会拼读,然后引导学生学会下面的句式:

我叫……(名字,如"陈国泰")。

Wǒ jiào …(your Chinese name).

然后再一次作自我介绍,使用句式:我叫……(名字),我是……(country/hometown)。老师先示范,学生模仿练习,即:

(老师):我叫陈国泰,我是中国人,我是西安人。

(学生):我叫……我是泰国人,我是乌隆人。

让每一位学生都站起来练习一遍,注意纠正其发音,但不能要求太严格——他们毕竟是第一次正式接触汉语。

通过英语媒介让学生听懂老师常用的评价用语:

Good！ Very good！ Excellent！

—好！ 很好！ 非常好！

说明这里的 hǎo 与"你好！""新年好！"中的 hǎo 是相同的一个词(word),都有祝福和夸赞的意思。

步骤四:总结复习

帮助学生将所学的几句话连接成一个小语篇:

Nǐ hǎo!

Wǒ shì…(name).Wǒ shì Tàiguórén.Wǒ shì Wūlóngrén.

Zài jiàn!

步骤五:文化熏陶

播放视频"古诗歌吟诵"之"白日依山尽",在配乐的汉语音韵节奏之中来结束本节汉语课。

第三节　汉语的标音符号
——汉语拼音

步骤一:感知体会

再次播放"古诗歌朗诵"。然后问学生:Is it good to listen？（好听吗?）Yes,it's sweet.Then,how do we spell these speech sounds？ Well,我们使用"汉语拼音"Hanyu Pinyin。汉语拼音和泰语的注音符号相近,都使用的是拉丁字母。在屏幕上打出古诗的拼音:

Báirì yī shān jìn,

Huánghé rù hǎi líu.

Yù qióng qiānlǐ mù,

Gèng shàng yīcéng lóu.

逐字按音节慢速朗诵两遍,让学生体会汉语拼音的特点。

步骤二:强化印象

Now, let's see what we've learnt in Hanyu Pinyin:

Nǐ hǎo!

Wǒ shì…(name). Wǒ shì Tàiguó rén. Wǒ shì Wūlóngrén.

Zài jiàn!

让学生跟读(加上声调手势,一字一顿地)数遍,使其慢慢体会。

So you see, it's similar to your Thai. I'm sure you will easily learn it.

步骤三:初步展示

(使用拼音卡)将 Wǒ 和 rén 分解开,拆成三个部分:声母(initials)、韵母(finals)、声调(tones)。

引导学生用这种方法来拆分学过的两句话:Nǐ hǎo! Zài jiàn!

True, the speech sounds in Chinese and Thai are similar. They have initials, finalys, and tones. It's easier for you to learn spoken Chinese than English. So, come on! Work hard, and you'll speak good Chinese. 你们会学好汉语的。

步骤四:总体讲解

展示"汉语拼音声母表与韵母表"。So, you see, these are the initials, and these are the finals. They work together to form the Chinese syllables (*speech sounds*). Besides these, we have the tones, four in all. Initials, finals and tones together make up the Chinese syllables.

语调,或"四声",汉语有四个声调,即:阴平(1)、阳平(2)、上声(3)、去声(4),另外还有一个"轻声"。泰语有五个声调,即:中调、低调、降调、高调、升调。声调在泰语和汉语里都非常重要。

用英语举出例子:Nǐ chou bù chou? "愁—丑—臭—抽"(a joke ——笑话)。

In Chinese, we have 21 initials, 38 finals, and 4 tones. We may have as many as 3000 syllables, but we actually use around 1300 speech sounds. Not so many as English,see?

Both Chinese and Thai have tones.We have four and you have five.So,it's easy for you to learn the speech sounds of Chinese.Keep on,and you will sure be good Chinese speakers.

步骤五:文化熏陶

朗诵古诗"白日依山尽",然后为学生领读两遍。让学生进一步感受和体会汉语的音韵之美。

第四节　汉语的书写形式
——汉字(书法)

步骤一:初步展示

呈现一幅真实的"中国书法"作品。

What do you think of it? Is it a painting? Yeah,it is and it is not.It is the art of Chinese wrting,or caligraphy.Do you know how it is painted or written?

We use special writing materials,called *"Wénfáng sìbǎo"*(文房四宝),or *"the four treasures in the study"*。

展示"文房四宝"实物:毛笔、宣纸、块墨、砚台。使用它们写出四个汉字:"你好!"和"再见!"。

So you see,this is actually the Chinese writing,or Hanzi.It can be an art!

步骤二:充分展示

呈现中国的"春联"一副、"福"字和"双喜"字各一幅。You see,Chinese people like their writing so much that they have their good wishes lying in them.

呈现《汉字的奇迹——88个基础字》中的部分图例,让学生直观感受汉字的构造和来历。

观赏视频短片《学汉字》,引发学生对汉字的兴趣。

步骤三:简要介绍(书写)

Do you know how the Chinese characters or Hànzì(汉字) are made up? English uses letters,but Chinese uses strokes,or bǐhuà(笔画).

There are two types of strokes,bǐhuà,basic and compound.

使用"文房四宝"来展示基本的十种汉字笔画:

1)基本笔画(6种)

(横)(竖)(撇)(捺)(点)(提)——"札"与"永"字法。

一　二　三　十　土　干　士　王　丰

人　八　入　大　天　夫　义　木　本　未　川

上　下　卞　主　州　义　么　丿　汉　江　北

2)复合笔画,如横折,竖弯钩等(4类,22种)

有以横起笔的,如"横钩"。

有以竖起笔的,如"竖钩"。

有以撇起笔的,如"撇点"。

有个别其他复合笔画,如"卧钩"。

引导学生在练习本上学写这十种笔画。

步骤四:简要介绍(造字)

Where did Chinese characters come from? We believe they came from four ways: *drawing pictures, using symbols, combining two characters or radicals.*

简介汉字的"四体"——象形、会意、指事、形声。

象形——用线条勾画出物体的形状,用简单的轮廓去表现物体最显著的特点,如:日、月、人、女等。——From drawing pictures.

指事——用符号来表示无形可象的抽象概念的意义,包括两类:a.用表意的符号构成纯符号指事字,如:一、二、三、上、下、中;b.在象形字上面加上指事符号的指事字,如:刃、本、末等。——By combining two or more symbols or signs.

会意——两个或者两个以上的字及其字义合并起来新造出来的字,如:男、明、好、家、看、休等。——By combining two or more zi.

形声——表事物意义类属的部分("形旁")与表其读音的部件("声旁")合作起来造出的字,如:"采"—"菜、踩、睬";"反"—"返、饭、贩"等。——By combining radicals or parts of zi, usually two, one suggesting the meaning, the other the pronunciation.

步骤五:巩固熏陶

展映《汉字五千年》的视频(第1集)片段。让学生进一步感受汉字的神奇和魅力。

总结与作业

1.口语练习(pair work):

1）—Nǐ hǎo!　　—Nǐ hǎo!

—Zài jiàn!　　—Zài jiàn!

2）Wǒ shì…（name）.Wǒ shì Tàiguó rén.Wǒ shì Wūlóng rén.

2.语用实践（practice）：

1）试着用拼音拼写出一句话来。

2）试着书写汉字"你"、"我"、"好"。

3）记住并拼写出自己的中国名字。

……

第六课
单元复习

教学内容：1）语言功能——"你和我"（师生、生生）之间的相互介绍

　　　　　2）语言知识——汉语拼音：声母、韵母、声调和拼读

汉字：笔画（构造）、来历（四体）

　　　　　3）文化知识——"好"、"家"、数字、姓名中的文化内涵

教学目的：1）学会使用汉语进行"见面问候、告别再见、道谢、致歉及回应、评价"等语言行为；

　　　　　2）学会用汉语相互介绍自己的大致情况，如：姓名、职业、住址、家庭、爱好和联系电话等；

　　　　　3）基本了解汉语拼音拼合总表，掌握声、韵、调的拼读要领；

　　　　　4）基本了解汉语书写形式、汉字的笔画构成，并认读20个汉字；

　　　　　5）激发学生对汉语语音和汉字书写的初步兴趣，为今后的继续学习打下情感和知识的基础。

教学用具：身体动作；"声韵母拼合总表"；汉字/拼音卡片；视频片段（"跟我学汉语"1—5课的会话册页；《快乐汉语》1—4课的动画情景和视频短片；"普通话声韵母拼合总表"；用"文房四宝"现场书写汉字）

教学环节/步骤：

第一节　"交际汉语"会话（一）

步骤一：复习第一课会话"你好!"（4组短对话）

1.—Nǐ hǎo！　—Nǐ hǎo！

2.—Tóngxué men hǎo！　—Lǎoshī hǎo！

3.—Zǎoshàng hǎo！　—Zǎoshàng hǎo！

—Xiàwǔ hǎo！　—Xiàwǔ hǎo！

—Wǎnshàng hǎo！　—Wǎnshàng hǎo！

4.—Zài jiàn！　—Kanitha，zài jiàn！

—Tóngxué men，zài jiàn！　—Lǎoshī，zài jiàn！

— Wǎn ān！　—Xiǎohóng，wǎn ān！

—Lǎoshī，wǎn ān！

步骤二:复习第二课会话"你好吗?"(3 段较长对话)

1.—Xiǎohǎi，nǐ hǎo ma?

—Wǒ hěn hǎo，nǐ ne?

—Wǒ yě hěn hǎo.

—Nǐ bàba māma hǎo ma?

—Tāmen dōu hěn hǎo.

2.—Xièxiè！　—Bú yòng xiè.(Not at all)

—Xièxiè nǐ！　—Bié/Bú　kèqi.(My pleasure)

3.—Duìbùqǐ！　—Méi guānxi.

—Bù hǎo yìsi.—Měi shì'er.

步骤三:复习第三课会话"我是沙西巴"(2 段句群叙述)

1.Wǒ shì Chén lǎoshī.Wǒ shì Zhōngguó rén.Wǒ shì Xī'ān rén.

2.Nǐ shì xuéshēng.Nǐ shì…(your name).Nǐ shì Tàiguó rén.Nǐ shì Wūlóng rén.

步骤四:复习第四课会话"你家有几口人?"(1 段长对话)

—Wǎsānā，nǐ jiā yǒu jǐkǒu rén?

—Wǒ jiā yǒu wǔkǒu rén.Bàba，māma，gēge，dìdi hé wǒ.

—Nǐ bàba zuō shěnme gōngzuò?

—Wǒ bàba shì shāngrén.

—Nǐ māma ne?

—Wǒ māma shì gōngrén.

—Nà nǐ gēge dìdi ne?

—Tāmen dōu shì xuéshēng.

步骤五:复习第五课会话"你住哪儿?"(1 段长对话)

—Lìsā, nǐ zhù nǎ'er?

—Wǒ zhù xuéshēng gōngyù. Nǐ ne?

—Wǒ yě zhù xuéxiào. Wǒ zhù jiàoshī gōngyù.

—Lǎoshī, nǐzhù jǐcéng?

—Wǒ zhù sāncéng. Sān líng qī fángjiān. Nǐ ne?

—Wǒ zhù wǔcéng. Wǔ líng èr fángjiān.

—Hǎo de. Huānyíng dào wǒjiā qù kànkan.

第二节 简短"自我介绍"

步骤一:问好与道谢

When you speak before the class, you should first greet with the audience. When you finish your speech, you express your thanks for the audience. Now, can you express your greetings and thanks for the classs? In Chinese, of course!

1. Dàjiā hǎo!

2. Xiè xie dàjiā!

"Dàjiā" means *everyone here*. You use it when adressing to a group of people.

步骤二:姓名与身份

Do you have Chinese names? Can you tell your classmates your name, your hometown, your school and your major? Yeah, you may do like this:

Wǒ jiào Xīhānā. Wǒ shì Tàiguó rén, lái zì Wūlóng fǔ. Wǒ shì Wūlóng Huángjiā Dàxué de dàsān xuéshēng. Wǒ xué gōngchéng / xìnxī zhuānyè.

对下划线的一些新词语做一定的讲解和听说的练习。

步骤三:家庭成员

Now, I would like you to tell the class and me about your family. What would you say about it in Chinese? Yeah, do like this:

Wǒ jiā yǒu wǔ kǒu rén. Bàba, māma, jiějie, dìdi hé wǒ. Wǒ bàba shì nóngmín, māma shì gōngrén. Jiějie hé dìdi dōu shì xuéshēng.

注意帮助每一个学生都根据实情而作出自己家庭成员的介绍。

步骤四:住所和房间

We've learnt how to tell others where you live.Now can you tell the class and me your address? Do like this:

Wǒ zhù xuéxiào,xuéshēng gōngyù èr hào lóu wǔ céng,wǔ líng liù fángjiān.

对"二号楼"的说法进行必要的解说,并帮助学生根据实情对自己的住所作出表达,例如:

Wǒ zhù jiālǐ,zài wūlóng chéng lǐ.

步骤五:爱好和电话

You sometimes tell others your hobby and telephone number so that you may keep in touch.Do you know how to express such things in Chinese? Well,we may do like the following:

Wǒ xǐhuān yǔyán.Wǒ zài xué Yīngyǔ,yě xué Hànyǔ.

Wǒ de diànhuà shì 08-3678-8593.Yǐhòu duō liánxì.

对"喜欢"(like)、"在(干什么)"、"电话"、"以后"、"联系"等新词语和"以后多联系"的惯用语,作一定的解说和听说练习。

步骤六:"自我介绍"

Now,let's combine these expressions together and we will have our own self-introductions in Chinese.

Dàjiā hǎo!

Wǒ jiào Xīhānā.Wǒ shì Tàiguó rén,lái zì Wūlóngfǔ.Wǒ shì Wūlóng Huángjiā Dàxué de dàsān xuéshēng.Wǒ xué gōngchéng zhuānyè

Wǒ jiā yǒu wǔ kǒu rén.Bàba,māma,jiějie,dìdi hé wǒ.Wǒ bàba shì nóngmín,māma shì gōngrén,jiějie hé dìdi dōu shì xuéshēng.

Wǒ zhù xuéxiào,xuéshēng gōngyù èr hào lóu wǔ céng,wǔ líng liù fángjiān.

Wǒ xǐhuān yǔyán.Wǒ zài xué Yīngyǔ,yě xué Hànyǔ.

Wǒ de diànhuà shì 08-3678-8593.Yǐhòu duō liánxì.

Xiè xie dàjiā!

让每位学生都到教室前边来作出或者展示自己的"自我介绍"。可以带着稿子,但特别鼓励脱稿,自由地使用汉语。

步骤七:总结鼓励

Now, we can speak Chinese! With the help of Chinese, I get to know you all and you have known a lot about me. Chinese is so easy to learn. So, keep on and by the end of this course, I'm sure, you all will be good Chinese speakers! Come on! Wish you more success in your Chinese learning!

第三节　汉语拼音

步骤一:总讲

As we've known from the last five lessons, Chinese syllables consist of three elements, i.e. *the intitials*, *the finals* and *the tones*. We have altogether 21 initials, 38 finals, and 4 tones. So Chinese can have $21×38×4=3192$ syllables, but not all the initials and finals are combined by us, as you can see in the "普通话声韵母拼合总表" you've got and not all possible syllables have all the four tones, so the Chinese language now actually has at most 1300 syllables. Once you know these elements and their combinations, you are sure to be able to produce and recognize all the syllables in Chinese. Come on!

步骤二:声母

Chinese has altogether 21 *initials*, right? What are they? Do you still remember them?

b　p　m　f　d　t　n　l

g　k　h̲　j　q̲　x

z̲　c̲　s　zh̲　ch̲　sh　r̲

I think most of them are easy for you to learn but 9 (the underlined), I suppose, are hard for you. I hope you spend more time practising them.

听一遍声母的录音,然后将每个声母都领读两至三遍。

让每一个学生都读一遍所有的声母,找出各个学生的声母发音难点,并教会他们纠正的方法、技巧。例如:z̲/c̲ 和 zh̲/ch̲ 可分别参考英语单词 bed̲s̲/seat̲s̲ 和 brid̲ge̲/ch̲air 下划线部分的读音。

步骤三:韵母

Chinese has 38 finals in all and they are usually divided into five groups, as is done in our previous lessons. What are they? Can you still remember them?

(1)a　o　e̲　/i　u　ü̲　(6)

(2)ai　ei　ao　ou　er̲

an　en　ang　eng　ong　(11)

(3)(─i)　ia　iao　ie　i(o)u　ian　in　iang　ing　iong(10)

(4)　ua　uo　uai　u(e)i　uan　u(e)n　uang　ueng　(8)

(5)　üe̲　üan̲　ü(e)n̲　(3)

I suppose you have only a little difficulty in producing these sounds. Still, I will ask you to pay special attention to three sounds, i.e. ü̲, er̲, ─i̲, and the other four sounds with e or o omitted when written down.

听一遍韵母的录音。将每个韵母都领读两至三遍。

让每一个学生都把所有韵母读一遍,对个别不正确的发音予以纠正和提醒。要求他们多听、多练习,以后还要时常检查。

步骤四:声韵母拼合

播放《快乐汉语》中关于生词的拼音读音,让学生感知正确的拼音方式。

依照"普通话声韵母拼合总表"中汉语声母、韵母能够拼合成的音节(加上四声)领读一次。分成五块,作为第二单元各课"拼音练习"的主要内容。

步骤五:声调(四声、轻声)

一声　　55　　—high and level.

二声　　35　　—high and rising.

三声　　214　　—falling and rising.

四声　　51　　—abrupt falling.

轻声　　　　—soft and short. Without a tone-marker.

5	→			
4				
3				
2				
1				
	一声	二声	三声	四声

Your difficulties, according to your speech, are in the 3rd and 4th tone, particularly the last tone. So try pracrising these two more, ok? Remember: 3rd tone – first fall and then rise; the 4th tone – fall abruptly or sharply, it is not impolite in Chinese to end a word or sentence abruptly.

步骤六：拼写规则简介（略）

步骤七：音韵熏陶

播放"古诗歌吟诵"（游子吟），让学生进一步体味汉语的音韵之美。

第四节　汉字

步骤一：播放"汉字五千年"视频片段，以此导入"汉字"部分

步骤二：汉语的书面形式——汉字的构成

笔画（strokes）、部件（constituents）——偏旁部首（radicals）

Chinese characters are made up of strokes and constituents. We may often need to consult a dictionary in our learning a language. And words in Chinese dictionaries are usually arranged according to the character order, the number of strokes, of the initial sound in alphabetical order. Knowledge of how to refer to Chinese dictionaries is a must in learning Chinese.

步骤三：汉字笔画（strokes）

1）基本笔画（6种）—26个例字

横　　"一　二　三"

竖　　"十　工　土　王　丰"

撇　　"千　白　生　井　仁"

捺　　"八　人　大　入　木"

点儿　"六　文　汉　玉　下"

提　　"习　北　地"

2）复合笔画（4类22种）—44个例字

（1）以横开始的（10种）

横折　　　　横钩　　　"口　马　买　安"

横撇　　　　横折钩　　"又　名　门　力"

横折提　　　横弯钩　　"说　话　飞　凤"

横折弯钩 横折折撇 "几 九 及 近"

横折折折钩 横撇弯钩 "乃 奶 阳 陈"

(2)以竖开始的(7种):

竖折 竖钩 "山 出 手 你"

竖提 竖弯 "长 饭 四 叫"

竖弯钩 竖折撇 "七 儿 专 传"

竖折折钩 "吗 与"

(3)以撇开始的(2种):

撇折 "去 车"

撇点 "女 按"

(4)其他复合笔画(3种"钩"):

斜钩 "戈 我"

弯钩 "家 狗"

卧钩 "心 必"

对每一个笔画和汉字都做出现场的书写展示。

步骤四:汉字笔顺(order of writing)

先横后竖 "十 干"

先撇后捺 "八 人"

从上到下 "二 工"

从左到右 "儿 好"

由外到内 "月 问"

先进入后封口 "日 国"

先中间后两边 "门 小"

引导学生试着先用手比画,然后在纸上练习写一遍这些汉字。

展示"汉字书写笔顺"动画部分,让学生再次体验汉字书写。

步骤五:在"汉字学习"的视频展映中结束本节课。

总结与作业

1.会话练习:熟记本单元中的长短会话和简短语篇"自我介绍"。

2.读写实践:1)熟悉"普通话声韵母拼合总表",带上四声拼读所有汉语音节。

2)试着分析"我"、"你"、"好"、"家"、"人"的笔画和构成;写出至少 10 个汉字来,笔画、笔顺基本正确。

通过课堂教学来掌握语言或言语技能,一般要经过三个阶段,即:一是言说阶段(verbalization,教师的讲解、演示和学生的感知、领会的过程);二是自动化阶段(automatization,学生在教师的监督指导下反复练习,监控自己,直到最后可以脱口而出并准确无误,亦即语言技能的内化过程);三是自主阶段(autonomy,学生创造性地运用所习得的语言技能,进行交际的过程)。我们在"交际汉语"的课堂教学过程中所遵循的,正是这样的一个语言讲练和语言能力培养的流程。在教学的内容和进程的安排上,我们力求与学生的生活实际和现有语言水平更好地吻合,力争做到课程内容(五大话题)、教学单元(五加一模式)和教学环节(实用会话、汉语拼音、汉字讲练)等各个方面都与学生的背景状况和认知水平更好地契合,因为我们知道:课堂教学对于第二语言能力培养的促进作用,只有在其所包含的内容、所使用的手段上与学习者主体心理状态相互契合之时才能够发挥。今天的语言课堂已经不再是"满堂灌"、"填鸭式"的"教师一言堂","学习者中心"、"交际性教学"和"规范化"已经蔚然成为主流。

完整的课堂教学系统由教师、学生、教学内容和教学环境结构而成,在这个系统之中,教师是教学活动的设计者、组织者和促进者,学生是教学活动的主体参与者和教学效果的体现者,教学内容是教学活动的素材和依托,教学环境则是教学活动得以开展的物理和心理环境。教师需要发挥"主导"作用,但这种发挥必须始终"以学生为中心",也就是在教学活动的开展过程中教师要满腔热情地指导学生健康快乐地学习,充分地发挥他们的主动性与积极性。教学内容在语言教学里一般表现为语言知识、言语技能、语用文化和学习者策略,语言知识可以通过教师的讲授而后获得,言语技能则需要经过大量的认真训练方能够为学生所掌握,语用文化必须通过潜移默化的渗透和感染而被学生逐渐内化吸收,学习者策略则只有经过因势利导的指引才能够让学生逐渐认识并遵循目的语的规律而学习和使用目的语。一"讲",一"练",一"渗",一"引",就是语言课堂教学活动的所有内涵。

什么样的课堂教学才算是有效的课堂教学呢? 英国学者赫斯特(Hirst)提出了三个检验标准,即:(1)学生不仅学到了教师传授的大部分学科知识,而且学到了许多其他的知识;(2)学生在课堂结束之后仍在继续研究和探讨课堂上学到的内容;(3)学生不是被迫地在学习,而是充满渴望地在学习。有效的国际汉语课堂教学,则应该是"兼顾知识的传授、能力的培养、情感的交流、个性的塑造等方面"的语言课堂教学,[①]也是教师展示才华与智慧、学生收获知识与成功、师生都感到健康和快乐的语言课堂教学。在这种教学活动里,各种影响因素和谐相处、共同造就使用目的语进行思想交流和意义协商的素质与能力。

　　有效的课堂教学必然遵循一定的操作原则,国际汉语课堂教学所遵循的原则虽然是众说纷纭,但最为基本的恐怕要将"交际性"、"趣味性"、"针对性"和"规范性"包括在内吧[②]。本章从第二语言习得研究对课堂教学的认识出发,首先对课堂教学的作用进行了论证,接着通过理论探索和实践摸索对国际汉语课堂教学进行了反思。论证和反思让我们清楚地看到,有效的国际汉语课堂教学一定就是贯彻与体现"交际性语言教学"、"学习者中心"和"(汉语语言知识与言语技能)规范化"理念和原则的课堂教学。

---

　　① 蒋丽萍:《汉语作为第二语言课堂教学》,北京:北京大学出版社,2011年,第3页。前面一段的论述也参考了该书第一章的第二节和第三章的第二、三节。
　　② 蒋丽萍认为,对外汉语常用课堂教学原则有四条:交际性原则;趣味性原则;针对性原则;有限度地使用媒介语原则。蒋丽萍:《汉语作为第二语言课堂教学》,北京:北京大学出版社,2011年,第17—20页。

第七章 国际汉语语言交际能力的培养(三)

——国际汉语测试评估的操作

只要有教学就一定有测试和评估,因为测试评估是检验教学是否具有成效、成效又是如何的主要手段和工具。语言教学,作为教学的有机组成部分,自然也离不开针对语言学习和语言使用表现(performance)的测试与评估。按照赵金铭的说法,肇始于19、20世纪之交的现代语言测试,已经经历了4个发展阶段:传统时期、心理测量—结构主义时期、心理语言学—社会语言学时期和交际法语言测试时期。交际法语言测试受到的最大影响来自于第二语言习得研究,尤其是 Bachmann 等人的语言测试理论。① 一般认为,语言测试从其使用的目的上看,大致可以分为五种,即:诊断性测试(diaglostic test)、分级(班)测试(placement test)、成绩(成就)测试(achievement test)、水平测试(proficiency test)和语言潜能测试(aptitude test)。无论采取哪一种测试形式,都得讲求一定的效度(validity)、信度(reliability)和实用性(practicality)或者可操作性(operability),因为只有具备了这些特性,语言测试才能够发挥其应有的作用。

诊断性测试往往只是对刚刚学习过的知识点或者能力点进行针对性的检测,几乎每一个语言教师都在自己的课堂上随时随地地使用着这种检测形式,检测的目的是及时发现先前教学过程中存在的问题和不足,并在今后的教学工作中及时补救和整改,也就是及时发现问题、及时解决问题,以免"小洞不补,大洞吃苦"。分级或者分班测试的目的是对学习者的现有语言水平作相对准确的评估和测定,并以此为主要依据将其分配在某个语言水平等级的班级里,以接受进

---

① 赵金铭:《对外汉语教学概论》,北京:商务印书馆,2005年,第278—279页。

一步的语言训练和语言学习,这种测试样式往往会因为教学机构和学习者背景的差异而有所不同,但大都是多位语言教师共同努力、协同作战的结果,有的学校和教学机构甚至已建有自己的测试题库,可以随时从中调出试题以供分级、分班使用。成绩或者成就测试也是语言教学中运用很广泛的一种测试形式,期中考试、期末考试甚至一些结课考试都属于成绩测试,其特点是"教什么测什么,学什么测什么,甚至是怎么教就这么测"①,测试的目的是了解语言学习者在经过一段时间的学习之后是否掌握了按照要求必须掌握的语言知识点和能力点,也就是在语言学习上取得了什么样的进步。水平测试是对语言学习者运用目的语的现有综合能力所进行的一种评估和测定,所关注的不是他们学的是什么教材或者在什么环境中学习的,而是他们在目的语语言知识与言语技能的掌握情况和业已达到的语用文化能力水平,意欲了解的是他们运用目的语进行口头的、书面的理解与表达能力现状,以便为选拔人才或者给予资质提供可靠的凭据,例如:美国的"托福"(TOEFL)、英国的"雅思"(IELTS)和中国的"汉语水平考试"(HSK)。语言潜能测试是一种对语言学习潜质或者内在语言能力倾向进行评估和预测的考试样式,所针对的往往是那种意欲开始第二语言学习的人群,测试的目的是通过某种考试或测评来获得他们是否具有语言学习的潜力以及在以后的语言学习中能否取得成功之类的信息,因而在选拔外语专业学习者方面具有极大的实用价值。

语言潜能测试在国际上仍然处于摸索尝试的阶段,目前还没有一种举世公认的有效测评手段和形式②,所以中国的第二语言教学对这种测评的运用非常少见。水平考试则已是相当的盛行,我们不仅有了多种外语水平考试,也有了汉语水平考试,既有针对成人的普通 HSK,还有专门针对儿童的 YCT 和商务用途的 BCT。汉语水平考试(HSK 与 YCT)在 2010 年还完成了升级换代,即由原来的侧重"双基"发展到现在的"综合"汉语能力测评。分级(班)测试总是在教学

---

① 赵金铭:《对外汉语教学概论》,北京:商务印书馆,2005 年,第 283 页。

② J. B. Carroll 等于 1959 年曾提出一种语言潜能测试表(即"现代语言潜能测试"MLAT),其中主要包括四大因素,即"音位解码能力"、"联想记忆"、"语言学习归纳能力"和"语法敏感度"(pnonemic coding ability, associative memory, inductive learning ability, and grammatical sensitivity)。Peterson 等也于 1976 年提出一种用于语言潜能预测的"防护语言目录测试"(Defense Language Battery Test, DLAB),但其信度和效度都遭到质疑。——Skehan, P. *A cognitive Approach to Language Learning* .Shanghai:Shanghai Foreign Languages Education Press, 1999:190-191.

之前进行,其目的是为即将开始的语言教学找到一个起跑点,使今后的教学更加具有针对性和实效性,很多的教学机构都不太乐意专门进行这样的测试,而只是参照学习者的 HSK 考试成绩来将其定为入门、初级、准中级、中级和高级几个类别,然后分别实施相应的汉语教学类型。因此,这类测试在使用范围、使用频率上都非常有限。在国际(对外)汉语教学实践中经常使用的是另外的两种语言测试形式:诊断性测试和成绩测试。诊断性测试可以在课堂教学中随时(如上课开始、中间或结束之时)随地(课堂内外相结合)进行,譬如用小测验、听写和口头交谈的形式就学生对刚刚学习过的知识技能点的掌握情况进行即时的检查和了解,其目的就是通过这种紧密、贴身的跟踪调查来及时获得其学习进程的反馈信息,以便及时实施查缺补漏。成绩(成就)测试是在一个阶段(一个单元、一个月、半个学期或者一个学期、一个学年乃至整个课程学习结束时)的教学完成之后所进行的成效测评,既具有诊断、反馈的作用,又可发挥督促学习者进步、使得其体验成功的功效,还可以对学习者的语言学习表现和成就进行定期的评定。无论是分级、诊断性质的测试,还是评成就、定水平的测试,语言教师在编制题目或者选用试题时,都应当恪守"知识与技能"相互结合与"语言结构与功能语用"相互渗透从而凸显"在真实交际中使用目的语"的基本原则,应当将语言知识、言语技能和语言交际能力的因素都纳入考查范围之内,必须强调从语言知识向言语技能、由言语技能再向语言交际能力转化的综合能力形成过程,也就是凸显对实际语言交际能力的考查。在国际(对外)汉语教学的测试评估之中,坚持了这样的方向,就是把好了教学的最后一关。最后一关把好了,我们的教学质量就有可能得到进一步的保障,"培养汉语语言交际能力"这一总体目标的实现也就有了看得见、摸得着的希望。

基于上述考虑,本章将对国际汉语语言测试与汉语语言交际能力培养的关系问题进行一些探讨,探讨分为三个层次。首先,通过对新、旧"汉语水平考试"(HSK)的对比分析,将国际汉语测试界对学习者"汉语语言交际能力"的认识过程凸显;然后,对国际汉语教学实践中如何使用诊断性测试来改进和促进汉语教学并进而帮助学习者及时掌握汉语言知识技能的问题做一些探索;最后,通过一些实际的案例来对国际汉语教学过程中如何进行成绩测试以激励和促进汉语学习、实现教学总体培养目标的问题作出一些反思。

第一节　新、旧汉语水平考试（HSK）的对比分析

第二语言水平测试旨在对第二语言学习者现有的实际语言水平进行精确的测量和评定，基本上只注重最后的学习结果，而不太关心具体的学习过程，因而并不依据某种语言教学大纲或者特定的语言教材。人们因此认为它跟具体的语言教学过程并不发生直接的联系。但是，就像时刻牵动国人心弦的国内高考一样，第二语言水平测试对第二语言教学来说一直都在默默发挥着"指挥棒"式的引领作用：测试侧重于语言文化知识，教学就向知识传授倾斜；测试向交际能力测量转向，教学也就开始注重对语言交际能力的培养。在第二语言的学习过程之中，"融入性"动机所具有的力量固然强大而持久，但为了通过水平考试而获得某种资质（如争取中国政府奖学金）这类"工具性"动机的作用也绝对不容忽视——事实上，在所有第二语言学习者之中，具有"工具性"动机的一直占绝大多数。如果我们不把"应试教育"作为贬义来使用，为了通过某种合理有效的第二语言水平测试而进行具有针对性的语言教学，那它又何罪之有呢？如果我们的第二语言水平测试强调或侧重对学习者使用目的语进行实际交际这种能力进行考查，那么我们的第二语言教学也必然注意在传授语言文化知识的同时逐步培养和促成学习者使用目的语进行实际交际的能力。这样的"指挥棒"又有什么不好呢？对国际（对外）汉语教学来说，这根"指挥棒"就是"汉语水平考试"。

"汉语水平考试"（HSK）是专为测试汉语作为第二语言学习者的汉语水平而设立的一种国家级标准化考试。该考试项目于1990年启动，先是在国内高校的外国留学生中间实施，第二年正式向海外推行。2006年，针对海外中小学生的少儿汉语考试（YCT）和针对工商界人员的商务汉语水平考试（BCT）也正式加入其中。截至2009年底，全球已经有了268个汉语水平考试考点（191个在海外，77个在国内），参加考试的考生人数累计达到615787人。[①] 以HSK为代表的三大汉语水平考试在海外的需求与日俱增，开考之初，一年仅举办两次，现在

---

①　数据来源：国家汉办和孔子学院总部考试处张慧君女士于2010年7月26日在天津南开大学"国家公派教师培训营"所作的新汉语考试介绍。

已增至一年 10 次。实施 20 年来,汉语水平考试在国际上的影响力日益增大,迄今已然成为一种堪与美国的"托福"(TOEFL)和英国的"雅思"(IELTS)等国际知名外语考试相媲美的重要外语水平考试了。

"汉语水平考试"从一开始就是时代的产物,也必然随着时代的发展而进步。2007 年,在研制和颁布《国际汉语能力标准》的同时,教育部考试中心和国家汉办考试处就开始了"汉语水平考试"的改革。2010 年,新 HSK 和新 YCT 开始在全球实施。新 BCT 的改革也正在酝酿之中,不日将正式实施。

实施 20 年的 HSK 由"基础"、"初中等"和"高等"三种平行的考试组成,考试成绩是考生汉语水平评定的主要依据。汉语水平分为 11 个等级:"基础"包括 1、2、3 级("基础"3 级和"初等"3 级重合),"初中等"包括 3—8 级,"高等"包括 9—11 级。HSK(基础)由三个板块组成,即:听力理解(50 题)、语法结构(40题)、阅读理解(50 题),总共 140 题,用时大约 130 分钟。听力包括单句理解、单句问答和对话理解。语法结构包括语序选择和词语填空。阅读理解包括词语填空和语篇理解。显然,HSK(基础)所要考查的主要是汉语的语法结构和听、读理解能力,说、写表达能力并没有涉及。

HSK(初中等)在基础等级上增加了一个板块:"综合填空。"听力理解包括单句理解、短对话理解和较长对话理解。语法结构包括完成句子和句子填空。阅读理解包括词语替换和语段阅读。综合填空包括词语填空和汉字填空,前者要求依据上下文选择恰当的词语完成短文语义,后者则要求用合适的汉字完成短文的语义表达。可见,HSK(初中等)仍然侧重于对语法结构和阅读理解能力的考查,但增加了对汉字的书写测试、对阅读和语法和词汇的综合考查。

HSK(高等)又在 HSK(初中等)的基础上增加了"书面表达"和"口试"两个部分,整套试卷由主、客观两类试题构成。客观试题包括:听力理解、阅读理解和综合表达,主观试题包括:作文(1 篇)、口试(1 篇朗读,2 个问答)。听力理解有听对话或讲话、听广播电视访谈。阅读理解包括快速阅读和语篇阅读。综合表达包括识别语病、词语填空、排列句序和填写汉字,旨在考查考生的汉语综合应用能力和汉字书写能力。作文要求根据给出的材料自拟题目全部使用汉字写出一篇文章,口试则要求:(1)朗读一篇 280 字左右的短文;(2)口头回答两个问题,一个是叙述性或介绍性的,一个是说明性的或议论性的。作文和口试都有分为 5 个级别的详细评分标准。可以看出,HSK(高级)已经开始淡化语法而将考查重心朝汉语口笔头理解和表达能力的全面考查转向。

客观地说,HSK 是具有明确的考试思路的,"考试大纲"明确地指出,HSK 要"考查考生在生活、学习和工作中运用汉语进行交际的能力"。对交际能力的强调表现在各个级别考试的总体要求和对各个题型的具体要求上,例如:基础级的"听力"要求:"(1)具备一定的听力速度;(2)听懂日常生活中的简单对话;(3)掌握听力材料中的主要信息、重要细节;(4)理解听力材料中的具体因果关系;(5)根据听力材料做出判断和推理;(6)判断说话人的态度、语气、目的等"。初中等的"阅读能力"要求:"(1)具备一定的阅读速度;(2)快速查找主要信息和重要细节;(3)正确理解阅读材料中具体词语、语句的含义;(4)概括归纳阅读材料的中心、主旨;(5)判断新组织的语句与阅读材料原意是否一致;(6)分析阅读材料中的具体因果关系;(7)能根据上下文合理推断阅读材料的隐含信息;(8)判断作者的态度、情绪、意图、倾向等"。高等"综合填空"中的四个题型分别考查"语法能力"、"词语辨析能力和语言表达的准确性、得体性"、"成段表达的能力"和"汉字书写能力"。[①] 此外,三个等级的考试内容构成也明显地呈现出一种循序渐进的态势,即:从基础级对语言知识和接受性听、读言语技能的考查逐渐过渡到高级的将听、说、读、写都纳入其中的汉语语言综合能力评定。对知识、技能和综合能力的要求在层次性上体现得还是比较好的。

任何形式的检测,都应当相对准确地反映出检测者所希望考查的那些东西,同一种检测再次适用于同一被测人群也应当取得相同或近似的结果,也就是说,检测首先应当准确、有效(效度),其次要稳定、可靠(信度)。HSK 在这两个方面的表现是可圈可点的:标准化语言测试的内部信度系数一般在 0.90 以上,而 HSK 各个等级考试的信度竟然达到 0.98,并在检测考生的汉语一般语言熟巧程度方面具有相当高的效度! 从具体的题目分析上看,HSK 也有很多为人称道的东西。标准化水平考试的平均难度系数 P 应该在 0.5 左右,所有题目的难度范围应该在 0.2—0.8 之间,而 HSK(初中等)试卷题目的平均难度系数 P 一直保持在 0.53 左右,大部分题目的难度范围都是在 0.3—0.7 之间。点双列相关系

---

① 引用均出自三个考试大纲:《汉语水平考试 HSK(基础)大纲》、《汉语水平考试 HSK(初中等)大纲》、《汉语水平考试 HSK(高等)大纲》,北京:商务印书馆,2009 年。

数如果达到 0.2 以上,即可说明某一题目具有了一定的区分度,而 HSK(初中等)试卷上的绝大部分题目都能够达到 0.25 以上,因而具有较高的区分度。[1] 良好的区分度和难度把握保证了较高的信度和效度,使得 HSK 考试多年来享誉海内外。

尽管如此,在 20 年的实施过程中,HSK 考试也逐渐暴露出一些缺点和局限。考试原本只是为来华学习汉语的外国留学生设计,考试面有限而且要求比较高,但随着中国综合国力的提升和汉语国际影响力的提高,越来越多的海外汉语学习者也成为 HSK 的考生。这在 21 世纪孔子学院在全球广泛建立之后表现得尤为明显和突出——事实上,在海外 191 个 HSK 考点中,有 135 个就设在全球各地的孔子学院里面。在 2009 年的 HSK 考生之中,国内留学生仅占总人数的 16%,而海外考生的比重竟然高达 84%!"对外"的汉语教学已然成为"国际"的汉语教育了。HSK 狭窄的覆盖面(例如,较少体现中国文化因素和跨文化因素)和有限的针对性(即国际视野的不足)于是暴露无遗。仅从前面列出的题型构成和题目分布上,我们就可以看出,HSK 考查的重心一直是在汉语语言(语法结构)知识和听、读这样的接受性和理解性言语技能上面,写和说的表达性言语技能仅仅是稍有涉及(口语考查仅在高级才出现),汉语文化语用因素几乎没有涉及。考生即便是以高分通过了考试,也未必就能够真正使用汉语来进行实际的交流和沟通。此外,HSK 试题整体上偏难、偏深、趣味性不足……这些来自广大海外考生的反馈信息,也反映了考试从内容和形式上都已经和时代发展脱节的事实。对 HSK 考试进行改革和升级,在进入 21 世纪后,就已是势在必行了。

2006 年 3 月,国家汉办全名的更换标志着汉语作为第二语言教学事业由"内"向"外"的大转向,与汉语国际教育相关的国家标准由此开始了论证和研制。从 2007 年开始,《国际汉语能力标准》《国际汉语教师标准》和《国际汉语教学通用课程大纲》相继出台。与此同时,"新汉语水平考试"的研发也正式启动。2009 年底,新 HSK 完成研制、试测、反馈和修订等前期工作。2010 年,新 HSK 和新 YCT 考试开始在全球全面实施。

新 HSK"重点考查汉语非第一语言考生在生活、学习中运用汉语进行交际

---

① 相关数据来源:赵金铭:《对外汉语教学概论》,第七章第三节"语言测验题目的编写和题目分析方法",北京:商务印书馆,2005 年,第 311—330 页。

<u>的能力</u>"。考查对象为全球的汉语学习者,考查目标是实际交际能力。这是世界第二语言教育形势发展的需要,也是国际语言测试理论和欧美语言测试实践影响的结果。理论上的影响主要来自巴奇曼"基于任务的语言表现评估"(task-based language performance assessment)思想,其核心理念就是基于"实际交际情境和交际任务的语言评估"。实践上的影响来自北美和欧洲。美国的"托福"(TOEFL)考试在 20 世纪末就已经认识到自己的缺陷而开始了更新换代的努力,并最终于 2006 年开始在全球正式实施新"托福"考试。美国外语教学学会(ACTFL)于 1999 年正式颁布五大外语教学目标(5 个 C)和三个沟通模式(人际交际 interpersonal,意义诠释 interpretive 和表达展示 presentational),随后于 2003 年宣布开始 AP 中文语言文化课程(*AP Chinese Language and Culture*,即在高中设置的大学选修课程)并举行 AP 中文语言文化考试。AP 中文考试对中文的听、说、读、写技能进行全面的考查,四个部分在试题中的比重均为 25%。欧盟的"语言共同参考框架"(CEFR)与加拿大的"语言标准"(CLB)也都旗帜鲜明地表达对"语言交际能力"培养和测评的偏好与强调。欧美语言测试理论和实践的强势影响集中表现在新制定的《国际汉语能力标准》之中,而该标准便是新汉语水平考试的直接依据。从对汉语语言知识和基本言语技能("双基")的侧重朝分等级、分层次地强调综合的"汉语语言交际能力"的转向,由此成为新HSK 考试的最大特点。

　　《国际汉语能力标准》将"国际汉语能力"分解成两大成分:汉语口头交际能力和汉语书面交际能力。汉语口头交际能力由"口头理解能力"和"口头表达能力"构成,汉语书面交际能力由"书面理解能力"和"书面表达能力"构成。国际汉语能力、汉语口头交际能力与汉语书面交际能力及其组成(听、说、读、写等能力)都有 5 个等级的总体描述和具体"任务举例"。譬如,汉语能力一级的"总体描述"为:"能大体理解与个人或日常生活密切相关的简单、基础而又十分有限的语言材料。借助肢体语言或其他手段的帮助,能用非常有限的简单语汇介绍自己或与他人沟通"。汉语口头交际能力二级的"能力描述"为"能基本听懂与个人或日常生活密切相关的熟悉而简短的话语,抓住相关信息。能用非常简单的语汇介绍自己或与他人的基本情况。能十分简单地就日常生活中非常熟悉的话题与他人沟通。"汉语书面交际能力三级的"能力描述"为"能阅读日常生活、工作和学习中常见的简单书面材料,了解大意,识别具体信息。能填写与个人生

活或工作密切相关的信息,回答相关问题或介绍相关情况。能用最基本的语汇和句子就一般场合下熟悉的话题进行简单的书面交流"。汉语口头理解能力四级的"任务举例"包括"听学校情况介绍。听产品介绍。听房屋设施介绍。听简短新闻广播"。汉语口头表达能力四级的"任务举例"包括"谈论自己的工作。说明自己的饮食习惯。描述自己的一次特殊经历。比较两个单位的异同"。汉语书面理解能力五级的"任务举例"包括"翻阅生活杂志。阅读科普文章。阅读人物传记。阅读商务文本"。汉语书面表达能力五级的"任务举例"包括"写读书感想。写说明文。写详细工作报告。描述一件事"。① 从总体层面到微观之处都有比较明确的目标和任务规定。

新汉语水平考试将五级分层的《国际汉语能力标准》作为自己的直接依据,将欧洲的"语言共同参考框架"和美、加的"外语教学水平目标"②作为其间接依据。于是新 HSK 包含初级、中级、高级三个平行的考试,每个等级的考试都由"笔试"(HSK)和"口试"(HSKK)两个部分组成,"笔试"分为 1—6 级,"口试"分为初、中、高三级,每两级的笔试对应于一级口试,即 1、2 级对应初级,3、4 级对应中级,5、6 级对应高级。新 HSK 的 1、2、3、4 级分别对应于《标准》的一、二、三、四级要求和《框架》的 A1、A2、B1、B2 级要求,5、6 级对应于《标准》的五级和《框架》的 C1、C2 级要求。新 YCT 也包含初级、中级两个平行的考试,每个等级也由"笔试"和"口试"两个部分组成,"笔试"分为 1—4 级,"口试"分为初、中两级,笔试 1—3 级对应于口试初级,笔试 4 级对应于口试中级。新 YCT 的 2、3、4 级水平对应于《标准》的一、二、三级和《框架》的 A1、A2、B1 级要求,1 级属于入门级别,低于《标准》和《框架》中的最低等级。新 HSK 与新 YCT 从入门到中、高级都包含"笔试"和"口试"两个部分,注重能力、强调听说的倾向不言而喻。新 BCT 也正在酝酿之中,其基本思路势必也是以汉语交际能力的考查为主。

包括了 HSK 和 YCT 的新汉语水平考试,将其目标直接指向广大的海外汉语学习者,其中既有中小学生,也有在校大学生,还有各种社会学习者。他们新近高涨起来的汉语学习热情应该得到大力鼓励而不是挫伤,所以,新汉语水平考

---

① 国家汉语国际推广领导小组办公室:《国际汉语能力标准》,北京:外语教学与研究出版社,2007 年,第 1—23 页。

② 亦即:美国外语教学学会的 Proficiency Guidelines 和加拿大的 Canadian Language Benchmark (CLB).

试（尤其是在考生集中的1—4级里）在试题难度上做了一定的降低处理。例如对词汇量的要求，新 HSK 六个级别的考试分别是150、300、600、1200、2500 和5000（及以上），而旧 HSK 三大级别的考试则分别为400—3000、2000—5000 和5000—8000（此外还有25%—46%的未收词语）。再如对语法结构的要求，新HSK1—3级在词汇部分之后不再有专门的语法考查项目，涉及的语法内容也都是比较基础的（或许是对旧 HSK 优点的一种继承），而在4—6级之后根本不出现语法考查的内容——对汉语语法结构的掌握全部蕴含在了交际任务的执行中间。这种淡化语法、凸显交际的做法表面上看是降低了考试的难度，实际上却是提高了对交际沟通能力的要求。更为显著的是，新汉语水平考试将进入的门槛设置得相当便利：YCT 一级仅仅要求考生掌握80个汉语词语的词汇量，而 HSK一级对词汇量的要求也只是150个——大大低于旧 HSK400 个的最低要求。作如此处理，其目的就是"新 HSK 考试大纲（前言）"所申明的："（本考试是）'跳板'而非'绊脚石'……跳一跳就触手可及的……是鼓励性的，而非淘汰性的。"这无疑是符合国际汉语教育的教学实际和国际汉语推广的目标要求的。

在印欧语系的诸语言中，词法和句法泾渭分明而又互相补充，但在汉语里，句法和词语纠结在一起，汉字与词语之间的关系有时很像英语中的语素和单词，但在很多时候又大相径庭，所以，在国际汉语教学中一直就有"词汇语法"和"字本位"（而非印欧系语言的词本位）教学的提法和实践。新 HSK 对此也有一定的体现：将语法结构主要放在词汇中或者使用中加以考查；对词汇的考查采取兼收并蓄、综合字本位和词本位理念之长的做法，例如，由字组词中的"饭馆"——"商店"（饭店）、"水"——"杯子"（水杯）。考试所要求掌握的汉语词汇基本上都是"考试大纲"中所规定的词汇——在1—4级中使用率为100%，在5、6级中也高达95%——而且与时俱进地收入那些能够反映中国当下社会生活的鲜活词语。例如：新 HSK 四级听力样题第一部分中的一个题目：

[录音]　王老师，你太厉害了！刚来这儿工作三年就当了教授，这次你一定得请客。

[题目]　王老师现在是教授了。　　（√）

其中，"厉害"、"教授"、"刚刚"、"当（动词）"和"请客"都是四级里面的新增词汇,它们所反映的正是汉语真实的生活和使用状况。

语言与文化互相渗透、互相影响,具有悠久历史传统的汉语自然蕴含着深厚而广博的中国文化因素,正是这些文化因素磁石般地吸引着海外的汉语学习者,使他们中的相当一部分人都怀着"仰之弥高,钻之弥坚"的学习动力。先前的旧HSK 考试对这种文化因素并没有特别加以关注,所以在试题之中很少有专门的文化因素考查成分。新汉语水平考试则对汉语中的文化因素有了更多的关注,因而注意在试题之中通过文化产品、文化习俗和文化观念来将其比较全面地体现出来。文化题目的设置既在总体难度上呈现出多层次、阶梯型的特点,又在具体处理上表现出隐蔽性和间接性。例如,在 HSK 六级样题的"阅读"第二部分里,我们见到这样一道题目:

[题目]司马迁的父亲司马谈临死前＿他,希望他能写出一部无愧祖辈的优秀＿来。司马迁＿了父亲的遗志,终于完成了一部＿的历史巨著《史记》。

[选项]　A.说服　作品　实现　成功

B.告诫　文章　接受　大型

C.叮嘱　书籍　承担　伟大

D.嘱咐　著作　继承　空前

将中国文化方面的知识蕴含在对语篇阅读理解和具体词语用法的考查之中,这不正是语言使用的真实面貌(语言是容器和载体而文化信息是其内涵)吗?

新汉语水平考试的区分等级有了明显的增加,如新 HSK 由原来的 3 种增加到 6 种,新 YCT 增加到 4 种,入门的门槛也较前有所降低,重点面向"普及"但兼顾"提高"。试题的覆盖面有所扩大,所包含的内容信息更加多样化,从而使考试更加符合"国际性"的需要。此外,图片的使用、初级阶段(新 YCT 和新 HSK 的 1、2 级)加注汉语拼音、考试内容贴近生活实际……这些做法都无疑给考试注入了更多的趣味性、针对性和实用性成分。可以说,新汉语水平考试所遵循的是一种"考教结合"的测试原则和理念,即:"以考促教"和"以考促学"。这不仅符合国际汉语教育和汉语国际推广的实际,也是"鼓励(促进)性质"的考试目的和"学习者中心"教育理念的具体体现。

对新、旧汉语水平考试的对比分析,使我们清楚地感受到这样一种转向:从对外汉语教学到国际汉语教育、从培养国外"汉语言汉文化学者"到帮助和促成国际"交际汉语的使用者"。我们还看到世界应用语言学理论和实践的最新成果在国际汉语教学过程中的具体体现。"普及为主,兼带提高"、"学习者中心"、"实际交际能力"、"基于任务的语言表现评估"和"结构、文化蕴含于功能之中",这些理念已经深深扎根于国际汉语教学"指挥棒"的制定和实施之中。这一转向对国际汉语教育教学的整个过程必将产生深远的影响。

第二节 诊断性测试与汉语交际能力的培养

水平测试关注语言学习的结果,是一种宏观性、统领式的测试形式(summative assessment),诊断性测试则关注语言学习的过程,属于一种微观性、具体式的测试形式(formative assessment)。诊断性测试可以在课堂上随时进行,一堂课开始时的听写和问答,一堂课中间的问答和听说读写练习,一堂课结束之时对本节课所学内容进行的总结和复习,等等,都可算是诊断性测试。测试的目的就是检查学习者是否已经掌握某一特定阶段的学习内容,教学效果是否达到教学大纲里的阶段性要求。通过检测,我们及时发现教学中存在的问题,并及时采用补救措施来解决这些问题,就像是医生对病人进行"望、闻、问、切",把病因诊断清楚,然后就可以对症下药,进而药到病除。

诊断性测试既然是微观性、细节性的,那么其考查内容就可能涉及语言学习的方方面面,考查形式也表现为多种多样。在国际汉语教学实践中,我们可以用它来检查学习者对汉语基础知识(如语音中的声、韵、调,汉字中的笔画、笔顺、部件、结构,语法中的词语用法和语序、虚词、句型等)和汉语基本言语技能(如听力理解、阅读理解、口头表达、书面表达等)的习得程度,也可以用它来了解学习者对汉语文化习俗和语用规则以及对学习策略和交际策略的掌握情况。我们可以运用"听写"的形式来对学习者的汉语拼音声、韵、调拼合能力和汉字笔画、笔顺的书写水平进行检查,可以运用"多项选择"、"正误辨别"的形式来对他们的听力理解、阅读理解(包括词、句、段、篇)现状进行检测,可以通过"你问我答"、"全身反应"、"角色扮演"和"真实人际交流"的形式来对他们汉语交际能力状况进行检查,也可以通过"报告与展示"(report/presentation, linguofolio)、"基于任务/项目的测试"(task/project-based assessment, PBA)的形式来对其汉语综合能力进行评估。一句话,无论是汉语基本语言能力的培养还是汉语综合语言交际能力的促成都离不开诊断性测试。学习语言必须经过"尝试—出错—改正—提高"的过程,而对错误的发现和改正都必须首先经过"诊断"关。

一堂国际汉语课大致可以分为开头、中间和结束三个阶段,在任何一个阶段我们都可以进行诊断性的测试,来对教和学的实际效果进行检测和验收。一堂课开始时,我们会对上一堂课所学习的知识技能点进行检测和复习,于是,会经常使用"听写"和"问答"的诊断形式。譬如:刚刚学习了"拼音"中的"声、韵、调",我们就可以让学习者来听我们的读音而写出下面的汉语拼音来:

Bā   bó   bǐ   bǐn   bìng
Pā   pó   pí   pín   pìng
或者:
Mù   mō   mǐ   mù   mín   mìng
Nǎ   nuò   nǐ   nū   nín   nòng

从完成拼写的过程来了解他们对声、韵、调的听解和拼写掌握情况,发现问题即刻加以解决。也可以让他们带上四声来拼读"普通话声母韵母拼合总表"中的一栏、一列或者其中的几个,来发现个体学习者在汉语拼音上还存在的具体问题,然后再一对一、手把手地帮助他(她)学会正确的发音方法和韵律方式。

对乌隆他尼皇家大学"交际汉语"选修班进行的语音诊断,发现泰国的汉语学习者在语音上主要存在着四个方面的问题。第一是声母,表现为:(1)j、q、x(尤其是 x)不易正确发出;(2)将 z、zh 和 c、z 相互混淆;(3)发 h(x)时鼻音太重;(4)将 l 与 r 发音混同。第二是韵母,表现为:(1)很难发出泰语中没有的元音,如 e、ü 和 er(尤其是舌位高而后的 e);(2)舌尖元音-i 不易发出(常用纠错方法:整体认读 j、q、x、z、c、s 与 zh、ch、sh、r);(3)由于汉语拼音方案本身的原因(如读音与拼写不一致和 ui、iu、un 等省略式与 zh 之类的另类字母组合)导致音形之间出现某种割裂。第三是声调,表现在:(1)阴平太低(纠错要领:起调高,音延长);(2)去声太长(纠错要领:尽量做到短而促);(3)阳平低长(纠错要领:音频抬高并缩短);(4)上声曲折不够(纠错要领为:先降后升)。第四是音长,泰国人认为短而促的说话方式不是礼貌行为,所以总是在语句末加上尾音并将尾音延长,这一发音习惯常常被迁移到汉语口语中。针对这些(主要由母语迁移而造成的)语音问题,我们通过汉泰语音对比分析、反复模仿读音和发音要领的解说与演示等方法来帮助他们逐渐养成新的发音习惯。

一堂课的中间也是进行诊断性测试的好时机,因为即学即测可以促成学习者的瞬时记忆朝短时记忆甚至长时记忆的转化,从而利于知识点和技能点的掌握。在汉字的学习过程中,首先,让学习者知道,汉字和他们的母语文字(泰语属于拼音文字)不同,是一种表意为主的文字系统,这种文字由笔画组成,基本笔画和复合笔画加在一起不到30种,和拉丁字母的数目(26个)差不多,笔画组合而成部件(例如偏旁),部件可以单独组字或者配合组字,这也和拼音文字中元音字母和辅音字母相互组合的道理近似。基本的汉字通过"象形、指事、会意、形声"这四种生动形象的方式演化而来,而新创汉字主要依靠"形声"的方法。这是对汉字形象人文构造的意识树立。然后,对汉字笔画进行生动、简洁的讲解和演示(如书法现场表演、多媒体动画写字等),引导学习者直接去感受汉字的简易性和趣味性。例如,学习汉字书写的6种基本笔画,我们先用"文房四宝"进行演示:

基本笔画(6种)—22个例字

横 "一 二 三"

竖 "十 工 土 王"

撇 "千 白 生 仁"

捺 "八 人 大 天"

点 "六 文 汉 玉"

提 "习 北 地"

然后,让学生模仿书写这些笔画,教师逐一检查,发现问题则即时加以手把手的指导和说明,帮助他们慢慢地养成一种全新的书写习惯。

将汉字的来源、构成和书写、理解综合在一起进行讲和练,也是一种有效的汉字学习方式。例如：在讲解"水"字时，先用图片来对其形象来源进行解说，再将其作为汉字构成部件的"三点水"和"两点水"展示：前者与水相关，构成如"江河"、"海洋"、"湖泊"、"溪流"等字词；后者与低温相关，构成如"冰"、"冷"、"冻"、"凉"等字词。而且三个水字堆叠在一起还能构成一个新字：淼（很多的水）。接着，通过模仿吟诵"水"的儿歌来加深学生的认知和记忆。然后，以小测验的形式来检查他们对这些字词进行的认读或者意义猜测，发现不妥立即加以澄清，以帮助他们逐步完善理解。形象的展示和解说可以促进学生的认知和理解，而及时的练习、检测和纠错利于这种认知和理解的巩固与强化，二者结合起来一定能够帮助和促成学生新的识读、书写习惯的慢慢养成。

一堂课结束的时候，我们也可以借助诊断性测试来对本节课上所学到的主要知识点和能力点进行提纲挈领式的总结和回顾。一种近似于游戏的"退场纸条"（exit slip）检测形式在这里可以派上大的用场。例如，在课堂上刚刚学习了"处置式"的"把"字句，在临近下课的时候，我们让学生每人拿出一张纸条，要求他们写出两个类似于"把鸡蛋打在碗里"和"把书放在桌子上"的汉语句子，谁先写完上交谁就可以离开教室。对这些纸条的批改可以让我们发现他们在该句式的掌握上仍然存在的问题，将这些问题进行归类和分析，即成为下一堂课开始时的一个重要教学内容。将知识性、趣味性和语言运用都结合在一起的语言学习检测形式，必定可以引发"以测促学"和"以测促教"的双重功效。

其实，诊断性测试对语言教学的促进还不只是表现在"双基"的层面，在检测与发现学习者文化语用掌握和策略使用状况方面，也是可以有所作为的。一个阶段的专项语言功能学习之后，组织学生运用所学到的功能、表达式和词语组对或以小组形式进行情景化的准交际性和交际性活动，如"角色扮演"（role-play）、"语言文件包展示"（linguofolio presentation）和"基于项目（表现）的测试"（PBA）就是很受学习者欢迎的语言学习活动和诊断检测形式。在国际汉语教学中，我们完全可以借这块"他山之石"来攻汉语汉文化这块美"玉"。在乌隆他尼皇家大学语言中心的"交际汉语"课程教学之中，我们就曾多次使用这些检测形式，并取得了比较好的教学效果。

下面是其中使用到的三个口语课堂测试案例:①

(1)组对对话。你是学过了半年汉语的乌隆他尼皇家大学学生,今天是你新学期第一次来学校,到教室时,你发现里面已经有一个你不认识的学生。于是,你们二人相互作起自我介绍。要求:

①相互打招呼;

②互问名和姓;

③若问你是不是泰国人,回答你是泰国人;

④问对方是否泰国人,对方回答是越南人;

⑤互问年龄;

⑥互相交换有关爱好和特长等信息;

⑦对方把钢笔掉在了地上,你捡起来,对方感谢你,你对感谢作出回应。

(2)自我介绍。你的老师走进教室,告诉全班同学说你们有了一位新同学,新同学的名字叫 Dat,来自越南的河内,老师向他(她)表示了欢迎。你现在就是那位新同学,要面对全班作一个简要的自我介绍。要求:

①向大家打招呼;

②告知你的名字;

③告知你的国籍;

④告知你的年龄;

⑤告知你的爱好和特长。

(3)回答问题。作完自我介绍之后,你还有一些时间来回答同学们的提问。要求:

①问到家庭成员时,告诉他们你家有 7 个人;

②问到是谁时,回答:爸爸、妈妈、哥哥、弟弟、姐姐、妹妹和你自己;

③问到你是否爱你的家庭时,回答:你非常爱;

④问到你父母的名字时,回答:黎玉贵和黄安;

⑤问到哥哥、弟弟的年龄时,回答:22 岁和 13 岁;

⑥问到你姐姐是否喜欢唱歌时,回答:不喜欢,但特别喜欢跳舞;

---

① 三个测试案例的指示语都有相应的英文译文,此处从略。

⑦问到妹妹的爱好时,告诉他们你妹妹喜欢画画、唱歌。

学习者按照要求先做准备,然后向全班表演。我们根据现场观察(和录音/像)和分析,发现表演者在语音、语调和词语、句式上的问题,发现他们在语用规则和交际策略上的失误。对问题和失误,要么当场讲评,要么记录下来在以后的教学中进行相应的讲练,都有助于其汉语语言交际能力的逐步培养。

诊断性测试可以帮助我们发现学生在学习上存在的问题,还可以让我们看到自己在教学中的不足,问题的解决和不足的弥补无疑会改进和提高教学的质量。测试的形式通常并不是一套系统完整的试题而只是一种小测验、小纸条、小任务,其中可能只有一两道、两三道简单的题目。学完一个知识点、能力点,马上出上一两个题目让学生来完成,根据完成情况来对教学进行检查和反思,学与教上的不足一经发现,马上采取措施加以补救,这便是其显著的特点。诊断性测试并不是一种正式、正规的考试,但因为具有"船小好掉头"的灵活性、实用性,所以一直为第二语言教师所喜爱并且随时随地在使用。不仅如此,诊断性测试,如果运用得巧妙、配合得得当,还可以用来检测和发现学习者在语言学习和交际策略与文化语用方面的欠缺或者失误,从而为教师改进教学、学习者弥补遗漏、师生共同提高第二语言教学成效进而促成比较地道的第二语言使用习惯发挥着助推的作用。在国际汉语课堂教学之中合理有效地使用诊断性测试,因此成为培养学习者汉语语言交际能力的必然要求。

第三节　成绩测试与汉语交际能力的培养

成绩测试是针对一门课程、一种课型的测试,往往发生在一个学期结束之时或者一个、数个教学单元之后,即"学业进展测试"(progress achievement test),也可能用于超过一个学期的时段里,即"最终成就测试"(final achievement test),目的都是对一个阶段的学习进展或成就进行测量和验收。考试与课程或课型密切相关,跟教学过程和教学对象更是有"剪不断理还乱"的天然联系。

水平测试处于宏观层面,对成绩测试有导向的作用;诊断测试处在微观层面,对成绩测试有补充的作用;成绩测试则属于中观层面,依据一定的教材和教法又可能有所超越。有经验的教师在对学生的课程成绩进行评定时,总会以终结性的水平考试为导向,而又将形成性的诊断检测结果作为其中的一个有机组成。在北美从事中文教育多年的曾妙芬老师就是将学生平时的表现以高达55%的分量记入其课程总成绩,其具体组成:(1)日常表现(包括出勤,占5%);(2)平时作业(如语法练习,占10%);(3)课文朗读(占5%);(4)汉字听写(占10%);(5)每周小考(包括听力测验、口试和作文三部分,各占5%、10%、10%);(6)期中考试(占20%);(7)期末考试(占25%)。① 本书作者在乌隆他尼皇家大学进行"交际汉语"的教学时也采取了类似的做法:将每一节课的课堂检测结果、每一个单元复习的综合测评结果和期末考试成绩三者捆绑在一起,来评定学生的最终课程成绩。期末(结业)考试包括两个部分:(1)口试(口头问答、口头报告、组对或分组完成语言任务);(2)笔试(如拼音标注、词语填空、根据指定词语或句式结构或引导性问题造句)。整个"交际汉语"课程的要求包括5个方面:(1)上课出勤(占15%,每次1分);(2)完成作业(占15%,每次1分);(3)课堂表现(占15%,每次1分);(4)单元考试(占15%,每次合格即得3分);(5)期末考试(占40%,其中口试、笔试各占一半)。在课程总成绩中,包括诊断性测试结果的平时学习表现就占了45%。总成绩分为6个等级:90分以上为A,80—89分为B,70—79分为C,60—69分为D,0—59分为F(不及格)。

"基于任务或表现的测试"(PBA)理念特别强调三点:(1)以学习者为中心。关注学习者"做得到的"而非他们"做不了的",目的是激励而非为难他们。(2)真实性。即使用真实(或准真实)的生活情境,激发学习者的学习动机与创造力,为其今后步入现实社会生活做好准备。(3)语境化。即特别强调语境(上下文或前后语乃至中国文化背景)在意义协商(人际交流)中的重要作用。具体贯彻到国际汉语教学中的成绩或成就测试中,我们就应该做到:(1)使试题的难易度与学习者的现有水平尽量靠拢,设定在其"跳一跳就够得着"的范围;(2)使试题的制订和编排具有科学性和趣味性,如在语境(上下文、前后语和语篇等)之中考查语言使用,由易到难、难易搭配地进行题目排列,图文并茂和初级阶段加注拼音以及在测试文本中渗透文化意味等;(3)强调对"双基"考查的同时,增加语言功能、语用规则和交际策略的测试分量,以了解考生实际的汉语交际能力状

---

① 曾妙芬:《推动专业化的AP中文教学》,北京:北京语言大学出版社,2007年,第22—23页。

况;(4)将中外文化元素潜移默化于考评材料之中,考生如果不了解其中的文化内涵就无法完全理解材料的意义。如果能够做到这样几点,我们的成绩或者成就测试便可算得上合理而且有效。

在乌隆他尼皇家大学语言中心进行"交际汉语"的教学过程中,作者对如何具体践行这一测试理念和原则有过一些尝试。下面列出的4种测试案例便是这种尝试的具体展现。① 测试案例涵盖了听、说、读、写4个方面的汉语言语技能,其中:听力理解包括了6种测试形式,口头表达包括了4种测试形式,阅读理解和书面表达分别包括了5种测试形式,总共20种。对词汇句法考查,我们一般放在平时的诊断性测试中进行,而诊断测试的结果会以相当的比例记入最后的课程成绩。汉语文化语用方面的内容没有特别列出来加以考查,而是渗透在各个测试题目之中。汉语学习策略和交际策略运用情况也没有专项的测评,而是通过学习者的汉语语言活动表现与专项问卷调查而加以推断和分析。各类案例后面都附有简要的评述。因为篇幅的限制,每一种测试仅举出数例。加黑的字母为参考答案。

一、案例一 听力测试

1.听单句,找图画。听一句话,从试卷上给出的四幅图画中选出与这句话语义最为一致的那一幅。(图画和答案省略)

(1)汤姆推着自行车在马路边上走。

(2)下雪的时候,玛丽一个人去邮局。

(3)他正在花园里画画儿。

(4)李爷爷每天早上都到公园里去打太极。

(5)这里的风景真美,我们来照张相吧。

(6)火车快要进站了,咱们赶紧买票吧。

2.听问句,找答语。听一个问句,给文句作出或选择一个最为恰当的回答。

(1)(问话)我们明天去不去看电影?

---

① 所列举的20种测试案例中,大部分是作者在泰国从事汉语教学时实际使用到的,少部分则是在参考 HSK 例题的基础上编制而成的。案例旨在将汉语交际能力培养的因素渗透在测试评估这一教学环节。

A.我们过几天再去。

B.我们不到那儿去。

C.我们昨天才去了。

D.我们票都买好了。

(2)(问话)你找到你朋友住的那家医院了吗?

A.他不想住在那儿。

B.住了几天就走了。

C.在那儿见到了他。

D.他病得非常厉害

3.听短对话,找答语。听一段短对话(包括一个回合),提出一个问题,为问题作出或选择一个最为恰当的回答。

(1)(对话)女:王军现在在哪儿?

男:我找过他,可哪儿都没找着。

(问题)根据对话我们可以知道什么?

A.男的刚见过王军。

B.男的没找着王军。

C.王军没到哪儿去。

D.他根本没找王军。

(2)(对话)女:小华,看你这身衣服,又肥又大,根本不像是你自己的。

男:我哥哥穿着小了,是他送给我的。

(问题)从对话中我们知道了什么?

A.小华比他哥哥胖一些。

B.小华个头比他哥哥小。

C.小华个头跟哥哥一样。

D.小华比他哥哥个子高。

4.听长对话,找答语。听一段较长对话(两三个回合),提出几个问题,为每一个问题作出或选择一个最为恰当的回答。

(对话)女:丁力,你的全身都淋湿了,去图书馆怎么也不带把伞?

男:早上出门的时候,没听说要下雨呀。谁知道忽然就变天了呢!

女:借的书没事儿吧?

男:没事儿。你看,都好好的呢。

女:那是怎么回事儿?

男:我用外套把书包起来了。

(问题)(1)丁力出去干什么了?

A.去图书馆借书。

B.去商店买东西。

C.去书店买地图。

D.去饭馆吃点饭。

(2)天下雨了,他为什么不带伞?

A.他嫌太麻烦。

B.他的伞坏了。

C.他不知道要下雨。

D.他家里没有雨伞。

(3)根据对话,我们可以推知:

A.女的很注意保养身体。

B.丁力喜欢下雨天出门。

C.女的很高兴看到丁力淋了雨。

D.丁力很注意保护公家的东西。

5.听叙述,找答语。听一段叙述文字,提出几个问题,为每一个问题作出或选择一个最为恰当的回答。

(短文)期末考试一结束,我就得赶快回国,因为我妈妈最近身体不太好,另外,我也太想家了。我的愿望是以后当一个翻译或者导游,可我的汉语水平还不够好。也许毕业回国后我会进一家和中国有业务往来的公司去工作,我正在考虑,还没有拿定主意。我爸爸妈妈希望我早日结婚成家,我当然不愿意。这么早就结婚,然后生孩子、做家务、照顾丈夫,多没意思啊!

(问题)(1)考试结束后,"我"打算做什么?

A.出去旅行。

B.留在学校。

C.马上回家。

D.立即结婚。

(2)"我"将来想做什么工作?

A.进公司工作。

B.写散文小说。

C.当中学教师。

D.在银行打工。

(3)"我"的父母希望"我"早点结婚,"我"的态度是什么?

A.感到不高兴。

B.心里不同意。

C.感到高兴极了。

D.结不结无所谓。

(4)由叙述推知,"我"是一个什么样的人?

A.男性留学生。

B.女性留学生。

C.已婚男性。

D.已婚妇女。

6.听话语,找答语。听一段讲座发言或电话留言,提出几个问题,为每一个问题作出或选择一个最为恰当的回答。

(讲座发言)今天站在讲台上,还真有点紧张,说些什么呢? 就谈谈我学习汉语的一些体会吧。我觉得有一些词儿说的时候还真得小心点。昨天小芳向我借钱,我说"不行"。她听了以后一句话没说转身就走了。后来我才猛然想起,哎呀,在中国可不要随便说"不行",除非是对陌生人,否则会让朋友觉得很没面子,甚至会很生气。要拒绝的话,只需要说出不行的原因,她就会明白的。所以,昨天我真应该对她说:"真不好意思,我现在手头也有点紧。"

(问题)(1)说话人和小芳极可能是什么关系?

A.姐妹关系。

B.生人关系。

C.亲戚关系。

D.朋友关系。

(2)小芳为什么一句话没说就走了?

A.她那天太累了。

B.她不想借钱了。

C.她心里不痛快。

D.她没时间说话。

(3)为什么说话人要说:"我手头也有点紧"?

A.她手头的确没有多少钱。

B.她手头其实有很多的钱。

C.她觉得应该巧妙地拒绝人。

D.她觉得应该赶紧向人道歉。

(电话留言)小美,今天过得怎样? 我已经一整天没见着你了,你的胃好点儿没有? 下了课一定要多喝点热开水。我记得你晚上没课,对吗? 我在友谊路的"百姓厨房"订了一桌饭菜。"百姓厨房"是一家老店,我的朋友去吃过好几次,他们都说那里的川菜很正宗,价格也还比较合适。我们下午五点半在"百姓厨房"门口见面,怎么样? 就在南稍门西边不远的地方,快到吉祥村了。回来后给我回个电话。好吗? 晓明

(问题)(1)晓明和小美之间很有可能是什么关系?

A.师生关系。

B.父女关系。

C.工作同事关系。

D.男女朋友关系。

(2)晓明打电话的目的是什么?

A.想知道小美的近况。

B.想请小美吃一顿饭。

C.想向她介绍一家川菜馆。

D.想问小美晚上有没有课。

(3)晓明约小美在哪儿见面?

A.川菜馆门口。

B.学校大门口。

C.日本料理门口。

D.小美宿舍门口。

从单个的句子到一问一答的对话,从简单的对话到复杂的会话,从较随意的

说话到较正式的发言,都可以作为听力理解的测试内容,因为它们都是语言交际的实际情况。测试可以是针对字词和语句的理解,可以是针对整个语篇的理解,还可以是对说话人目的、意图和态度的推断和理解——都是日常人际沟通的表现形式。受试者所听到的内容就是汉语语言交际的真实写照。

二、案例二　口语测试

1.<u>出声朗读</u>(Reading Aloud)。试卷上有数个句子、一段对话或者短文,请在稍事准备之后将这些句子、对话或短文大声朗诵一遍。

（句子朗读）

(1)你好! 我叫沙朗,是泰国乌隆人。

(2)今天是 4 月 12 号。明天就是我们的宋干节了。

（对话朗读:"买水果"）

A:你买什么?

B:我买木瓜。多少钱一斤?

A:四块钱一斤。

B:你这木瓜甜吗?

A:很甜的,不甜不要钱。买一个吧。

B:我再看看。欸(ǎi),菠萝怎么卖?

A:十块钱三斤。

B:那就来一个木瓜,两个菠萝。一共多少钱?

A:我看看。一共十八块五。

B:便宜点吧。

A:那就给十八块吧。

（短文朗读:"旅游计划"）

陈淑慧的老家在中国汕头,她和哥哥是在孔敬出生的。淑慧的哥哥性格外向,非常活泼。特别爱好运动,篮球打得可真叫好。淑慧跟哥哥不一样,性格温柔,特别安静。她会中国舞蹈,喜欢跳傣族舞,"月光下的凤尾竹"跳得最好。今年暑假,她和几个同学准备一起去中国待两周。他们去参加一个汉语夏令营,学学汉语,练练书法,再到北京、上海和西安看看。

为了能去中国,淑慧一直在攒钱,还计划在这几个月里到外边去打工挣点钱。爸爸答应给她出机票钱,但食宿费得靠她自己挣。

2.角色扮演(Pair work/Role play)。依据材料上给出的情境和要求,你和你的同伴组织一段对话,然后组对把对话演示出来。

(新同学相互自我介绍——情境设置的要求,参见本章的第二节)

A:你好! 你是新来的?

B:你好! 我第一次来上课。

A:你叫什么名字?

B:我叫黄安。你是泰国人吗?

A:对。我是泰国人。你呢?

B:我不是泰国人。我是越南人。

A:你今年多大了?

B:我二十岁,你呢?

A:我二十一岁。

B:你喜欢跳舞吗?

A:不。我喜欢听歌。

(对方把钢笔掉在了地上,你捡起来)

A:你的笔。

B:谢谢!

A:不客气。

3.阅读后的口头问答(Question & Answer after reading)。阅读一篇课文或短文之后,根据课文或短文的内容进行口头上的问答,然后依据你的回答,组织成一篇汉语作文。

("我的宿舍":问题)

(1)你住的地方大不大? 是安静呢,还是吵闹?

(2)你现在对学校熟悉了吗?

(3)你老家在哪里?

(4)你的房间里有哪些家具?(使用存现句式)

(5)你的书桌上摆放有什么东西?

(6)宿舍离上课的地方远吗? 走路得多长时间?

(7)宿舍跟前购物、洗衣方便吗?

(8)吃饭方便吗? 有中餐吗?

(9)你今天有没有胃口?

(10)你理想的房间是什么样子的?

(根据回答整理出来的口头作文)

我住的地方不大。住的地方很安静,一点儿也不吵。住的地方有卧室、卫生间和阳台。卧室里有一张床、两排柜子、一个书桌、一把椅子。阳台上摆着一盆花草。书桌上放了几本书、一个台灯和电脑。

我住的地方跟前有一家超市,我经常在超市买吃的、喝的和用的。住的地方有洗衣机,可以自己洗衣服。周围有很多小店,买吃的很方便。可以在那儿吃,也可以带走。没有卖中餐的。今天我没有胃口,不想吃东西。

我来自乌隆的一个村庄。有爸爸、妈妈、我和弟弟。我在学校是第三年,对学校很熟悉。住的地方就在学校对面,走路十几分钟就到了。我骑摩托车去上课。我希望住的地方大一点,有一个客厅,能上网。

4.口头表达访谈(oral proficiency interview 即 OPI,或 SOPI 即 simulated OPI)。在教师或考官的引导下用汉语进行解说或者叙述。

(自我说明)

老师:好。我想先请你介绍一下你自己。

学生:我叫 Subhatee(苏巴蒂),是乌隆他尼皇家大学大三的学生,我来自 NongKhai。我爷爷、奶奶、爸爸、妈妈……嗯,很久前……从 Lao 来到泰国。Lao 没有泰国好。我和弟弟在泰国出生。住在村子,又到 NongKhai……城里。爸爸妈妈卖……饭。弟弟是……学生。

老师:你小时候在哪儿上的学呢?

学生:我小时候在村子……学校……上学。上了,嗯,四年吧。中学是在 NongKhai。中学……好。

老师:你们现在是在廊开还是在……

学生:Udon 的……在边上……

老师:好。你平时喜欢做什么?

学生:我喜欢看书,嗯,上网,常常……小时候常常……唱歌、跳舞,中学时候……打球、游泳……

老师：好。你现在住在学校吗？

学生：不。在外面。在学校大门……（用手指）那边……他们的房子。

老师：你的专业是什么？

学生：Tourism……嗯，旅……游。我以后做 guide……对，导游。

老师：你为什么要学汉语？

学生：我的爷爷从中国来，他……会……说汉语。爸爸让我学……汉语。学汉语……有用。

口语能力测评特别强调使用目的语来进行实际交流和沟通，所以在北美语言教学界盛行以"语言表现"和"以言行事"为特征的 PBA 口语测试。经常使用的方法就是 OPI（口头表达访谈）。美国外语教师学会编制的《OPI 训练手册》将口头表达能力分为四级：初级、中级、高级和最高级，每一级都有功能、情境与话题、准确性和代表性语言结构 4 个方面的详尽测评标准。教师或者考官依据标准对考生的口头表达录音进行分析，然后评定出相应的口语等级。从口头表达所使用的语言结构上看，学习者往往表现一种渐进发展的"四部曲"，即：由第一步的说完整句子，到第二步的几个句子，再到几个句子贯连成为语段，最后将数个语段串成语篇形式的报告或者发言。从口头表达的流利性、复杂性和连贯程度上看，学习者的口头表达也表现一种渐进性的"三级跳"，即：由开始的"不成段"（使用单个句子或者几个不太连贯的句子，有结巴和断裂现象），跳至"成段"（使用几个句子甚至一小段话，语句之间具有连贯性，较少出现结巴和断裂现象），最后再到的"成篇"（使用好几段话，同时具有连贯性和层次性，流利程度比较高）。① 《国际汉语能力标准》（第 9—13 页）对国际汉语口头表达能力进行了明确的五个级别"能力描述"与"任务举例"，这就使得 OPI 在国际汉语教学的成绩测评甚至是水平测试之中有了广阔的施展空间。

关于 OPI 及其评分标准，可参见本书后面的"附录一"。

三、案例三 阅读测试

1.词语理解。阅读一个句子，句中的一个词语加粗并有下划线，请根据上下

---

① 曾妙芬：《推动专业化的 AP 中文教学》，北京：北京语言大学出版社，2007 年，第 4—5 页。

文为它给出或者选择一个具有近似意义的词语。

(1)我们认为他这样处理并不**妥当**,大家肯定会有意见。

A.支持　B.放心　C.标准　**D.**合适

(2)如果治疗及时、合理,这种病还是可以**彻底**治好的。

A.完全　B.到底　C.全面　D.基本

(3)邻居家的孩子中午在家弹钢琴,**妨碍**了我正常的午休。

A.禁止　**B.**影响　C.惊动　D.防止

2.**完形填空**。阅读一段对话或者段落,其中都有数个空白处,请根据上下文的意思,给出或者选择适合的词语来完成全文。

(对话)A.今天暑假咱们去哪儿?

B.我想到国外去旅游,你说呢?

A.我　(1)　想去中国,又想去看我妈妈。

B.你妈妈不是　(2)　打算夏天来乌隆吗?　她　(3)　改变主意了?

A.妈妈前段来信说,她准备夏天到普吉岛去休息,决定不来这儿了,　(4)　我想去看看她,你有什么打算?

B.我希望暑期能去中国,你　(5)　下个月再去看你妈妈吧。这样,我们就可以　(6)　到中国去了。

A.好吧,　(7)　这么决定了。

(1)A.还　**B.**又　C.再　D.先

(2)A.今后　B.可能　**C.**原来　D.以前

(3)A.怎么样　B.如何　**C.**怎么　D.这么

(4)A.因为　B.但是　C.虽然　**D.**所以

(5)A.可以　**B.**还是　C.从来　D.已经

(6)A.共同　B.连忙　**C.**一起　D.都

(7)**A.**就　B.可　C.又　D.也

3.**语句理解**。阅读一个句群或者段落,其中包括一个加**粗**并且带有下划线的句子,请根据上下文来确定或者选出该句子的具体所指。

(1)为了把这个事情查个水落石出,他派人到各处秘密查问建文帝的下落。

A.为了这个事情而跳到水里去摸石头

B.为了把这件事情调查得清楚和明白

C.为的是把河水抽干再在里面搬石头

D.为的是把这件事情做得漂亮和出色

(2)就像纵横字谜、魔方、魔棍等**使人能知其然而难以知其所以然**一样,关于巧合规律性的争论在科学家中还要进行下去。

A.让人们知道这个事情,但结果没有人知道

B.让人能够知道这个事情,虽然这样做很困难

C.让人们知道是这样,但很难知道这是为什么

D.让人去了解那些东西,虽然它们很难掌握

4.短文理解。阅读一篇短文,短文后有数个问题,请根据短文所讲的内容,给出或者选择适合的语句来回答所提问题。

(短文1)

根据调查,中国老百姓的家庭平均一年的收入比十几年前上升了75%,他们的家庭储蓄平均也有一千多美元。

如果有了钱,而实际生活水平没有提高,那一年不是白干了吗?放着一大堆钱又有什么用?

人们花钱最不怕多的是结婚娶媳妇,婚礼肯定是要办得热热闹闹的。在五六十年代,人们结婚要有三件东西:钢笔、手表、收音机。十几年前的三大件是手表、自行车和缝纫机。但是没过多久,三件就变成了四件:单门电冰箱、单缸洗衣机、黑白电视机和收录机。当时的年轻人手里提着大录音机在大街上走,觉得很是时髦,现在收录机换成了手机或者MP3、MP5。

再后来四件变成了新五件:彩电、双门电冰箱、全自动洗衣机、高级音响和照相机。这世界上的事是越来越说不清了……如今的几大件是什么?很多人向往的是汽车、住房、家庭影院,玩的是新(新加坡)马(马来西亚)泰(泰国)。再后来呢……

(问题)

(1)中国老百姓的家庭收入提高了75%是指:

A.一个月的收入 **B.**一年的收入 C.一周的收入 D.一天的收入

(2)中国人在哪方面最不怕花钱?

A.过生日 B.旅行 **C.**结婚 D.过春节

(3)中国最早在五六十年代的时候,三大件指的什么东西?

A.手表、洗衣机、收音机 B.自行车、钢笔、收音机

C.手表、自行车、收音机 **D.**手表、钢笔、收音机

(4)后来的四大件指的又是什么东西?

A.单缸洗衣机、缝纫机、黑白电视机、照相机

B.单门电冰箱、收录机、彩电、单缸洗衣机

C.单缸洗衣机、黑白电视机、收录机、单门电冰箱

D.录音机、彩电、单门电冰箱、照相机

(5)后来的四大件又变成了:

A.新四件 **B.**新五件 C.新六件 D.新七件

(6)现在人们手上拿的是什么?

A.微型收录机 B.大型录音机 C.摄像机 **D.**手机

(短文2)

几十年前,人们对于"小盒子"里面会演故事的事情还无法想象、不可理解。但在今天,很难想象一个家庭没有电视机。

据统计,最发达的美国平均每家有2.5台电视,平均每天看3.7小时,也就是一个人一年有56天在白天带黑夜地看电视。如果一个人活到72岁,那么仅看电视的时间就有11年!

美国"反电视运动"是从1979年开始的。他们认为,人们一直努力使电视节目更具教育性,但从另一方面电视直接或间接地导致人们的失眠、心情不畅、肥胖、文盲等社会问题。于是从1995年起,反电视组织把每年的4月22日至4月28日定为"无电视周"。这一周里,人们要关掉电视,把注意力转向其他形式的娱乐活动。目前,"无电视周"已经从美国传播到了英国、加拿大、澳大利亚、丹麦等国,并得到美国药品协会、健康体育协会、教师协会等许多团体的支持。

(问题)

(7)本文中的"小盒子"指的是什么?

A.收音机 B.录音机 C.磁带盒 **D.**电视机

(8)根据本文,我们知道,在美国平均:

A.每2.5家有一台电视 **B.**每家有2.5台电视

C.每家有3.7台电视 D.每五到六家有一台电视

(9)根据本文,我们知道,在美国一个人每年看电视的时间平均为:

A.近两个月　　B.超过两个月　　C.一个半月　　D.三个星期

（10）美国"反电视运动"是从什么时候开始的？

A.1959 年　　**B.**1979 年　　C.1995 年　　D.1998 年

（11）"无电视周"的意思是，这一周：

A.电视台没有节目　　B.电视台节目减少

C.人们不去看电视　　D.人们减少看电视的时间

（12）在美国，很多团体对"无电视周"活动的态度是：

A.支持　　B.反对　　C.漠视　　D.抗议

5.综合阅读。阅读一篇文章，文后有若干类问题（此处为三类），请根据短文所讲的内容和各类题目的要求，分别完成或补全各个题目。

（文章1）

文　化

如果你看见谁向人吐唾沫（spit），你一定以为他讨厌那个人。对的，在法国的确是这样。可是在非洲的查加兰的黑人那里，你就猜错了。在他们那儿，吐唾沫是最重要时刻的一种祝福（blessing），新生的孩子，生病的人，全要法师来吐四口唾沫。用吐唾沫来表示厌恶，并不是人类的天性（human nature），而只是一种习惯。让法国人在查加兰长大，他只有表示祝福才向人吐唾沫；让查加兰人长在法国，他做梦也不会向小孩子吐口唾沫。

我们大家都有恭维（compliment）自己的想法，以为自己的想法虽然不是唯一可能的办法，也该是挺合适的想法。一日三餐，晚上睡一觉，还有比这更合理的吗？可是，玻利维亚的印第安人便不以为然：他们睡了几个小时，爬起来吃一顿点心，躺下再睡，睡醒再吃一顿；只要他们高兴，白天睡觉也没有关系。美国人走马路的右边；你想，做事既用右手，走道（walk on the pavement）也走右边，不是再合理没有了吗？可是，英国、奥地利、瑞典，使左手的人并不比别处多，走道可就全都走上左边来了。指点东西用食指，这该是顶自然的了吧？这也不然，许多印第安人只努努嘴，绝不抬手，还有，孩子九个月断奶（weaning）的办法，也不见得到处都适用。在东非洲土人和美国亚利桑那州的那华荷人那里，四五岁的孩子还会跑到他妈妈的身边去吃奶。

总而言之，要搞明白某种思想或风俗是天性呢还是习惯，只有一个办法——

经验。所谓经验,并不单指我们一城一州或一国里的经验,也不单是整个西方文明里的经验,要行遍天下,到处都考察过了,这才称得上经验二字。

　　人们一举一动,一言一念,所以这样而不是那样,没有什么别的理由,只因为他们生在某一个社会群体(social community)里面,无论是家庭,是教会,是党派,是国家,既然生在那里面,思想行动就跟那里面的人学来了。每个新生的单位都要发明一些独有的玩意儿,比如,特别的徽章和歌词等。否则怎样和其他团体区别呢? 拿美国大学里面的兄弟会来说,各有各的希腊字母作名称,有特别的别针,有独一无二的捉弄新学生的方法,这就构成了它们的个性。每一个人都隶属于好几个这样的社会群,有的重要,有的平常。可是每个群体都发展出它的特异的思想行为的模式(patterns in thinking and behaving)。而且新花样日积月累,越来越多。因此,有好些事情,因为我们做了某一群体的分子,我们便非做不可。一个人吃饭、恋爱、打架、信教的方式,不是他个人的发明,而且和他的心理组成没有关系。我们只要把他放在新的环境里面,他立刻就会用新的规则来玩这生活的老把戏。美国的黑人不说班图话或苏丹话,说的是英语。三十年前,美国妇女长裙曳地,不说"腿"而说"肢"。大家都知道,现在她们不这样想了。一个人从他的社会群体里面得来的这些东西,都是他"文化"的一部分。跟伙伴学,是人类的特性;就是最高等的猿类,也有那么一回事。丢一根香蕉在黑猩猩的笼子外面,不让它够得着,它要那香蕉,心一急,也会打主意。如果手头有几根竹竿,它会把它们接成长杆子,把香蕉钩到手。它做了一宗发明——正是文明的原料。如果它的邻居会模仿它,如果它这玩意儿教给子孙,它们又传给它们的子孙,那黑猩猩就走上了文化之路了。但是它们不干这一套。人说猢狲最会学花样,其实不然,那位发明家才不管它的好主意传世不传世。老在文化的边界上徘徊而永远进不去,这就是猢狲永远是猢狲的原因。

　　当然有好多东西黑猩猩传给它的后代,可是经由一种完全不同的媒介。黑猩猩生来有突出的牙齿,绝不会因为到了别的群体而改样;我们尽管逃离人类住到猢狲国里面去,也别想长出那样的犬齿来。人类和猿类的遗传(heredity)不一样。

　　人和猿一样,无数的性质都是由遗传得来的。黑猩猩没有文化,研究起来比较容易,人类可不这样简单,遗传的性质以外还有社会的性质,研究起来就有许多麻烦问题。究竟哪些性质是人类生而有之,用来和禽兽区别;哪些性质是出生以后由社会决定的呢?

古今中外的文化有这么多的不同,为什么西伯利亚的游牧人喝牛奶,安居的中国人不喝呢?为什么印第出土的太古器具会这样像远隔万里的西班牙出土的呢?什么东西使现代的加利福尼亚的生活和印第安人时代的生活如此大不相同呢?为什么公元后一五〇〇年的秘鲁人没有铁器而埃及人在公元前一五〇〇年便已经有了呢?为什么日本人模仿我们的科学,模仿我们的实业,但在基督教事业上就止步不前呢?这些都是研究文化的人关心的内容。

(本阅读文章节选自《文明与野蛮》,(美)罗伯特·路威,吕叔湘译,北京:三联书店,1984 年)

一、选择题

1.向人吐唾沫

A.表示讨厌　B.表示喜爱　C.仅仅表示祝福　**D.表示多种意义**

2.哪些行为习惯更为合理?

A.一日三餐,晚上睡一觉　B.行走在马路的右边

C.不同的人有不同的标准　D.指点东西时用食指

3.经验才能告诉我们,某种思想或风俗是天性还是习惯,这经验是指

A.考察各个民族后得来的经验　B.西方文明里得来的那些经验

C.旅游观光的经验　D.一个国家的经验

4.人们的行为是这样而不是那样,原因是

A.家庭背景不同　B.教会和教育不同

C.党派和国家有别　**D.所属社会群体有别**

5.每个人都隶属于不同的社会群体,社会群体指的是

A.大学兄弟会　**B.家庭、党派等**　C.一些群体　D.新的规则

6.如果把我们放在新的环境里面,我们。

A.吃饭的方式就会改变　**B.就会用新的规则来玩生活的老把戏**　C.就会发明新的恋爱方式　D.就必须说英语,必须穿新衣裳

7.猢狲总是没有走上文化之路,这是因为它们

A.够不着香蕉和别的东西　B.仅仅做了一宗发明

C.没有把发明传给后代　D.老是在门口徘徊

8.古今中外的文化为什么有这么大的不同呢?原因主要有

A.不同社会环境的影响　　B.人们思想的变化

C.风俗的改变　D.生物的遗传

9.本文认为，研究人类比研究黑猩猩复杂，这是因为

A.黑猩猩简单易懂　**B.**人类有遗传和社会性质

C.黑猩猩没有遗传性质　D.人类的思想难以捉摸

10.本文想要告诉我们的主要意思：

A.人和黑猩猩不一样　B.人和人有很大区别

C.从不同文化中发现合理因素　**D.**不同的社会环境产生不同的文化

二、判断题

（√）11.让查加兰人长在法国，他就会使用吐唾沫的方式来表示自己的厌恶。

（×）12.英国用左手的人多，所以英国人走道时总在左边。

（×）13.孩子九个月时断奶，这在世界各地都是一样的。

（×）14.天性也是文化的一部分。

（√）15.一个人的言行举止都是由他的生活环境来决定的。

（×）16.每个人都只隶属于某一个特定的社会群体。

（×）17.在社会群体中，每个人都发明自己独特的行为方式。

（√）18.人在不同的环境、不同的时期，行为方式有很大的不同。

（√）19.文化指一个人从他的社会群体里面得来的东西。

（×）20.黑猩猩与人一样，既有遗传性质，也有社会性质。

三、近义词语选择

21.用吐唾沫来表示厌恶，并不是人类的天性。

A.凶恶　**B.**讨厌　C.厌烦　D.罪恶

22.跟伙伴学，是人类的特性，就是最高等的猿类，也没有这么一回事。

A.同伙　B.伙计　**C.**同伴　D.伴侣

23.指点东西用食指，这该是顶自然的了吧？

A.指着一点　B.手指尖对着　**C.**动手指并点头　D.挥动着手指头

24.要行遍天下，到处考察过了，这才称得上经验二字。

A.到世界上所有的地方去　　B.在全世界都能够使用

C.在世界各地旅游一次　D.在大白天里行走

25.人们一举一动、一言一念，所以是这样而不是那样，没有什么别的理由，只因为他们生活在某个社会群体里面。

A.举动、言谈、主意　B.行动、言谈、思想

C.动作、发音、念书　D.举手、动脚、说话

26.各兄弟会都有自己的希腊字母名称，有特别的别针，有独一无二的捉弄新学生的方法。

A.独立的　B.独自的　C.独身的　D.独特的

27.人说猢狲最会学样，其实不然。

A.做学习的样子　B.照样子学着做　C.有学问的样子　D.学同样的东西

28.每个社会群体都发展出它的特异的思想行为模式，而且新花样日积月累，越来越多。

A.天天忙，忙了一个月就累了　B.一天一天加起来就成了一个月　C.经过长时间的积累　D.天天都在发生变化

29.为什么日本人模仿我们的科学，模仿我们的实业，但是在基督教事业上就止步不前呢?

A.停下来不往前走　B.迈开步子先前走

C.只向前走了一步　D.没有走到最前面

30.究竟哪些性质是人人生而有之，用来和禽兽区别;哪些性质是出生以后由社会决定的呢?

A.做了学生就有的　B.只要活着就有的

C.在生活中具有的　D.生下来就已经有了

（文章2）

生肖的传说

据说在很古的时候，人们是没有生肖的。十二生肖是后来玉帝（Jade Emperor in the Heaven）给排定的。

玉帝为了给人排定生肖，决定召开一个上肖大会。他给各种动物发了开会的圣旨（the secred orger, decree）。

那时候，猫和老鼠是很要好的朋友，开上肖大会的圣旨送到了猫和老鼠，猫和老鼠都很欢喜。它们决定一起去参加上肖大会。

　　大家知道,猫是很会打瞌睡的。它自己也知道这一点,所以在开上肖大会的前一天,它就预先和老鼠打了招呼,让老鼠第二天叫醒它。

　　老鼠说:"你放心睡好啦! 到时候我会叫醒你的!"

　　猫大爷说了声:"谢谢你。"就抹抹胡子,放心睡了。可是第二天早晨,老鼠很早起来,吃过早饭,独个儿上天庭去了。对正在熟睡的猫,它一声也没有叫。

　　再说住在清水潭里的龙哥哥,这天也得到了开上肖大会的通知。龙是生得很威武(majestic)的,但龙哥哥也有一个美中不足的地方,那就是头上光秃秃的,缺少一对美丽的角。它想:如果我再有一对美丽的角,那该有多好啊!

　　正巧! 它从清水潭里钻出来一看,就看见一只大公鸡。那时候,公鸡头上是有一对大角的。龙哥哥一见,高兴极了,连忙游过去,向公鸡打招呼:

　　"鸡公公! 明天我要上肖去,把你的角借我戴一戴好吗?"

　　鸡公公回答说:"啊呀,龙哥哥! 真对不起,明天我也要上肖去呢!"

　　就在这个时候,从石头缝里钻出一条蜈蚣(centipede),它听了龙哥哥的话,插嘴说:

　　"鸡公公! 你就把角借给龙哥哥用一回吧。如果你不放心,我来做保人(gu-rantee),怎么样?"

　　鸡公公想了一想,自己就是没有这一对角,也够漂亮了,就答应由蜈蚣做保人,把角借给龙哥哥。

　　第二天,天庭里开了一个非常盛大的上肖大会,各种动物都到齐了。玉帝宣布了开会的宗旨后,就在动物中选出牛、马、羊、狗、猪、兔子、老虎、龙、蛇、猴子、鸡、老鼠等十二种动物作为人的生肖。玉帝为什么只挑这几种动物呢? 譬如:挑了鸡,为什么不要鸭子? 挑了老虎,为什么不要狮子? 他到底是根据什么挑选的? 这些,我们一点也不知道。

　　挑选出十二种动物以后,还有一个麻烦的问题,就是排定先后的次序。

　　玉帝说:"你们中间牛最大,就让牛领头做第一肖吧!"

　　大家都满意,连老虎也赞成。不料小小的老鼠却有意见,说:"应该说,我比牛还要大! 每次,我在人们面前一出现,他们就叫起来说:'啊呀! 这个老鼠真大!'却从来也没有听见人说过:'啊呀! 这头牛真大!'可见在人们的心目中,我实在比牛大!"

　　猴子和马都说老鼠吹牛。但是老鼠说:"你们要是不相信,可以试一试!"

鸡、狗、兔、羊等都同意试一试，玉帝也赞成了，他就带了十二种动物到人间去。

事情正如老鼠所说的一样，当大水牛在人们面前走过的时候，人们纷纷议论说：这头牛真肥，真好。可是没有一个人说：这头牛真大。这时，老鼠突然爬到牛背上去，用两脚直立起来。人们一见牛背上的老鼠，果然立即就惊呼起来："啊呀，这只老鼠真大！"

玉帝亲耳听见了人们的惊呼，无可奈何地说："好吧，既然人们都说老鼠大，我就让老鼠做第一肖。至于牛，就只好做第二肖了。"

这样就算确定下来了。现在的十二生肖就是这样：老鼠是第一肖，牛是第二肖。

老鼠做了第一肖，得意扬扬地回来了。猫见了老鼠，奇怪地问道：

"鼠弟，怎么啦？今天没有开上肖大会吗？"

老鼠回答说："你还在做梦呢！上肖大会早已开过了，有十二种动物上了肖，我是第一名！"

猫大爷着实吃了一惊，圆睁着两眼，问道：

"那你为什么没叫我一道去？"

老鼠回答道："忘记了！"

这一下可把猫大爷气坏了。它"呼哧呼哧"地喘着气，突然把牙齿一磨（clench the teeth），"呼"地扑上去，咬住老鼠的脖子。老鼠把后腿弹了两下，"唧唧"叫了两声，就断了气。

从此，猫和老鼠就成了死对头，直到现在还是这样。再说鸡公公开了上肖大会回来，很不高兴。它想：玉帝把龙哥哥排在自己前面，很可能和那对角有关系。它决定把那对角要回来。

鸡公公走到清水潭边，看见龙哥哥正高兴地在那里游泳，它就很有礼貌地说：

"龙哥哥，请你把角还给我吧！"

龙哥哥一听，吃了一惊，赶紧说：

"啊呀，鸡公公！你要角做什么呢？说实在的，你没有角，看起来比长着角更美丽。可是对我说来，一对角是多么需要啊！"

说完，不等鸡公公回话，就钻到水底下去了。鸡公公又气又急，拍着翅膀，在清水潭边拼命地叫喊：

"龙哥哥，角还我！龙哥哥，角还我……"

鸡公公叫了半天，可是龙却理也不理。公鸡无法可想，决定去找保人蜈蚣。

鸡公公找到了蜈蚣，把龙哥哥不肯还角的事，一五一十地告诉了一遍。

蜈蚣想了半天，慢慢地说道：

"我想龙哥哥会把角还给你的。如果它真的不肯还，那么，我也没有办法可想。鸡公公，你是明白的，它躲在水里，叫我怎么去找它呢？你只好自认倒霉了。这也只怪你自己当初没有三思而行，太鲁莽（rash，impertinent）了些。"

鸡公公气得满脸通红了。它伸长了脖子，一下子就啄住蜈蚣的脑袋，甩了几下，吞到肚子里去了。

从那时起，每到夏天，我们就常常看见公鸡在院子里啄蜈蚣吃。并且每天天一亮，鸡公公就想起了失去的角，总要大叫几声：

"龙哥哥，角还我……"

（原载《民间文学作品选》上册，上海文艺出版社，1980 年，作者刘金记）

一、判断题

（√）1.老鼠答应在去开上肖大会之前叫醒猫。

（×）2.猫没有参加上肖大会是因为没有收到玉帝的圣旨。

二、选择题

11.很古的时候，_____是很好的朋友，传说它们生活在一起，就跟亲兄弟一样。

A.猫和人　B.老鼠和牛　**C.老鼠和猫**　D.猫和公鸡

12.玉帝为了给_____排定生肖，决定在天庭里召开一个上肖大会。

A.动物　**B.人们**　C.十二个人　D.十二个动物

三、词语解释题

29.鸡公公又气又急，拍着翅膀，在清水潭边<u>拼命地</u>叫喊。

A.使出全身力气　B.不要命似的　C.十分绝望地　D.要人救命似的

30.这也只怪你自己<u>当</u>初没有三思而行，太鲁莽了些。

A.当前　B.当即　C.当今　**D.当时**

阅读中要理解的可以是词语和句子，也可能是文段和文章，无论是词句还是段落都必须放在上下文语境之中才能有确切的意义理解。于是汉语阅读测试包含对句子、对话中词语意义的理解,也包含对句群、文段中句子意义的理解。综合测试的阅读材料本身就是对人类文化的解说或者对中国特有的文化现象的阐释,这样做不仅容易激发学生的阅读兴趣,也可以让学生在应试的同时获得一些中国文化的新知识,语言"容器"和文化"内容"的关系于是得到了较好体现。考生具备的汉语字词句知识与抓大意、找细节之类阅读技巧,以及已具备的一些背景知识,在这里都必须得到全体总动员,才能够获得对原文意义的准确把握。

四、案例四 写作测试

1.书写汉字

(1)<u>直接书写汉字</u>

①请用汉字写出 10 个"家庭成员"。

爷爷　奶奶　爸爸　妈妈　哥哥　姐姐　弟弟　妹妹……

②请用汉字写出 10 种"常见职业"来。

老师　学生　医生　护士　商人　农民　工人……

③请用汉字写出 10 种"常见水果"来。

苹果　木瓜　西瓜　梨　橘子　桃……

④请用汉字写出 10 个"常用动作"来。

走　写　读　说　听

吃　喝　睡　站　立

⑤请用汉字写出 10 个"形容词"来。

大　小　冷　热　温

好　坏　胖　瘦　帅/美

⑥请用汉字写出 10 门"学校课程"来。

汉语　商务英语　计算机　金融　会计

旅游　管理　教育　工程技术　农业技术

(2)综合填空中书写汉字

① 请 柬

尊敬的陈经理：

春节即将来临,我们公司定于 2 月 2 日下午 2:00 在和平饭__1__举行新春联欢会。为感__2__您对我们公司的大力__3__持和帮助,诚挚邀请您及您的家人光临,祝您__4__春愉快!

兴隆贸易公司

2011 年 1 月 28 日

(答案：<u>店 谢 支 新</u>)

② 新闻报道

为改善城市环境,缓__5__交通压力,节约能源,更为了您的健__6__,请您尝试"走着去上班"。__7__是山西晚报近日全向社会发出的"万人走路去上班"的活动倡__8__。活动在广大读者中引起了强烈的反响。

(答案：<u>解 康 这 议</u>)

③ 停车须知

1.凡进入停车场的车辆,__9__须服从现场管理人员的指挥,按指定位置停放;

2.车辆应按规定__10__纳停车费;

3.停车场只负__11__看管车辆。车上的贵重物品请自行保管,也可交寄存处存放;

4.车辆__12__开停车场时,须主动出示停车费收据。

(答案：<u>必 交 责 离</u>)

④ 通知

各位旅客,您好! 欢迎您乘__13__本次航班。为了您的__14__全,在飞机起飞之前请仔细阅读乘机须知卡上的内容并遵守__15__行。如果您不能完全理解,请随时咨__16__航班乘务员。

谢谢!

(答案：<u>坐 安 执 询</u>)

2.书写句子

①用给出的词语造句

好： 老师，您好！

名字：我的中文名字是娜姐莎。

上课：我们早上九点开始上课。

个子：他哥哥个子很高，会打篮球。

骑： 我每天骑车到学校去。

非常：他说汉语非常好。

又： 她人好，又很漂亮，我们喜欢她。

吧： 8点半了，我们不会迟到吧。

在： 我在家做家务。

渴： 我口渴，要喝冰水。

(2)用给出的句型造句

我叫……

(我叫沙朗，是劳务公司的职员。)

你是……吗？

(你是孔敬大学的学生吗？)

……是多少？

(你的手机号是多少？)

……多少钱？

(这些东西一共多少钱？)

……有……

(我家有五口人。爸爸、妈妈、哥哥、我和妹妹。)

……在……

(我姐姐在医院工作。)

……怎么走？

(请问，到中心广场怎么走？)

……不仅……而且……

(她不仅会唱歌，而且会跳舞。)

……，好吗？

(我们一起去商店，好吗？)

……已经……

（我们已经学汉语半年了。）

3.书写段落

(1)将给出的句子组织成一个语义连贯的段落。

①我的电话是 0836788593。

②我现在是乌隆他尼大学的学生。

③我的中文名字叫奥乐莎。

④我今年二十一岁。

⑤我学习"交际汉语"。

⑥我是泰国廊开人。

⑦我叫 Aolesa。

⑧我住在学生公寓 302 房间。

（参考答案：7—3—6—4—2—5—8—1）

(2)用给出的词语来组织成一段文字。

①我的周末

看电视　吃饭　运动　洗衣服　看朋友　看书

上网（ *to surf the net* ）　逛商场　起床　听音乐　睡觉

打扫（ *to clean* ）房间　跟朋友聊天儿（liáotiānr, *to chat* ）

②守株待兔

种田　从前　农夫　撞死　停下

野兔　坐下　笑话　辛苦　等着

猛跑　树桩　锄头　不劳而获（bùláoérhuò, *to gain without pains* ）

——给出一定的词语作为内容线索,可能的话再配上几幅形象生动的图画,但又留有很多的信息空白。学生依据给出的词语和图画,充分发挥自己的想象力,组织出来的叙述、故事可能会让我赞叹不已。如①的一篇学生作文（经过稍微的修改）：

　　一到星期六,我就很高兴。星期一到星期五,天天早上有课,我必须早早起床。今天,我可以睡觉到中午了。

　　（过了）十点,我才起床。我洗脸、刷牙。我喝牛奶、吃面包。后来,我看电视。上网（上了）两个小时。（然后/中午的时候）我到食堂吃午饭。回来(后),我洗衣服,打扫房间。

下午三点。我和朋友去逛商场,买了东西。我跟朋友聊天儿,一起运动。

(到了)晚上,我看书,听音乐,十点就上床睡觉。

周末真自在!

所修改的只是一些错别字,包括四处用拼音替代汉字的地方,另外添加了几个起连接作用的词语(括弧内的四处,"上了"一处可以忽略)。主要内容和基本结构都保持了原貌:作文中的意义表述应该说还是比较清楚明白的吧?

4.书写短文

(1)根据给出的提示线索,写出一篇包括三个以上段落的汉语作文来。

我们的校园

我现在在……学习

校园不大……

校园漂亮……

校园宁静……

(你对校园的感觉怎样?)

——给出了题目和各段的主旨,学生就可以感到写作有据可依,同时又可以发挥想象力添加上一些细节,而且自由表述自己对校园的感受。有约束又有自由,当是中级学习阶段汉语使用的真实写照。下面是一位学生的习作(经过教师稍微的修改):

我现在(在)乌隆他尼大学(学习)。学校(就)在乌隆城边。

学校的校园不大。学生有二千人(左右)。17个(栋)(教学)楼。有五个系,四个中心。边上有个中学校。

我们的校园很漂亮。有好多好多的树,(一年四季)都是绿色的。还有兰花,很香。有湖,有喷泉,有草坪。运动场很好玩。还有几个活动广场。

校园很宁静。学生(大多)住外边,老师(也大多)住外边。晚上,周末,很安静。听了(得见)很多鸟叫。还有狗叫。一个人(还有点)害怕。

我喜欢我们的校园。

修改主要包括:句子顺序;增加词语(括弧内的词语,为了上下文连观贯和信息补充);拼音改成汉字;标点符号。稍事修改的学生作文基本上还是把事情和自己的感受表述清楚了吧?

(2)根据所给图画(片),写出一篇三个段落以上的汉语作文来。

——类似于"书写段落"(2)"我的周末"的做法,但在长度和内容上的要求更高一些。类似例子在《体验汉语·写作教程》上有很多,可供参考。

(3)阅读一段叙述文字(如阿凡提的故事),然后发挥想象力续写结尾。

听了阿凡提的回答,你认为阿凡提的妻子会有什么样的反应?

学生 A 的作文(括弧内为教师所作的改动):

听了阿凡提的问答以后,她对他更(加大)发脾气,因为她以为阿凡提(在)说谎话,为了赖这样困难的情况掉(赖掉……情况)。不但阿凡提的妻子都(不)吃自己做的饭,而且她不给他做饭三天(三天不给他做饭)。还有(而且)让他睡在家门口觉(在家门口睡觉),或者那个妻子都(还)刮阿凡提的胡子。

结论是眼错不见(有眼光)的丈夫不能娶善良的妻子亲(在家里)。

学生 B 的作文(括弧内为教师所作的改动):

听了阿凡提的话以后,妻子也许一时开心。她会以为阿凡提(说那)话的意思:她没化妆也跟那位少妇一样漂亮。

但,"妖精"(一词)有两个意思,她说的妖精指的是妖怪,阿凡提说的妖精反而指的是妖女。

再说,阿凡提(说那)话的意思是,妖怪的模样跟妻子没化妆前一模一样。

所以,不久妻子明白了阿凡提的真意(真正意思),那么(于是)就发火(火冒三丈)。

——看图作文形象生动又有发挥想象的空间。为事件叙述续写也同样有大的想象和创造的余地,而且还要求学生对给出的叙述有较强的理解。这里列出的两位学生作文,无论是从对原文故事的理解还是从续写的文字上看,都是有相当的差距的。相比之下,学生 B 的作文恐怕还是要好一些吧。

5.自由写作(命题作文)

(1)说明文写作

你接到一位中国笔友的来信,信中说他准备在寒假期间到泰国来旅游,但不知道泰国的交通状况如何。现在请你给他回信,用大约 400 字向他简要介绍这方面的情况。信的开头和落款已经写好,你只需写出中间的内容。

小刚:

你好!最近忙吗?

欢迎你寒假到泰国来玩儿。现在让我来给你说说泰国的交通情况。

……

祝你每天开心、快乐!

差猜

2010 年 12 月 22 日

一位泰国学生的作文:

……

　　你要到泰国旅游,可以坐飞机、坐火车、坐大巴。也可以坐船。走得不远,(还)可以骑摩托车、骑自行车。有的城市里有(公交)大巴,但(最为)常见的是 Tuk-Tuk。还有人骑大象呢。

　　坐飞机很快,很方便,(但是)花钱多。坐火车、坐大巴便宜,(但是)很慢,从我们这里到曼谷(就)得花 10 个小时!听说中国的高速火车很快,(是吗?)

　　坐船(只有)在海边、河边(的地方)。我们上学上班骑摩托车和自行车。很多人开汽车。

　　泰国(最)有意思的是 Tuk-Tuk。我们的汉语老师说是"嘟嘟"。Tuk-Tuk 不大,(有)两排座位。在路边,你招手,它(就)停下来,(让)你上去。你可以坐下,(还可以)站在旁边。但是,没有站牌,你的(得)记住要下车的地方。给司机说,他(就)停下来,(让)你下去。听说中国城市里的公交很多、很方便,是吗?

　　来泰国一定到我们这儿(看看),好吗? (344 字)
……

(2)<u>叙述文写作</u>

(包括对过去的经验经历叙述和对将来的计划和展望等)

请你以"难忘的礼物"为题写出一篇 500 字左右的记叙文。

一位韩国留学生的作文:

　　我想先问一个问题:什么是礼物? 是漂亮的衣服? 是生日蛋糕? 玫瑰花? 还是巧克力? 对我来说,这些都算不上最好的礼物。

　　去年二月,我开始了在上海的学习生活。最初的日子让我感到很迷茫:对家人的思念,学习中的困难,没有朋友的孤独,特别是听不懂的方言。我对上海产生了陌生感。于是有一天晚上我在外面借酒浇愁,醉得连路都走不动了,只好在留学生楼一楼大厅的椅子上睡着了。

　　迷迷糊糊地,我被一位服务员阿姨叫醒了,我看不清她的脸,但能听见她说话:"你怎么了? 喝醉了吗?"别的服务员也许会说:"这个老外喝醉了……"可是这个阿姨用温柔的语气跟我说:"你是第一次来上海吧? 看起来你很辛苦,是想家了吧?"

　　我的眼泪一下子就流出来了。除了她,没有人这样了解我的心情。

　　第二天,我在宿舍楼又碰见了这位阿姨。一见面,她就对我说:"你是不是昨天喝醉酒的那个同学? 现在好些了吗?"可是,因为感到羞愧,我竟然匆忙地答了一句"你认错人了",就回房间去了。我很快就后悔了,我为什么对她撒谎? 以后几天,我不敢再看她的脸。

　　我左思右想,终于有一天鼓起勇气向她道了歉。听了我的道歉,阿姨热情地拉着我的手,还给了我一块小点心。那块小点心在那时突然标(飙,或"涌")出一股暖流,包围了我,我禁不住流下了眼泪。

　　以后,一想到那块小点心,我心里都感到丝丝的温暖。小点心成了我难忘的礼物。(548 字)

(选自《学汉语》作者:孔哈娜(韩国)。有部分改动)

（3）论说文写作

（包括对社会生活现象看法表达和对时事、文章和影视作品的评说等）

①请你比较一下中国家庭和美国家庭，然后写出一篇300字左右的短文。

一位美国学生的作文：

　　我认为，中国家庭和美国家庭在以下三个方面有一些不相同的地方：

　　第一，中国家庭有三代同堂的传统，而我们美国都是小家庭，没有三代同堂的现象。记得有一位有名的中国作家还写了一本小说，名字就叫《四世同堂》。四代人生活在一起，这在美国是不可能的。

　　第二，中国也有小家庭，一个小家庭只有一个孩子，而美国家庭可以有很多的孩子，想生几个就可以生几个。听说中国家庭里的孩子叫"独生子女"，是家庭中的"小皇帝"和"小太阳"。美国是没有的。

　　第三，在家庭教育方面，中国父母很严厉，要求也很高；反过来说，美国父母比较不严，要求没有中国父母那么高。有人说，中国父母看管得太多，中国孩子没有多少自由。不知道是不是这个样子。美国的父母很开放，美国的孩子有很多自由。（314字）

②请你以"中美中小学教育"为题，写出一篇400字左右的短文。

一位美国学生的作文：

　　在美国学校里，学生的压力比较小，比较轻松。在美国中小学有很多课外活动，比如说，有很好的条件学习音乐，掌握各种乐器，例如，学习拉小提琴、弹钢琴。以上这些是美国中小学的优点。

　　但是，美国的中小学也有缺点。在美国的小学，因为学习的基础知识太简单，功课太少，所以小学的学生养成许多不好的习惯。比如说，他们有很多的空余时间，所以他们比较贪玩，看很多垃圾电视（节目），再说，因为小学功课很少，所以他们不容易适应中学相对紧张的学习。

　　中国的中小学跟美国的中小学一样也有优点。比如说，中国学生学习的知识比较有深度，而且老师比较认真负责，经常激励学生努力学习。

　　可是中国的中小学也有一些缺点。首先，在中国学校，学生的压力比较大,学生的功课负担比较重。其次,学生所学的知识实用性不强。有时候老师教育(教学)的方法很枯燥。另外,因为功课和学习内容在程度上都是以考试为中心,所以学生很难得到全面发展。(377字)

(选自曾妙芬《推动专业化的 AP 中文教学》一书中的案例,稍有改动)

③请你以"中国和韩国的饮酒文化"为题,写出一篇 300 字左右的短文。

一位韩国学生的作文:

　　中国人和韩国人的饮酒习惯有很大的不同。

　　首先,中国人一般喜欢喝啤酒和白酒,而韩国人喜欢喝啤酒和烧酒。我看(到的是),中国人经常喝啤酒,而几乎不喝白酒。可是韩国人经常喝啤酒和烧酒。这个原因可能是白酒的酒味儿非常(醇)厚。我从来没有看见中国人喝白酒的场面,他们也许只在节日和祭祀等重要的日子喝白酒。

　　对酒的想法也不同。中国人和韩国人都享受饮酒。但是中国人觉得喝到喝醉前是最好(的境界),(而)韩国人觉得适当地醉(一些)起更大的劲儿(更有劲头)。所以在韩国经常看得到喝醉的人,而且酒吧也很发达。中国人一般喝酒不是主要的目的,他们去吃饭或者吃串儿(烤肉串儿)顺便喝酒,所以(酒吧)没有韩国的那么发达。(267字)

——表达自己的观点和看法的专题论说文,不仅要求在语言运用上文从字顺,而且讲求内容表达上的逻辑性和思想性,因而属于一种较高层次的书面表达测试,在新 HSK 高级之中都有所涉及。我们的教学实践中基本没能够用上论说文写作,因而所选的学生作文都来源于他处。然而,我们在平时书面的和口头的表达性练习(参见前面"口头表达测试"OPI 部分)之中,都可以适当地加进一些类似的、要求稍有降低的汉语论说练习内容。

用书面语言的形式进行自我意义表达,是一种较难掌握的言语技能。汉语为非母语的学习者有自己的经验和思想,却不完全具备准确表达经验和思想的语言形式,而汉字又是一种大异于其母语的书写体系,培养其汉语写作能力,其实就是帮助他们养成和获得一种全新的语言(思维)习惯,自然不是一件轻易的事情。国际汉语教学的实践者既要发扬"明知山有虎,偏向虎山行"的英勇无畏精神,还要掌握循序渐进、科学有效的训练方法。可以考虑从其汉语学习一开始就注意汉语书写的训练:从笔画、笔顺和部件、偏旁的练习中学会汉字书写;从由字组词、由词造句入手进行汉语句子的训练;再从句到段、由段至篇,从提供线索到自由写作——在第三章里,我们对此有详细的分析和说明。写作训练安排是这样,书面能力的考查测评也应当如此。训练也好,测评也罢,都必须注意以下三点:(1)需要表达的内容与学生的生活实际紧密相连,以便激发学生写的需求和欲望;(2)考虑到学生的实际困难,尽可能地提供一些相关材料和便利来使其能够写出东西来;(3)以鼓励为主,评定成绩时善于发现学生的长处和闪光点,而不是去挑刺儿。学生敢于写而且写出了他们的思想,这本身就值得肯定和鼓励。

测试评估,其实源于两个英语词语:testing 和 assessment。前者指"根据一定的标准和目标对某一事物的工作运行状况进行测量的系统过程"(a systematic procedure for measuring how well something works against certain criteria and objectives);后者指的是"依据特定的目标和标准全面彻底、讲求方法地对学生所取得的成就进行分析"(to thoroughly and methodically analyse student accomplishment against specific goals and criteria)及所使用的"技巧"(techniques)。可见,"测试"只是"评估"所使用的方法或技巧之一种,而"评估"的目的是促进与提高学习者的表现和运用水平。

贯穿当今第二语言教学过程始终的有两条主线:"学习者中心"和"交际性语言教学"。可以说,从开始的总体设计到最后的测试评估无不打上其烙印。"学习者中心"在测试评估阶段的表现:鼓励和激励学习者,让他们跳一跳便能够着,在够着之时(后)体验到成功和快乐,从而促使他们继续其语言学习旅程,并逐步朝着"本族语使用者水平"的理想目标靠近。新汉语水平考试对此有较好的体现,而具体落实到国际汉语教学过程中的诊断与成绩测试环节还需要更多的努力。"交际性语言教学"在测试评估阶段的体现:纠正过去对语言知识和言语技能一边倒的做法,凸显对学习者使用目的语进行真实交际交流的能力考查,即实施一种与学习者实际生活紧密相连的"基于任务/表现"的测试形式。学习者的汉语综合语言交际能力以汉语基础知识和基本技能为基础,但又在汲取汉语文化语用和汉语交际策略的养分之后超越了"双基"而上升到一个更高层面。"双基"是能力的容器和载体,策略和语用是其组织和结构,文化信息是其内容和内涵。一切为学习者考虑、从他们的实际需要出发,帮助和推动他们逐步了解并掌握汉语,将知识、技能和策略、文化语用有机融为一体,因此成为国际汉语教育教学测试评估的必然。

语言学习是一个"尝试—出错—改正—提高"的螺旋式上升过程,对该过程进行的检测与评估自当和语言教学紧密结合在一起,因为语言测试在测量和评定学习者成就的同时,也为教师的教和学习者的学提供了一种反馈,反馈则是有利于推动和促进教学的继续和发展的。美国学者威金斯与迈克泰(Wiggins & McTighe,2005)告诫我们,教师应该有评估者的意识,即在开始任何一个单元(主题)的教学之前都要清楚地知道:将使用什么样的方法去检查学生是否已经达到所期望达到的水平。检测的方法固然五花八门,有"形成性测试"与"终结性测试",有"基于表现的测试"和"文件夹式的测试",还有"基于项目/任务的测试"与"自我评估"、"展示"和"访谈"(如 OPI 和 SOPI)等。然而,不管使用哪一种方法,其主要目的都是对学习者所取得的成就进行准确的评估,并通过评估进一步去促进他们的学习。在第二语言测试中,"基于表现(任务)"、"学习者中心"和"交际性语言教学"已经成为主导性的理念或者原则,其主旨:通过观察学习者实际的语言交际活动来对其使用目的语的现有成就和水平进行评定,通过评定来鼓励、促进他们进一步学习目的语、提高运用目的语完成理解诠释、人际交流和报告展示任务的综合语言能力。一句话,语言测试的目的是:以考促学,以考促教,学教互动,最终成就学习者的语言交际能力。

诊断测试重平时、重微观,成绩测试基于平时而又面向总体目标,能力水平测试则主要关注最终成就。对语言学习进行微观测评,我们可以了解学习的过程;对语言学习进行宏观测评,我们可以看到学习的成果;对语言学习进行中观测评,我们则能够同时兼顾到学习的过程和学习的结果。将三种测评形式综合地应用于国际汉语教学,必然会对国际汉语教学的成效产生重要的影响。

语言教学旨在培养一种实际的语言交际能力,但这种能力并不是通过教师的直接传授而获得,因为能力的形成和获得必须经过至少两次的转化:第一次是从"语言文化知识"到"言语技能",第二次是从"语言基本能力"到"综合交际能力"。促成转化的催化剂是大量而有效的语言练习活动和交际实践活动。海外汉语学习者首先学得一些关于汉语的语言文化知识,再通过练习和训练活动将其转化为听、说、读、写等方面的汉语言语技能,形成一种基本的汉语语言能力,然后经过充分有效的汉语交际性操练与实际的汉语交际活动将言语技能转化为综合的交际能力。语言知识的学习引发临时语言能力,临时能力的外化成为言语技能和言语交际技能,两种技能一起内化而成为永久的语言能力,永久语言能力的外化便是综合的语言交际能力。任何一种语言都只有在经过反复的外化、内化过程之后才能真正被人习得,汉语也不例外。

汉语综合语言交际能力的获得与培养,所依赖的基础是"交际性语言教学"和"学习者中心",所遵循的基本原则包括语法、交际、文化和学习者。① 语法即包括语音、词汇、句法和汉字在内的汉语语言知识,用以保证汉语使用的准确性;以交际为主线,将课内外的教学活动交际化和语境化,则是保证"在言语中学会语言"理念的践行;注意汉外文化差异、进行汉外文化对比,培养跨文化意识和汉语文化语用能力,为的是保证汉语言交际的得体性;把学习者置于中心地位,教师成为学习的组织者、辅助者和促进者,是因为学习者才是交际能力的培养对象和最终体现。语法是基石和前提,交际是途径和目的,文化是内涵和辅助,学习者是主体和能力的拥有者、体现者,四者有机互融,表现或者推断出来的综合素质就成为汉语综合交际能力。这或许就是在国际汉语教学的整个流程之中实施国际汉语语言交际能力培养的要旨吧。

---

① 赵金铭在《对外汉语教学概论》(北京:商务印书馆,2005 年,第 146—147 页)中提出"四项原则"为:语法原则、交际原则、文化原则和综合原则。本书作者将"综合原则"改写为"学习者原则",含义与赵先生的近似。

第八章 结 语

汉语国际教育(学)(TCSOL),包括发生在我国国内、针对来华留学生的"对外"汉语教学和在学习者所在国进行的汉语作为第二语言或者外语教学两大部分。面向海外广大汉语学习者的汉语教育和教学,可以大体上分为"四类区域":(1)东亚汉字文化圈(韩国和日本)的汉语教学;(2)海外华人社会(东南亚地区)的"华文(语)教育";(3)欧美的"汉语作为第二语言(外语)教学";(4)海外其他地区和人群的"汉语作为第二语言(外语)教学"。这种划分,既是基于对汉、外文化和语言的距离考虑,又与来华留学生来源以及汉语教育(学)开展的现状相联系。

本书主要针对发生在海外的"国际"汉语教育(学)之第一、第二类区域,也就是以韩国和泰国汉语学习者为具体的实例,来对"国际汉语语言交际能力"的结构模式、培养现状和教学对策进行理论联系实际的探讨和论述。

第一节 对全书主要观点的总结

对于"国际汉语语言交际能力"的结构模式,我们的结论是:国际汉语语言交际能力由四种要素结构而成:(1)汉语语言知识(包括汉语拼音、汉字、词语、语法、功能、话题和语篇知识);(2)汉语言语技能(即完成接受、产出、互动和中介型汉语语言活动的技巧和能力,如听、说、读、写、译等);(3)汉语文化语用能力(包括对中国文化知识、中国文化理解、跨文化意识、汉语语用规则的掌握和使用);(4)汉语策略能力(包括学习者在汉语学习与运用过程中所使用的那些能够促进学习和完成交际任务的技巧和方法)。国际汉语语言交际能力获得的过程为:一个(主要通过遗传获得的)生理、心理相对健全的外国成年人(也可能包括相当一部分未成年的中、小学生)在一定的环境中,带着一定的情感和态度,运用一定的学习策略来学习汉语语言文化知识,掌握包括进行口头和书面的理解与表达的汉语言语技能,调动其已有(通过母语习得与社会生活实践而掌握)的世界知识,逐步形成其汉语基本语言能力;这种基本能力在学习者所习得的汉语语用规则(或交际文化)的指引下,在其所掌控的汉语交际策略的调节下,通过大量模拟和真实的汉语语言交际活动,逐渐转化为汉语综合交际能力。

对韩国国立庆尚大学校 59 位汉语专业学生总共 194 份汉语作文语料的分析发现:(1)韩国学习者在书面汉语使用的各个层面都存在不足,表现出来的偏误分为四类:汉字偏误(16.5%)、词语偏误(29.5%)、句法偏误(44.25%)、语篇偏误(9.75%)——字词句层面上的使用偏误超过 90%;(2)汉字上的常见偏误为:使用同音、近音字和错、别字来替代本字。词语上的常见偏误为:词语误用和生造词语。句法上的偏误包括语序不当、搭配不当、句子成分和虚词的误用。语篇上的偏误包括标点断句、组句成段和语句间的连贯与衔接;(3)尽管存在着各种语用偏误,韩国学生的汉语书面表达能力从总体上看还是令人鼓舞的:三、四年的专业学习已经使其具备了一种基本的汉语语言能力。但要准确、流利而得体地使用汉语来进行综合的理解和表达获得,则需要更多专门的训练。

在国际汉语教学中进行书面表达能力的训练,其实是帮助和促成学习者完成从已有的深层意义命题到正在学习和掌握的表层汉语语句语篇的转换,也就是从已经完全适应了的母语书面表达习惯向并不熟悉的汉语书面表达习惯逐步靠拢。这一过程可以通过两大途径来完成:(1)在综合课中进行汉语语言要素基础知识的学习和基本汉语书写技能的训练;(2)开设专门的汉语写作课,从字、词、句、篇等层面来进行汉语书写的强化训练,从组句、组群、成段、成篇的渐进性实践活动和记叙、说明、议论、应用文体写作的训练活动中,来对学习者的汉语语言组织能力和不同文体写作能力循环往复地进行更具针对性的强化训练。

对泰国 3 所大学 22 位中文专业学生进行的"文化语用能力问卷"调查发现:(1)朱拉隆功大学的学生在汉语文化词语的理解和日常情境中的语言使用上表现出较强的能力水平;(2)孔敬大学的学生也表现出比较好的能力水平;(3)碧武里皇家师范大学的学生则表现出明显的不足,并不完全具备使用汉语进行日常交际活动的基本能力。分析发现,差距形成的原因主要有两类:(1)学校的档次及其汉语教学水平不同;(2)学生现有的汉语基础和努力程度有别。从"教师问卷"中得知,三所学校均未开设专门的汉语文化语用课,语用内容只是在课本学习的过程中偶尔有所涉及。使用的汉语教材里面缺乏相关内容,很少有使用汉语进行交流和沟通的真实语境(和机会),个人的学习努力程度不够,母语文化具有顽固的影响……所有的因素都影响着学习者汉语文化语用能力的形成和提高。

对泰国4所大学里37位学生进行的"汉语学习者策略问卷"调查发现:(1)他们在不同程度上都有意无意地使用着各种汉语学习、运用和管理的策略方法;(2)他们在策略使用上既表现出了共性,也存在着差异。学生最为常用的记忆策略依次为:机械重复、关键词语、动作联想和语境上下文,最常用的认知策略依次是:使用程式化的语句、利用语言资源、进行有效推理和归纳总结,最常用的补偿策略依次是:要求对方说明或者澄清、进行语码的转换、使用非言语手段。学生很少使用甚至几乎不用的记忆策略包括:利用声音形象和分类组群,很少使用甚至几乎不用的认知策略有:语言分析、记笔记、快捷领会意义意图、在自然条件下学习,很少使用甚至几乎不用的补偿策略有:自创词语和迂回表达。学生最为常用的元认知策略依次是:明确学习目标、聚焦学习内容、对学习过程进行评估和监控、谨慎(有把握地)表达,最常用的情感策略依次是:利用音乐和游戏来缓解紧张和焦虑与以积极的态度、自我鼓励、信念意志和冒险精神来调适情绪状态,最常用的社交策略依次是:使用语用文化理解、与同伴合作学习、提问以求澄清和运用移情(替对方着想)。学生很少使用甚至几乎不用的元认知策略有:详细地计划和安排学习、主动寻求练习实践的机会和明确具体的学习目标,很少使用甚至几乎不用的情感策略有:记日记来自我倾诉、用笑声或者运动来自我缓解,很少使用甚至几乎不用的社交策略有:通过影像资料进行语用模仿、跨文化习俗比较、与善学者进行学习交流和求同存异以维系交际的进行。

中、高级水平的受试者和启蒙、初级水平的受试者都是间接策略的使用多于直接策略,但前者是同时"有时"或者"经常"使用着两类策略,而后者很少使用直接策略,说明中、高级水平的学习者在基本上掌握了语言形式之后更多地注意对汉语学习和使用过程中的认知、情感和交际行为的自觉管理和调控,启蒙、初级水平的学习者则因为语言形式掌握严重不足而在自己的汉语学习、师生交流过程中不得已而采取了"补偿"性对策。初、中级水平的受试者则表现出了完全不同的策略使用情形:直接策略的使用多于间接策略。这大概是因为他们在现有水平上不得不将更多的时间和精力投放在语言形式的学习和掌握之中。

两项调查问卷结果表明,学习者在经过三四年的在校专业学习后能够具备一定的汉语综合交际能力,但他们在汉语文化语用和策略运用方面还存在着明显的缺憾。这种缺憾可以在有效的国际汉语教学活动中逐步得以消除,譬如:在文化语用方面,可以通过激发学生的学习兴趣、增加教材中的文化语用含量、加强课堂教学中的文化语用因素渗入、在课堂内外创设真实或准真实的交际环境等方式来提高学生的汉语文化语用意识和能力;在策略能力方面,可以使用嵌入式或渗透于教材中的策略训练、附带式的自助式策略学习指南和专门的语言学习和交际策略培训中心等方法来进行针对性的引导和培训。对国际汉语教学来说,前两种策略能力训练方式更为切实可行。

汉语基本语言能力和综合交际能力在经过一定时限的学习和实践后是可以逐渐获得的,在这一获得过程中,国际汉语教学应当也可以大有作为。总体设计固非个人所能够承担,但教材编选、课堂教学和测试评估构成每一位国际汉语教师的日常工作。在这三个教学阶段或者环节如何培养和促成学习者的汉语语言交际能力,是本书第三部分探讨的话题。

对14部对外汉语教材进行的分析,让我们清理出一条从"结构"到"结构+功能"再到"结构+功能+文化"的教材编写路子,同时也发现了一些值得肯定和发扬光大的教材编写经验和技巧。我们发现,没有哪一种现有的教材可以直接应用于国际汉语的教学实践之中,因而提出"适合于特定教学语境"的国际汉语教材概念。这种教材是国际汉语教师在掌握尽量多的教材资料的基础上依据自己的具体教学语境而选编出来的,其内容和形式可能各不相同,但都应当体现出"学习者中心"、"交际性语言教学"和"汉语文化语用"的理念。

第二语言习得研究发现,课堂教学只有在其内容和手段上与学习者主体的心理状态相吻合之时才会对第二语言习得发生促进和加速的作用。在第二语言教学已进入"后方法时代"的今天,语言课堂教学实际上兼收并蓄地利用着历史上出现过的各种教学方法,但所有的方法都围绕着两条主线:"学习者中心"和"交际性语言教学"。于是我们通过一个真实的课堂教学案例("交际汉语"的启蒙单元)来对国际汉语课堂教学在内容选择和教法运用上如何体现"针对性"、"交际性"和(目的语,即汉语)"规范性"原则进行现身说法。

　　对新、旧汉语水平考试进行的对比分析,使我们清理出一条从重"双基"到"综合"的"基于运用(表现)"的汉语能力水平测试发展脉络。以此为切入点,我们对国际汉语日常教学中如何进行诊断性测试、在阶段教学后如何实施课程成绩(或学业成就)测试等问题进行了富于实践性的探索,其中涉及的测试案例大多都是我们在泰国从事国际汉语教学期间实际使用过的材料。

　　语言教学的目的是培养实际的语言交际能力,但是语言交际能力并不是通过教师的直接传授而获得,因为交际能力的形成和获得必须经过至少两次的转化:第一次是从"语言文化知识"到"言语技能",第二次是从"语言基本能力"到"综合交际能力"。促成转化的催化剂是大量而有效的语言练习和交际实践活动。我们因此提出以下两点主张:其一,在整个国际汉语教学过程中都贯穿"学习者"和"交际实践"的因素,组织和帮助学习者"在交际中学会交际"、"在言语中学会语言",以便促成由汉语知识到汉语言语技能的第一次转化,即汉语基本语言能力的获得;其二,将课堂教学活动与实际交际活动紧密地结合,尽量为学习者创设一个比较真实的汉语言交际环境,让他们有比较多的机会在真实的汉语交际活动中练习和检验自己学到的知识和技能,从自己的成功和失误中学到更多的知识、技能,更多的文化语用规范和汉语交际策略或技巧,从而实现能力的第二次转化,即:从汉语基本语言能力发展到汉语综合交际能力。

　　经过对国际汉语教学流程的全面考察,我们发现,贯穿这一流程始终的理念或者原则其实只有两个:"学习者中心"和"交际性语言教学"。我们固然还可以将其分解为诸如语法、交际、文化和学习者的细则,但只要我们抓住了"学习者"和"交际"这两条主线,盯住了教学的主体、能力的体现者和教学的途径和培养目标,我们的国际汉语教学就一定能够取得新的进展和新的成功。为此,我们对今后的国际汉语教学工作提出四点建议。

　　第一,在汉语基本语言能力培养过程中,应当注意在"听说领先"的前提下,逐步开展对学习者读、写能力的培养。汉语书面表达能力一直是海外汉语学习者普遍感到最难掌握的技能项目,但往往又是其汉语水平和能力的重要体现,而且具有促进其他言语技能发展和汉语文化语用意识提升之功效,因此,高效的汉语写作训练在国际汉语教学中具有特别的意义。有意识的汉语写作训练可以在汉语学习一开始就在综合课的教学中渗透进行,又可以考虑在适当的时候开设专项的汉语写作技能训练课,以便对学习者进行更具针对性、更加系统的汉语书面表达能力训练。

第二,在学习者掌握了汉语听说读写基本言语技能之后,应鼓励和鞭策他们继续努力,并在教学过程中有意识地加入更多的汉语文化语用知识和技能成分。汉语文化语用的教学应该坚持将潜移默化的隐性教学与有意识培养的显性教学相结合的原则,可以在词语教学的过程中即兴地加入特定词语文化意义的解说,可以在听说教学中适当地加入对相关汉语语用规则和技巧的介绍和运用方面的训练,在教学用语言材料和测试用语言材料中更应注意融入一些汉文化和语用的成分。也就是说,要强化语用文化意识,想方设法将语用文化因素的学习渗透在课堂内外的教学活动之中,通过课堂内的教学活动和课堂外的实际交际活动来帮助学习者在学习和使用汉语的过程中掌握得体地进行汉语交际交流的能力。

第三,将语言学习和管理学习的策略方法有机地融入国际汉语教学过程之中。学习者在语言学习过程中一直会使用一些策略和方法,对他们进行针对性的策略运用培训将会起到提高语言学习和使用功效的作用。进行策略训练的目的是帮助学习者了解影响自己汉语学习的各种因素,找到最适合于自己的汉语学习与汉语交际策略技巧,学会灵活地运用这些策略技巧来促进其汉语学习过程和汉语交际活动的顺利完成。培训可以分两步进行:第一步,通过教师的解说和学习者自学帮助他们识别出自己所使用的那些策略方法;第二步,通过自助式的策略指南、学习策略的集中培训和同伴间的学习经验交流等形式,引导他们建立自己的策略方法总目录,并帮助他们学会根据特定任务从中选取有效的策略和方法。

第四,学习者国际汉语语言交际能力的培养和促成,是一个渐进的漫长过程,所以要贯穿国际汉语教学的始终。国家已经制订了国际汉语推广、国际汉语教育教学的总体设计和规划,从事国际汉语教学实践的我们则应当在"教材编选"、"课堂教学"和"测试评估"这些具体细致的教学环节之中将能力培养目标落到实处。教材可以多种多样,但只有"适合于特定教学语境"的才是适宜的教材;课堂可以各不相同,但只有体现着"学习者中心"和"交际性语言教学"的才是有效的课堂教学;测评可以千差万别,但只有体现了"基于运用(表现)"且发挥了"以考促学、以考促教"的功用才会是得当的测试评估。把汉语语言交际能力培养目标细化、落实到教学的各个环节,国际汉语教学的总体培养目标就有可能最终达成和实现。

第二节　对国际汉语教学的反思

　　每一个第二语言学习者都希望能够达到本族语使用者的那种"地道水平"，但由于种种主客观的因素，最终达成这一目标的只会是极少数。第二语言教学的现实目标因此而成为：帮助学习者达到一个相对具体而实用的目的，也就是获得不同层次和不同阶段的第二语言能力。这是一种不断在发生变化、逐渐在向目的语靠近的"过渡性"语言能力。对于国际汉语教学来说，理想的目标是培养广大海外汉语学习者的汉语综合交际能力，但更为现实的目标则是通过一定时间的学习来掌握一定层次的汉语基本语言能力，也就是能够使用汉语来进行日常的听、说、读（或写）等方式的意义协商活动；如果可能或者需要，通过继续的学习和运用，掌握更多的汉语文化语用知识与技能，学会适合于自己的汉语学习与交际策略方法，来获得一种更高层次的汉语综合交际能力。基本的汉语语言能力更多地靠近学习者的母语，母语的影响自然比较明显，综合的汉语交际能力则更多地趋向于中国人所使用的汉语，具备这种能力的"老外"使用起汉语来于是就显得"得体"、"自然"和"地道"。然而，在大多数的情况下，国际汉语教学的主要任务是汉语"普及"，普及的目标则是让海外的汉语好奇者和爱好者接触汉语、认识汉语、了解汉语，然后帮助他们逐渐获得某种汉语的基本语言能力。只有具备这一能力，他们才有可能饶有兴趣、充满信心地在汉语学习的道路上继续走下去。也唯有在此时，"提高"的要求、需要和动机才会出现。继续学习的要求、需要和动机一旦得以产生，内因和外因便可以开始共同发挥作用，推动学习者一步一步地朝汉语的综合交际能力目标靠近。

　　构成汉语基本语言能力的两大要素可以通过有效的课堂教学活动和实际的汉语交际活动而逐渐获得与掌握，学习者在掌握这些知识和技能之后便可能使用汉语来进行基本的表情达意或意义协商活动。然而，因为缺乏对汉语话语文化内涵的准确把握而极可能出现理解和表达上的失误，语用方面的失误可能表现在语调、语气、重音、语速和停顿等语音因素上，可能表现在词语蕴含意义的误用和误解（所谓的"知识文化"）上，也可能表现在语用习惯、价值观念、思维方式和心理状态等"交际文化"因素上。所以,基本的语言能力有待于上升到综合的交际能力,因为只有具备这种综合能力,汉语使用者才能够在多种语境和场合中完成合适、得体的汉语理解与表达的交际活动。但这并不是说,汉语的交际交流活动只是在具备综合的交际能力之后才可以发生。事实上,在跨语言、跨文化的交际过程中还存在着一个意识、理解和宽容的问题,也就是说,跟一个"老外"进行汉语的交际交流活动,我们已经预先有了一个思想和心理上的准备,将随时对他们表现出来的一些语言失误或者语用偏误加以谅解,并尽量依据具体的语境来寻找某种最佳的意义关联,推知说话人(写作者)的真实意图,从而实现交际、交流的目标。因此,树立和培养国人与海外汉语学习者跨语言、跨文化的意识、理解和宽容,也就是温家宝于 10 多年前在美国哈佛大学演讲中所倡导的"和而不同"理念,也是促进汉语国际推广事业与使用汉语进行国际交流和沟通的一项重要任务。伴随着全球化进程的加速前行、中国综合国力的持续提升和国人民族自信心的逐步加强,这种跨语言和跨文化的意识、理解和宽容一定会在国人中间得到逐渐的建立和强化。

中国的对外语言文化交流源远流长,中国的对外汉语教学事业却非常年轻,中国的国际汉语教育教学才刚刚开始。然而,无论是曲曲折折 60 年的对外汉语教学,还是开始不足十年方兴未艾的汉语国际教育都已显现出强劲的发展势头,一"内"一"外",已然成为汉语作为第二语言教学的两条健壮"长腿",正在伴随着民族复兴、国家强盛的历史进程阔步前行。但是,任何一个国家、一个民族都不可能一直在世界的舞台上独领风骚,历史的发展毕竟是"江山代有才人出"。为此,我们在为所取得的成就感到欢欣鼓舞的同时,也不无怀有丝丝居安思危的忧虑。如果我们在目前这难得的历史机遇中不能够聚集起雄厚的"内力"、练就盖世的"内功",从一开始就切实抓好国际汉语教学的语言交际能力培养工作,不能够让广大的海外汉语学习者在尽量短的时间之内掌握不同层次、不同程度的使用汉语来进行交际交流的真本事,我们现在引以为自豪的全球汉语学习热就完全可能在短时间之内迅速降温,甚至一直冷却下去。

假如每一位从事国内对外汉语教学工作和海外国际汉语教育教学工作的同人从我做起,从现在做起,都开始树立起一种汉语语言交际能力培养的职业意识,都能对这种能力的构成要素有比较清楚的了解,并对海外汉语学习者的能力层次现状有一个相对明确的认识,都开始从"教材选编"、"课堂教学"到"测试评估"各个教学环节有意识地去渗透这种能力成分培养的养分,国际汉语教学的成效和质量就一定会在并不太长的时间里得到显著的提升,国际上能够在不同场合、不同层次使用汉语来进行跨文化、跨语言交际、交流的人也就必然越来越多。到那个时候,我们大家或许就可以安安心心地坐下来,长长地出上一口气:我们没有辜负这个时代,没有错失那难得的良机;我们的汉语还在发热,而且会持续地热下去!

参考文献

一、专著

(一)中文类

[1]常敬宇:《汉语词汇文化》,北京:北京大学出版社,2009年。

[2]陈瑞祥:《汉字的奇迹——汉字的逻辑与智慧》,北京:中国商业出版社,2007年。

[3]杜道明:《汉语作为第二语言教学文化概说》,北京:北京大学出版社,2008年。

[4](南朝·宋)范晔:《后汉书》卷七十九,北京:人民文学出版社,1996年。

[5]何培忠:《当代国外中国学研究》,北京:商务印书馆,2006年。

[6]国家汉办代表处驻泰国代表处:《志愿·青春·泰国——志愿者必读》,2010年。

[7]蒋丽萍:《汉语作为第二语言课堂教学》,北京:北京大学出版社,2011年。

[8]李泉:《对外汉语教学理论研究》,北京:商务印书馆,2006年。

[9]李晓琪主编:《对外汉语阅读与写作教学研究》,北京:商务印书馆,2006年。

[10]凌德祥:《走向世界的汉语》,北京:文化艺术出版社,2006年。

[11]刘伯奎:《中华文化与汉语语用》,广州:暨南大学出版社,2004年。

[12]刘颂浩:《第二语言习得——对外汉语教学视角》,北京:世界图书出版公司,2007年。

[13]刘勰:《文心雕龙·章句第三十四》,北京:人民文学出版社,2000年。

[14]吕必松:《汉语和汉语作为第二语言教学》,北京:北京大学出版社,2007年。

[15]吕必松:《关于语法研究和语用研究的一些想法》,郑州:河南教育出版社,1994年。

[16]罗青松:《对外汉语写作教学研究》,北京:中国社会科学出版社,2002年。

[17]钱冠连:《汉语文化语用学》,北京:清华大学出版社,2002年。

[18]彭聃龄:《普通心理学》,北京:北京师范大学出版社,2004年。

[19]瞿麦生:《汉语交际得体性》,北京:线装书局,2007年。

[20]申小龙:《汉语与中国文化》,上海:复旦大学出版社,2003年。

[21]盛炎:《语言教学原理》(内部资料,03000),教育部汉语作为外语教学能力认定工作委员会办公室。

[22]唐雪凝:《对外汉语语用的多维度研究》,青岛:中国海洋大学出版社,2007年。

[23]文秋芳:《英语学习策略论》,上海:上海外语教育出版社,1996年。

［24］于根元、夏中华、赵俐等:《语言能力及其分化——第二轮语言哲学对话》,北京:北京广播学院出版社,2002 年。

（二）英文类

［1］Brown, H. Douglas . *Principles of Language Learning and Teaching* . Beijing: Foreign Language Teaching and Research Press.2002.

［2］Brown, H.D.*Principles of Language Learning and Teaching*. New Jersey: Prentice-Hall Inc.1987.

［3］Brown, H.D.*Teaching by Principles: An Interactive Approach to Language Pedagogy*.Beijing: Foreign Language Teaching and Research Press,2001.

［4］Chomsky, Noam.*Aspects of the Theory of Syntax*.Cambridge, Mass.: MIT Press,1965.

［5］Cohen.Andrew D.*Strategies in Learning and Using Second Langauge* .Beijing:Foreign Language Teaching and Research Press,2008.

［6］COULMAS, FLORIAN.*The Handbook of Sociolinguistics*.Beijing:Foreign Language Teaching and Research Press,Blackwell Publishers Ltd.,2001.

［7］Faerch,C.K.Haastrup, and R.Phillipson.1984.*Learner Language and Language Learning* . Copenhagen:Gyldenals Sprobibliotek,1984.

［8］Halliday,M.A.K.1970.*Language structure and language function*.in Lyons, ed.,1970.

［9］Hymes, D.1972.*On communicative competence*.in Pride and Holmes, eds.,1972.

［10］Larsen-Freeman, D.*The "what" of second language acquisition*.In Hines and Rutherford, eds.New York,1982.

［11］Larsen-Freeman,Diane & Long, M.H.*An Introduction to Second Language Acquisition Research*.Beijing:Foreign Language Teaching and Research Press,2000.

［12］Richards,Jack C.Rodgers,Theodore S.*Approaches and Methods in Language Teaching*.Beijing:Foreign Language Teaching and Research Press,Cambridge University Press.2000.

［13］Saussure, Ferdinand de. 1916. *Cours de linguistique généale. (Course in General Linguistics)*.Translated by Wade Baskin.New York:McGraw-Hill Book Company,1959.

［14］Savignon, S.*Communicative Competence: Theory and Classroom Practice*. Reading, Mass.: Addison-Wesley,1983.

［15］Skehan, Peter.*A Cognitive Approach to Language Learning*. Shanghai: Shanghai Foreign Languages Education Press,1999.

［16］VERHOEVEN, LUDO.*Sociolinguistics and Education*.Beijing:Foreign Language Teaching and Research Press,Blackwell Publishers Ltd.,2001.

［17］Verschueren, Jef.*Understanding Pramatics* .Beijing:Foreign Language Teaching and Research Press,Edward Arnold(Publishers)Limited,2008.

［18］Widdowson, H.G.*Teaching Language as Communication*,上海:上海外语教育出版社,1999 年。

二、论文

(一)中文类

[1]陈宏:《语言能力测验的结构效度检验》,《世界汉语教学》1999年第1期。

[2]崔永华:《基础汉语阶段精读课堂教学结构分析》,《世界汉语教学》1992年第3期。

[3]范开泰:《论汉语交际能力的培养》,《世界汉语教学》1992年第1期。

[4]金立鑫:《"教师、教材、教法"内涵和外延的逻辑分析》,《语言教学与研究》2009年第5期。

[5]李宇明:《海外华语教学漫议》,《暨南大学华文学院学报》2009年第4期。

[6]鹿士义:《词汇习得与第二语言能力研究》,《世界汉语教学》2001年第3期。

[7]齐沛:《对外汉语教材再评述》,《语言教学与研究》2000年第1期。

[8]王志刚、倪传斌、王际平、姜孟:《外国留学生汉语学习目的研究》,《世界汉语教学》2004年第3期。

(二)英文类

[1]Canale,Michael and Swain,Merrill."Theoretical bases of communicative approaches to second language teaching and testing".*Applied Linguistics* 1980(1).

[2]Bachmann,L.,and A.Palmer."The construct validation of some components of sommunicative proficiency".*TESOL Quarterly* 1982(16/4).

[3]Bialystock,E."The role of linguistic knowledge in second languhuage use".*Studies in Second Langauge Acquisition*,1981(4):31-45.

[4]TARONE,E."Communicative strategies,foreigner talk and repair in interlanguage".*Language Learning*,1980(30):417-431.

三、文件标准

[1]中华人民共和国教育部:《普通高中英语课程标准(实验)》,北京:人民教育出版社,2003年。

[2]教育部高等教育司:《大学英语课程教学要求(教学大纲)(试行)》,北京:清华大学出版社,2004年。

[3]国家汉语国际推广领导小组办公室:《国际汉语能力标准》,北京:外语教学与研究出版社,2007年。

[4]国家汉语国际推广领导小组办公室:《国际汉语教学通用课程大纲》,北京:外语教学与研究出版社,2008年。

[5]国家汉语国际推广领导小组办公室:《国际汉语教师标准》,北京:外语教学与研究出版社,2007年。

[6]欧洲理事会文化合作委员会:《欧洲语言共同参考框架:学习、教学、评估》,刘骏、傅荣主译,北京:外语教学与研究出版社,2008年。

四、讲座报告

[1]张慧君:《新汉语水平考试:基于汉语世纪交际能力的评估》,天津(南开大学):跨文

化交流研讨会,2010 年 7 月。

[2]韩春华:《汉语语法特点与中国文化》,西安(陕西师大):第三届语言学与华文教学工作坊,2010 年 7 月。

[3]郭熙:《汉语教学类型的划分和新马菲的华文教学》,西安(陕西师大):第三届语言学与华文教学工作坊,2010 年 7 月。

[4]吴伟平:《说话得体:来自社会语言学的启示》,西安(陕西师大):语言学与华文教学工作坊,2006 年 6 月。

[5]吴应辉:《国际汉语教学学科建设及汉语国际传播研究探讨》,西安(陕西师大):第三届语言学与华文教学工作坊,2010 年 7 月。

[6]许嘉璐:《解放思想 交流经验 共探新路——在"国际汉语教育人才培养研讨会"开幕式上的讲话》,北京:2006 年。

附　　录

附录一　美国的口语水平访谈（OPI）

1982 年,美国外语教学学会(ACTFL)首次公布了 Proficiency Guidelines(水平指南)与 Oral Proficiency Interview(OPI,即口语水平访谈)。1999 年,又对其进行了修订和更新。

OPI 呈"四级金字塔结构":初级、中级、高级、最高级。初、中、高级又各分 3 个小级,总共 10 个等级:

1)Novice-Low,2)Novice-Mid,3)Novice-High(初级)

4)Intermediate-Low,5)Intermediate-Mid,6)Intermediate-High(中级)

7)Advanced-Low,8)Advanced-Mid,9)Advanced-High(高级)

10)Superior(最高级)

四大级别的评量标准分别为:

初级

完成任务和语言功能:使用记忆性及公式般的词和短语,完成非常有限的沟通功能,语言不具有任何创造性,仅限于背诵记忆性和公式化的层次。

情境和话题:日常生活中,每天最常经历的熟悉情况。

正确性:对习惯和非以中文为母语的人交谈而言,仍难以理解。

代表性的语言结构:个别词和短语。

中级

完成任务和语言功能:具有简单问题的问答能力,会问简单的问题并回答简单问题;有开始一段简单对话并延续对话和结束对话的能力;语言开始具有创造性,不再依赖记忆性的词、短语和单句。

情境和话题:一般非正式的话题,具有可预测性的、熟悉的日常活动和少数稍具正式性的话题(transactional situations)。

正确性:与不以中文为母语的人交谈时,借着重复的技巧,能理解所表达的内容。

代表性的语言结构:不具段落性、连贯性的句子(discrete sentences)。

高级

完成任务和语言功能:比较、叙述并说明过去、现在、未来的事件及经验,具备处理复杂的突发情况的语言能力。

情境和话题:大部分属于非正式的话题,有一些为正式的话题,是跟个人有关并能够引起大众兴趣、广为讨论的话题。

正确性:虽不习惯和不以中文为母语的人交谈,但理解表达内容,没有什么困难。

代表性的语言结构:句子之间具有连贯性,构成连贯的段落(paragraphs)。

最高级

完成任务和语言功能:广泛充分讨论,支持意见和论点,提出假设,语言表达已具有处理非熟悉语境的能力。

情境和话题:大部分正式和非正式的话题,一般有兴趣和引起广泛兴趣的话题,一些有特定领域、与个人专长有关的话题。

正确性:基础语言结构句型没有错误,若出现些微错误,也不会打断沟通、干扰沟通的流畅性,或者让听众产生困扰或误解。

代表性的语言结构:串联好几个段落,具有篇章性的结构(extended discourse)。

附录二 汉语文化语用能力调查问卷
Questionnaire on Chinese pragmatic competence
2011.1

一、学生部分

同学们：

感谢您参与本次调查问卷。

Thank you for your time spent to complete this questionnaire.

请在您认为合适的选项前面打"√"，或者用笔写出您的答案。

Fisrt of all, please mark a tick "√" before the appropriate options(1,3,6) or write down your answers to the questions(2,4,5).

个人资料 Personal Information：

1.华裔 Are you Ethnic Chinese?

□是 Yes ／ □否 No

2.母语 Native Language：

3.专业 What is your major?

□中文 Chinese/ □非中文 Others

4.所在学校 School/Organization：

_____

5.学习汉语时间 How long have you been studying Chinese?

_____

6.汉语水平 What is your Chinese language level?

□零起点 beginner □初级 primary

□中级 intermediate □高级 senior

（本问卷共包括<u>三个部分</u>）

第一部分 Section 1

请在您认为合适的选项前面打上"√"。

Please mark a"√" for each item before the appropriate option.

1.甲:你了解他吗?

乙:他啊,就是一只花蝴蝶嘛。

乙想说的意思是:

A.他人很帅(漂亮)　B.他的衣服很好看　C.他对感情不认真

2."小李是个乌鸦嘴。"这句话的意思是:

A.小李的嘴很黑　B.小李说话不吉利　C.小李喜欢说闲话

3."他就是山窝里飞出的金凤凰。"这句话的意思是:

A.他出身贫寒却有出息　B.他是从农村来的　C.他刚刚得了个女儿

4."他跟女朋友谈了半年恋爱后,黄了。"这句话的意思是:

A.他们分手了　B.他们结婚了　C.可以继续谈

5.如果要形容一个姑娘漂亮可爱,你会选择哪一个比喻?

A.她像一个桃子　B.她像一只狐狸　C.她像一个仙女

6."她的身材简直像杨贵妃。"这句话的意思是说:

A.她有点瘦　B 她有点胖　C 她有点高

7."他恐怕是见周公去了。"这句话的意思是:

A.他已经死了　B.他去看一个姓周的长辈　C.他已经睡着了

8."好一个女张飞!"这句话的意思是:

A.她很鲁莽(粗心)　B.她像一个男人　C.她名叫张飞

9."他可是我们这里的诸葛亮。"

这句话的意思是:他是我们这里_____。

A.最聪明的人　B.的领导或上级　C.不受欢迎的人

10.甲:你认识他爱人吗?

乙:认识啊,我还是他们的红娘呢。

这里的"红娘"和下面哪个词语的意思不一样?

A.月老　B.介绍人　C.伴娘

11."你真是个活雷锋啊!"这句话的意思是:

A.你长得像一个人　B.你喜欢帮助别人　C.你长得像个坏人

12."她简直就是个阿Q。"这句话的意思是：

A.她长得胖像个Q　B.她很热情、善良　C.她会自欺欺人

13."他喜欢给别人穿小鞋。"这句话的意思是：

A.他给别人不合脚的鞋　B.他喜欢报复别人　C.他喜欢送人小礼物

14."他就真是个马大哈。"这句话意思是：

A.他很粗心　B.他很善良　C.他很自信

15."他去见阎王了！"这句话的意思是：

A.他见了一个人　B.他已经死了　C.他运气不好

16."他是我们公司的掌门。"这句话的意思是：

A.他是公司的领导者　B.他是公司的看门人　C.他是公司的发言人

17."小李是过来人了。"这句话的意思是：

A.小李有很多经验　B.小李从别的地方来的　C.小李做过一件事情

18."哪里来的小道消息？"这句话的意思是：

A.这是不公开的秘密　B.这是不正式的消息　C.这是小型的报纸

19."他们两个可是在唱对台戏。"这句话的意思是：

A.他们的意见不一样　B.他们两个合作演戏　C.他们在一起合作

20."他这样做其实就是画蛇添足嘛。"这句话的意思是：

A.他没必要这样做　B.他这样做很好　C.他这样做还不够

21."他不过是狗仗人势而已。"这句话的意思是：

A.他和狗一样的忠诚　B.他对狗像对人一样好　C.他依靠别人的势力

22."我们现在可真是四面楚歌啊！"这句话的意思是：

A.我们的情况很不好　B.我们现在状况很好　C.我们周围有很多人唱歌

23."不用担心，事情一定会水落石出的。"这句话的意思是：

A.情况肯定会好转　B.一定会知道事情的真相　C.情况会变得更糟糕

24.你的中国朋友对你说："我有喜了"。

她想说的意思是：

A.我有好的事情　B.我已经怀孕了　C.我特别高兴

25."他永远离开我们了。"

你认为这句话的意思是：

A.他要长时间离开　B 他已经死了　C.他要到很远的地方去

26."哇,你这字写得可真是龙飞凤舞啊!"这句话的意思是:

A.你的字很差　B.你的字很好　C.你的字还可以

27.当你看到"绿油油"、"红彤彤"、"黄澄澄"之类的词语时,你的感觉是:

A.啰里啰唆　B.比较好玩　C.十分形象

28.如果你看到"蚂蚁上树",你会认为那是:

A.一幅画　B.一道风景　C.一道菜

29.中国人不喜欢"四"和"七"的数字,这是因为:

A.它们不好听　B.它们不好看　C.它们不好说

30."今年一开年就来了个开门红!"

这句话的意思是:

A.打开门见到了红色　B.事情开始得顺利　C.事业进行得艰难

第二部分 Section 2

请在您认为合适的选项前面打上"√"。

Please mark a"√" for each item before the appropriate option.

1.你在路上看到了一个走路一瘸一拐的人,你可能会跟同伴这样说:

A.他是个瘸子　B.他腿脚不太好　C.他腿脚有病

2.你会这样形容长得比较胖的男人:"他很_____。"

A.富态　B.肥胖　C.丰满

3.如果有人说:"我去方便一下。"他的意思是:

A.他要去洗手间　B.他要去抽烟　C.他要去休息

4.你的朋友来你家找你,对你说:"我最近手头有点紧。"你觉得他是什么意思?

A.他的手有问题　B.希望你能借钱给他　C.告诉你他需要钱

5.你会对一个比较瘦的女人说:

A.你太瘦了　B.你很苗条　C.你胖一点会更漂亮

6.有人对您说:"她是那种女人。"

你会认为这句话的意思是:

A.她人很讨厌　B.她长得很丑　C.她生活作风有问题

7.你认识的一个人昨天晚上死了,你会怎样说:

A.他昨天晚上去世了　B.他昨天晚上死了　C.他昨天晚上蹬腿儿了

8.你做饭的时候不小心把碗给摔碎了,你可能会这样说:

A.哎呀,碗碎了　B.碎碎平安嘛　C.没关系,再买一个

9.在别人家做客,客人一边看表一边说:"呀,都九点了。"

他的意思是:

A.时间不早了　B.我应该走了　C.告诉现在的时间

10.主人送客人到房门外面,客人说:"好了,你回去吧。门没锁。"

客人的意思是:

A.你回去把门锁上　B.你不用再送我了　C.你没锁门,真好

11.你的中国朋友告诉你他的想法,但是你不同意他的看法,你会这样说:

A.我不同意你的看法　B.我有个想法不知道对不对

C.你的想法很好,但我觉得……

12.你的同屋经常很晚休息,影响到你的正常学习和休息。当他(她)再次这样做的时候,你会:

A.保持沉默(keep silent)　B.告诉他这样让你很不高兴　C.跟她吵起来

13.如果你的老板(李力)认为你把文件写错了,但实际上你并没有写错,你会:

A.保持沉默(keep silent)　B.承认自己错了并道歉

C.告诉他你自己是对的,是他错了

14.如果老师讲的课你听不懂,你会:

A.保持沉默,什么也不说　B.在他/她上课时直接告诉他/她你听不懂

C.装作听懂的样子,课后再告诉他/她你听不懂

15.有人对你说:"帮我拿一下东西,好吗?"可是你并不想拿。你会这样说:

A.不好,你自己拿吧　B.真不好意思,我现在有事　C.我觉得你自己可以拿

16.天气很好,你看到女同学李梅打扮得很漂亮,你会这样和她打招呼:

A.李梅,你好　B.今天天气真好　C.今天真漂亮

17.老师今天穿了一件漂亮的裙子,你会说:

A.老师的裙子真漂亮　B.老师今天真性感!　C.老师穿这裙子还可以

18.你的老板帮你完成了一个很困难的工作,你很佩服他,你会对他说:

A.老板你真聪明　B.老板就是老板　C.真得谢谢你

19.你们班有个同学汉语很好,你会这样对他(她)说:

A.你汉语太好了!　　B.你的汉语还可以　　C.你的汉语真好,你是怎么学的?

20.同学夸你:"我们班,就数你和李梅的汉语说得最好!"你会这样回答:

A.谢谢,过奖了　　B.哪里的话呀?　　C.我觉得我比她好一些

21.朋友称赞说:"你汉字写得真不错!"你会这样来回复:

A.确实是这样　　B.你在胡说吧　　C.马马虎虎吧

22.张亮和妻子李兰来到朋友家里做客,朋友称赞张亮学习刻苦,李兰最有可能这样说:

A.真的,很多人都佩服他有毅力　　B.他呀,在家就知道看书,什么也不干

C.学习刻苦有啥用啊,书呆子一个

23.陈明是一所名牌大学的老师,在外地开会时,别人对她说"你们大学的老师水平就是高"。陈明应该怎么回答?

A.我也这样想,我们大学就是好　　B.其实每个学校都有自己的优点

C.哪里,我们大学不如你们学校

24.你的中国朋友对你说:"你侄女可真可爱!"这时,你可能会这样说:

A.嗯,她真的很可爱　　B.谢谢,你过奖了　　C.小孩儿都很可爱

25.你想邀请你的中国老师参加周末的聚会,你会这样对她说:

A.我们想请您参加聚会,您一定要来啊。　　B.周末我们有聚会,你愿意来吗? C.我们要举办周末聚会,你来不来啊?

26.去中国人家里做客,主人准备了很多菜,口里却说:"没什么菜,请见谅。"他的意思是:

A.菜太少了,他觉得抱歉。　　B.他在表示他的客气　　C.他在说假话,虚伪

27.你的中国朋友给你带礼物,说:"一点小意思,请收下。"他的意思是:

A.礼物不够贵重　　B.礼物太小了,不好意思　　C.说的其实是客气话

28.周末你在家休息,你的朋友想请你帮她带孩子,这时你会说:

A.没问题,包在我身上　　B.对不起,我需要休息　　C.你咋不自己想办法呢?

29.你的朋友想借你的车用,你会这样说:

A.没问题,随便用吧　　B.对不起,不能借给你　　C.我的车,你要小心啊!

30.你的朋友来你家做客,不小心打碎了你最喜欢的杯子,你会说:

A.没什么,一个杯子而已　　B.唉,这可是我最喜欢的杯子

C.你怎么搞的？这么不小心？

31.你想去火车站，但是不认识路，想问问旁边一个60多岁的老人怎么走，你这样称呼他：

　　A.大爷　　B.先生　　C.老头

32.你在校园里遇见了你们的院长李小刚，你会这样称呼他：

　　A.李院长　　B.李先生　　C.小刚

33.你给朋友小李打电话，是朋友的妈妈（张三）接电话的，你会这样称呼她：

　　A.张阿姨　　B.老张　　C.张夫人

34.在出租车上，你可以这样称呼开车的那位男士：

　　A.司机　　B.同志　　C.师傅

35.在车站看到你的同学李梅，你这样跟她打招呼：

　　A.李梅！　　B.吃了吗？　C.你好！

36.你在食堂门口遇到你的同学李小刚，你会这样跟他打招呼：

　　A.吃了没　　B.你好　　C.李小刚

37.早上在教学楼里，你见到打扫卫生的那位女士，你会这样跟她打招呼：

　　A.老师，你好！　　B.早上好！　　C.打扫卫生呢

38.你的中国朋友生病了，你会对他说什么？

　　A.你病了，我很难过。　　B.你要赶快去医院啊。

　　C.什么病啊？去医院看了没有？

39.你去旅行，导游问你的年纪，你会：

　　A 直接地告诉她　　B.觉得这人很奇怪　　C.觉得她很不礼貌

40.刚认识的中国朋友问你："你有男（女）朋友吗？"你一般会：

　　A.不告诉他　　B.告诉他，同时这样问他　　C.觉得他不该这样问

第三部分 Section 3（可选）

如果您愿意而且有时间，请写出你对下列问题的回答来。

If you please and have the time, write down your answers to the following questions.

1.你想邀请一个中国女孩子去看电影，你会怎么做（说）？

_____

2.你想邀请你的中国朋友去你家吃晚饭,你会怎么做(说)?

＿＿＿＿＿＿＿＿＿＿＿＿＿＿＿＿＿＿＿＿＿＿＿＿＿＿＿＿

3.你的中国朋友想请你明天晚上去他家做客,但是你没有时间,你会怎么说?

＿＿＿＿＿＿＿＿＿＿＿＿＿＿＿＿＿＿＿＿＿＿＿＿＿＿＿＿

4.有人请你帮助他(她)学习泰语,但是你没有时间,你会怎样对他(她)说?

＿＿＿＿＿＿＿＿＿＿＿＿＿＿＿＿＿＿＿＿＿＿＿＿＿＿＿＿

5.你的中国朋友想向你借钱,但是你和他(她)不熟,不想借给他(她),你会怎么说?

＿＿＿＿＿＿＿＿＿＿＿＿＿＿＿＿＿＿＿＿＿＿＿＿＿＿＿＿

6.有人夸你汉语学得很好,人又很善良,你会怎样回应?

＿＿＿＿＿＿＿＿＿＿＿＿＿＿＿＿＿＿＿＿＿＿＿＿＿＿＿＿

7.见了熟人的孩子,你一般会说点什么?

＿＿＿＿＿＿＿＿＿＿＿＿＿＿＿＿＿＿＿＿＿＿＿＿＿＿＿＿

8.别人在新年送了你一件礼物,你接受了礼物,然后说些什么?

＿＿＿＿＿＿＿＿＿＿＿＿＿＿＿＿＿＿＿＿＿＿＿＿＿＿＿＿

9.在大街上撞上了一个人,你会对他(她)说些什么?

＿＿＿＿＿＿＿＿＿＿＿＿＿＿＿＿＿＿＿＿＿＿＿＿＿＿＿＿

10.商场里,别人踩了你的脚后,赶紧向你道歉。这时你会这么说(做)?

＿＿＿＿＿＿＿＿＿＿＿＿＿＿＿＿＿＿＿＿＿＿＿＿＿＿＿＿

本调查问卷到此结束。

问卷共有三个部分,

现在请您再检查一遍,看看有没有漏答的题目。

二、 教师部分

亲爱的老师：

新年好！对您在异国他乡的辛勤耕耘我们十分钦佩。对您为此次调查所付出的努力我们非常感谢。如果您愿意，请对下面的 10 个问题作出简要的回答（选择）。

谢谢您的合作！

1.您认为班里学生的汉语水平怎样？

A.初级水平　B.中级水平　C.比较地道

2.在您的课堂上有没有就汉语语用特点进行过专门的操练（诸如：委婉含蓄、抬高对方贬低自己、客套、打招呼、称呼语）？

A.有，不多　B.有，经常　C.没有

3.您觉得现有的汉语课程能满足学生的汉语学习要求吗？

A.完全可以　B.基本可以　C.基本不能

4.您觉得导致中高级水平学生不能更好地理解和掌握汉语的主要原因是什么？

5.您觉得中高级水平学生的汉语表达不够地道的主要原因是什么？

6.您觉得学生对汉语的文化词语（如惯用语、征喻词语等）的理解和学习情况怎么样？这种学习对他们的汉语语用能力有没有影响，如果有，影响大吗？

7.你们有没有进行针对汉语文化课学习内容的专门语言操练？如果有，您觉得专门的文化教学对学生语用能力的培养有帮助吗？

8.你们开设专门的汉语文化课吗？学生有时不能很好地理解汉语所表达的意义和他们对中国文化的不了解，二者之间有没有关系？如果有，关系大吗？

9.您是否认为应该在我们的汉语课本上适当增加一些常用的汉语文化词语学习内容,以便帮助学生理解汉语语言的深层内涵?

10.您是否同意开设专门的汉语语用课程,以便就汉语语用的一些主要特点(如客套、询问等)进行针对性的讲解和操练?

祝您在新的一年的国际汉语教学中取得更大的成功!

附录三　汉语学习者策略使用情况调查表
A Questionnaire on Chinese Learner Strategy
2011.1

第一部分　个人资料 Personal Information

同学们,新年好!

感谢您参与这次关于汉语学习的调查问卷!

下面的 8 个问题,请您据实回答。我们的目的只是了解个体因素与汉语学习之间的关联性,并不涉及您的隐私。我们保证不会向他人透漏您个人的信息。

谢谢您的配合!

1.您在读的学校 your university：

_____

2.您所学的专业 your major：

_____

3.您的性别 your gender：□男 male □女 female

4.您的年龄 your age：　□<20　□20—30　□30—40　□>40

5.您学习汉语的时间? How long have you studied Chinese?

□刚开始 just beginning　　□一年左右 about 1 year

□两年左右 about 2 years　　□3—4 年 3 or 4 years

6.您的汉语水平 What is your Chinese language level?

□零起点 beginner　　□初级 low

□中级 low intermediate　　□高级 advanced

7.在您所在的班级中,您的汉语水平：

What's your Chinese language level in your class?

□非常好 very good　　□比较好 good　　□一般 so-so　　□较差 bad

8.请按由高到低的顺序,排列您听、说、读、写的能力程度：

Please rank your listening, speaking, reading and writing abilities from the best to the worst.

1_____2_____3_____4_____

第二部分　调查问卷 Questinnaire

本调查表旨在了解您在汉语学习过程中学习方法或学习策略的使用情况，总共包括 60 个问题。

您对问题的回答无所谓对或错，请根据您的实际情况作出相应的选择。

每个问题的后面都有 1—5 五个数字，供您选择。五个数字分别表示：

1. 我从来不这样做

2. 我很少这样做

3. 我有时候这样做

4. 我常常这样做

5. 我一直这样做

您只需在符合您实际情况的数字上画上"√"就可以了。

您的据实回答将对泰国汉语教学的进一步发展大有帮助。

谢谢您的合作！

1.我将汉语词语分门别类来记忆 I group the words & phrases in order to memorize them.	1	2	3	4	5
2.我通过联想来记忆汉语词语 I memorize words & phrases through association.	1	2	3	4	5
3.我把汉语词语放在上下文中来记忆 I memorize words & phrases in context.	1	2	3	4	5
4.我通过"成龙"这个人来记忆"中国功夫"这个词语 I learn *Chinese Kongfu* through *Jackie Chan*, the film star.	1	2	3	4	5
5.我学"大"字时，会同时记住"小"字 When I learn the word"big", I also learn its opposite "small".	1	2	3	4	5
6.我使用主要词语来记忆语篇内容 I memorize the text by using some key words.	1	2	3	4	5
7.我听见"哗哗"的声音就记起了"河流"这个词 I connect the word "river"with the murmuring of water.	1	2	3	4	5
8.我总是按照词语、句型等类别来进行复习 I often review according to the types of words & patterns.	1	2	3	4	5

9.我学"笑"这个词的时候,总是和开心的事情联系起来 I learn the word "laugh" by connecting it with pleasant events.	1	2	3	4	5
10.我使用多读、多写的方法来记忆汉语词语 I learn words & phrases by reading and writing them more.	1	2	3	4	5
11.我不断重复练习新学的生词或短语 I repeatedly practice newly-learned words and phrases.	1	2	3	4	5
12.我把"你好""再见"当作见面和告别的固定用语记下来 I take "ni hao" & "zai jian" as fixed expressions.	1	2	3	4	5
13.我经常跟中国老师用汉语交谈 I often talk with the Chinese teachers in Chinese.	1	2	3	4	5
14.我总能够抓住别人说话或文章的大意 I can catch the general idea of the Chinese speech and texts.	1	2	3	4	5
15.我经常使用词典等工具书 I often turn to reference, like dictionaries.	1	2	3	4	5
16.我常借助情境和上下文猜测词义 I often guess the word meaning through the context.	1	2	3	4	5
17.我在分析一句话的结构和意思后就能够掌握它的用法 I learn an expression by analysing its structure and meaning.	1	2	3	4	5
18.必要时我借助泰语的知识来理解汉语 I sometimes use my mother language to understand Chinese.	1	2	3	4	5
19.我主动地用拼音或汉字记笔记 I use Pinyin or Chinese characters to take notes	1	2	3	4	5
20.我对所学习的内容复习、整理和归纳 I review the lesson and make summary.	1	2	3	4	5
21.我不知道某个词时,就用英语或泰语词语来替代 When not knowing a Chinese word, I use an English/Thai word.	1	2	3	4	5
22.学习中遇到困难,我会积极寻求帮助 If I have difficulties, I will turn to others for help.	1	2	3	4	5
23.在交际中我经常借助手势、表情进行表达 I use body language and facial expressions in communication.	1	2	3	4	5
24.词语不够用时,我就不用汉语,或者改变话题 I stop using Chinese or change to other topics when I don't have Chinese words ready.	1	2	3	4	5
25.我用"大米面条"来代替"米线" I use "rice noodle" instead of "mixian".	1	2	3	4	5

26.我用"双轮车"来指称 bicycle I use"shuang lun che" to refer to the *bicycle*.	1	2	3	4	5
27.我有时会用"鸡生的蛋"来说"鸡蛋" I will use"*egg of the chicken*" to refer to eggs.	1	2	3	4	5
28.我能够通过前、后语猜出一些词语的意思 I can guess the meaning by the situation and context.	1	2	3	4	5
29.我通过说话人的身体动作和表情猜出他的意思 I guess the speaker's meaning by his body movement and facial expressions.	1	2	3	4	5
30.听不懂或不明白的时候,我会提问或请求对方重复 I ask questions or ask for repeating if I fail to understand.	1	2	3	4	5
31.我总是在学新课之前预习课文 I always preview the lesson to new learnt.	1	2	3	4	5
32.在学习中我能够集中注意力 I can focus my attention on the study.	1	2	3	4	5
33.我更愿意听别人说,自己有把握时再开口说 I prefer listening and only speak when I feel quite sure of my words and grammar.	1	2	3	4	5
34.我为自己制定汉语学习时间表 I make my schedule for Chinese learning.	1	2	3	4	5
35.我有明确的学习目标 I have my goals in learning Chinese.	1	2	3	4	5
36.我对每一个学习任务的目的都有明确的认识 I know the purpose of every learning task.	1	2	3	4	5
37.我为每个学习任务都做计划和准备 I plan and prepare for every learning task.	1	2	3	4	5
38.我努力创造和把握学习汉语的机会 I create and take the chance for Chinese learning.	1	2	3	4	5
39.我努力注意自己语言中的错误并找出错误的原因 I try finding my mistakes in using Chinese and knowing why.	1	2	3	4	5
40.我注意了解自己在汉语学习中的进步与不足 I care for my progress and weakness in my Chinese learning.	1	2	3	4	5
41.紧张的时候,我用深呼吸、闭目养神的方法来缓解 I relax myself by means of deep breath or meditation.	1	2	3	4	5
42.我会听音乐或打游戏来自我放松 I listen to music or play games to relax my tension.	1	2	3	4	5

43.遇到困难时,我一笑了之 I will laugh the difficulties away.	1	2	3	4	5
44.我对汉语学习有积极的态度 I have a positive attitude in learning Chinese.	1	2	3	4	5
45.我经常鼓励自己说汉语,尽管我可能说错 I encourage myself to speak Chinese in spite of mistakes.	1	2	3	4	5
46.如果我在学习中表现很好,我会奖励自己 If I do well in the study, I will reward myself.	1	2	3	4	5
47.学习遇到困难时,我通过运动来调整自己的情绪 I exercise to adjust myself in time of difficulty in learning.	1	2	3	4	5
48.我在日记里写我学习汉语的感受 I take down my learning experience in the diary.	1	2	3	4	5
49.学习有压力时,我会主动找同学或老师来倾诉 I talk to my classmates or teachers about the pressure in learning.	1	2	3	4	5
50.我认为学好汉语很有用,所以能够克服学习中的困难 I think it useful to learn Chinese and can overcome the difficulty.	1	2	3	4	5
51.听不懂的时候,我会请对方重复说明白 I will ask the speaker to repeat and make it clearer if I don't quite understand what he's saying.	1	2	3	4	5
52.我请中国人或者同学纠正我的发音和表达中的错误 I ask Chinese speakers to help correct my mistakes.	1	2	3	4	5
53.我和别的同学一起学习,共享信息 I study and share information with my peers.	1	2	3	4	5
54.我经常跟汉语学得好的同学在一起学习和交流 I learn and stay with proficient Chinese learners in my class.	1	2	3	4	5
55.在交际中我注意中国与泰国习俗上的差异 I'm aware of the cultural differences in communication.	1	2	3	4	5
56.我们说 Sawadee 和中国人说"你好"作用是一样的 We say *Sawadee* just as the Chinese say Ni hao.	1	2	3	4	5
57.交际中,我可以设身处地地为对方着想 I am aware of the others' thoughts and feelings in communication.	1	2	3	4	5
58.我总是试着用汉语来思维和组织语句 I will try thinking in Chinese and organize proper sentences.	1	2	3	4	5

59.我常看中文影视节目,学习里面的说话方式 I have access to Chinese TV programs & movies and imitate the manners or expressions of using Chinese.	1	2	3	4	5
60.我寻找双方都感兴趣的话题来交谈 I seek for topics that interest both the speaker and the audience.	1	2	3	4	5

本问卷总共有 60 个项目,请您再次检查一遍,看看是否有漏答的项目。

后　记

　　始于英语学习、英语教学而终于汉语言文学学习和汉语国际教育，这是我的宿命。好在自始至终做的都是第二语言或者外语的学和教，属于狭义的应用语言学领域。

　　能够在不惑之年攻读语言学及应用语言学专业的博士学位，首先要感谢的是我的导师陈学超教授。没有导师的公正无私，我大概只能与博士学位擦肩而过。陈老师工于中国现代文学又多年在"东洋"、"西洋"从事国际汉语教育工作，因而清楚地知道在哪一片山林里会有猎物让我们去捕获。没有导师的指点和督促，也就没有这部关于国际汉语教学的著述。

　　其次要感谢的是西北大学文学院的资深教授李浩和张弘。正是由于他们的引荐，我才得以投到陈老师的门下并最终完成这部著述。也感谢西北大学给了我赴南京大学进修和交流的机会。在南大，我的专业理论功底得以夯实，对国际汉语教育的认识也越加深刻。

　　接下来要感谢的是我的同事与好友。孙尚勇博士慷慨无私地为我提供了自己在韩国庆尚大学任教时所收集的近 200 份学生作文语料，这些语料成为本书第三章的分析对象。同赴泰王国担当国际汉语教学工作的胡燕、向柠等老师积极热情地帮助我完成了汉语文化语用和学习者策略的问卷调查，对问卷的分析成为本书第四章的主要内容。同门的王美玲博士也为我的学习和研究提供了很多及时的信息（包括"汉语文化语用"部分的原始问卷）和建议。我为有这样的同事和朋友感到欣慰和骄傲。

　　我还要感谢国家汉办，因为汉办给了我直接从事国际汉语教育教学的机会，使我不仅参与了北美汉语教师团队的"5P 暑期培训"和"汉语国际教育"专业学位培养的经验交流与学习，而且直接在泰国做了一个学年的"华语"教学工作。

292

没有这样的机会,本书也是不可能完成的。

最后我要感谢我的发妻。人到中年,杂务繁多,没有她的理解和支持,不但不会有学位的攻读,也不会有论著的顺利完成。

论著终于完成,需要感谢的人实在太多,根本无法一一道出。在此,我只有向所有为本书提供过帮助的人们深深地鞠上一躬:谢谢你们!

陈敬玺

2017 年 5 月

责任编辑:洪　琼

图书在版编目(CIP)数据

国际汉语语言交际能力培养论/陈敬玺 著. —北京:人民出版社,2018.8
ISBN 978－7－01－019132－4

Ⅰ.①国… Ⅱ.①陈… Ⅲ.①汉语–对外汉语教学–教学研究 Ⅳ.①H195.3

中国版本图书馆 CIP 数据核字(2018)第 059217 号

国际汉语语言交际能力培养论
GUOJI HANYU YUYAN JIAOJI NENGLI PEIYANG LUN

陈敬玺　著

人民出版社 出版发行
(100706　北京市东城区隆福寺街 99 号)

北京中科印刷有限公司印刷　新华书店经销

2018 年 8 月第 1 版　2018 年 8 月北京第 1 次印刷
开本:710 毫米×1000 毫米 1/16　印张:18.5
字数:300 千字

ISBN 978－7－01－019132－4　定价:66.00 元

邮购地址 100706　北京市东城区隆福寺街 99 号
人民东方图书销售中心　电话 (010)65250042　65289539